武《ぶ》術《じゅつ》稀《まれ》人《びと》列《れつ》伝《でん》

神《かみ》技《わざ》の系《けい》譜《ふ》

甲野善紀

日貿出版社

まえがき

日本は明治維新を迎えるまで数百年にわたり武士が統治してきた。そのため、文化は中国の影響を大きく受けながらも、中国とは異なる独特の社会を育んできた。つまり、中国のような「文尊武卑」すなわち「文を尊び、武を卑しむ」という価値観とは異なった武に対する独特の見解を生み出してきたのである。もちろん長い歴史のなかで、武士の統治による政治形態もある程度は変化してきたが、傑出した武術の遣い手はさまざまな形で記録され、後世に伝えられてきた。その記録のなかには誇大なものも含まれていたと思うが、なかには現代武道の常識からは到底信じ難いほどの技を現実に駆使した武術家が存在したことは間違いなかったと思う。

そうした武術家のなかでも、私が関心を持って調べてきた人物は、十数人に上るが、本書では特に私にとって印象深い人物を何人か紹介したいと思う。

まず最初に紹介するのは、宮本武蔵とほぼ同時代、戦国時代が終わり、徳川の治世が始まった頃に、その名を知られていた夢想願立（時に夢想願流と書く）の開祖松林左馬助永吉、後の蝙也斎である。この松林左馬助は歴史小説や漫画などにもある程度登場するほど、その名はかなり知られてはいるが、一般的知名度からいえば「まだまだ……」といったところであろう。

しかし、この松林左馬助の桁外れた武術の技倆は、現代ではどうしてもホラ話としてしか受け取られないほどに群を抜いている。それだけに、本書では少しでもこの左馬助の人間らしさが実感として伝わるようにと、松林左馬助の子孫にあたられる松林忠男氏宅に遺されていた松林左馬助直筆の手紙（慶安四年三月二十五日に三代将軍家光の前で演武した時の様子を、家族か親族と思われる人物に書き送ったもの）などを紹介し、より親近感を得ていただこうと考えた。また、この人間離れした技の境地を体現した松林左馬助の技と、術技を捨てた心法の剣といわれる無住心剣術とには、意外なことにその術理に共通点があり、今回は『願立剣術物語』を引用して、そのことについて検討研究したところを載せている。

次に紹介する加藤有慶長正は、今日の講道館柔道の基となった起倒流柔術の遣い手であるが、現在の柔道の常識から見れば、これまたとても信じられないほどの遣い手といえる。本書は主に『起倒流柔術先師方噺聞書《きとうりゅうじゅうじゅつせんしかたはなしききがき》』といういまだ活字化されていない古文書をその資料として使っているが、そこに遺されている数々のエピソードは現代の柔道家から見れば、どれも御伽話としてしか感じられないかもしれない。何しろそこに述べられているのは、現代柔道の基本的原理である二点間の力を相反する方向に向けて倒すような「テコの原理」的なものではなく、ほとんど一点接触によって瞬時に崩すという、精妙な古伝の柔術技法が述べられているからである。

こうした技術が現にあったであろうことは、この加藤有慶には遙かに及びがつかないとはいえ、現に私自身も現代柔道の常識からみればあり得ないと思われることが多少はできるようになってきているので、私としては決してホラ話とは思えない。私程度の者でもそうしたことができるのであるから、まだ若く才能のある人達が本気で検討研究すれば、加藤有慶には及ばぬまでも、現代柔道の常識からは消えてしまった身体の遣い方が、かなり再現できるようになるのではないかと思う。

三番目に紹介している駿州田中藩の松野女之助直方、小山宇八郎重之の兄弟は、まったくといってもいいほど世に知られていない武術家だと思う（今まで何度か私が雑誌やメールマガジン等で紹介はしたが）。ただ、遺されているエピソードはいずれも尋常ではなく、松林左馬助と同じく、現代人には信じ難いような驚くべき話の連続である。ただ、この二人は資料が極めて限られており、実像はなかなか窺い知ることができないが、小山宇八郎が無住心剣術の小出切一雲の高弟、矢橋助六の門人であったということは、驚きの事実であり、術技を捨てたと言われる無住心剣術の遣い手に、松林左馬助によく似たエピソードがあることは大変興味深い。

松野、小山兄弟の次に紹介するのは私がかつて『剣の精神誌』でも取り上げた白井亨義謙である。なぜ今回も白井亨を取り上げたかというと、加藤有慶に深く傾倒し、有慶の記録を書き遺していた吉田奥丞が白井亨の門人で、白井から多くの古伝書を借りて書き写し、また白井についても現在分かっている限り最も詳しい伝記を書き遺していることも、その理由のひとつである。ただ最も大きな理由は、この白井亨が大きな影響を受けたと思われる無住心剣術だが、白井の剣術は実際は無住心剣術とはかなり違うように思われ、そのことを私自身改めて考えてみたかったからである。また寺田五右衛門との関係も改めて検討して師弟関係と伝統、そして自分自身の新たな工夫ということが、江戸期はどのように為されていたのかについても検討してみたかったからである。

そして最後の章は、人物ではなく「手裏剣術」を載せた。その理由は本文でも触れたが、「手裏剣」という言葉は現在日本人の老若男女のほとんどが知っていると思うが、その実像に至っては認識が極めて不正確だからである。したがってこの手裏剣術に、他のどの武術よりも長く、半世紀以上も関わってきた私としては、一度何らかの形で、この最も原初的な武術のなかに秘められている精妙な術理と技について詳しく論じておきたいと思ったのである。

以上のような構想のもと本書は書かれているが、何分にも数百年も以前の遙か昔のことが中心であり、不明なことは非常に多くある。ただ、遙か昔のこととはいえ、私としては可能な限り調べ、また、検討を加えて現時点では私自身の考えをこの本にまとめたつもりである。もし本書を読まれた方のなかで、本書の登場人物や流派に関して、より詳しく御存知な方があれば、是非教えていただきたいと思う。

将来、この本に記した内容以上の、より大きな気づきがあった時は、また稿を改めて書きたいと思っているので、至らぬ点は御容赦いただきたい。

なお、本文中の原文引用部分については、読みやすさを優先して漢字、ひらがなに書き改めている部分もある。また資料については、なるべく読者に読みやすいように配慮し、当時は略字であった常用漢字に相当する文字を用いているところはそのままにしたが、若干新旧不統一なところがあることをご了承いただきたいと思う。その上で可能な限り原文の雰囲気を損なわないように努めた。

目次

第五章　手裏剣術　315

※資料の本文中にある□は、原文の判読不能を示す。またふりがなを示す（）内に空白が入っている部分があるが、これも原文に拠る。左の例の場合、免許はあきらかに（メンキョ）であり、風為聴は（フイチフ）で吹聴だと思われるが、原文に忠実に表記した。
例「劒術免許（　ンキョ）傳授ノ由（ヨシ）風為聴（フイチフ）申サル」

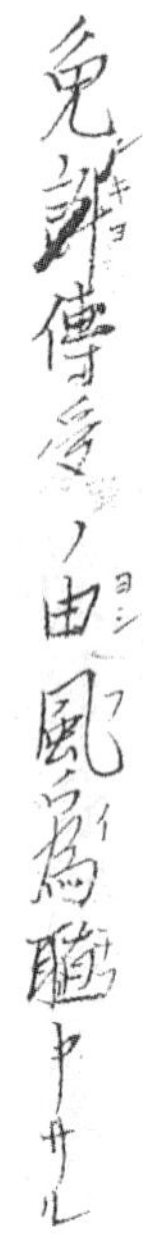

第一章

松林左馬助

一五九三—一六六七

夢想願立

松林左馬助永吉誕生への系譜

日本の武術史のなかで知られている何人もの名人・達人のなかでも、私が最も関心を寄せている武術家は、江戸初期に夢想願立（夢想願流とも書き、また単に願立、あるいは願立流などとも呼ぶ）を開いた松林左馬助永吉《まつばやしさまのすけ》（無雲と号し、後に蝙也斎《へんやさい》）である。

松林左馬助の知名度自体は、宮本武蔵、柳生十兵衛、千葉周作などといった剣客に比べればはるかに低いが、日本の主だった剣客を紹介した書籍や雑誌などではしばしば紹介され、マンガのなかでも時々登場しているので、それなりには知られている剣客だと思う。

それというのも、松林左馬助は、武術諸流の代表的人物について述べた江戸時代の本、『撃剣叢談』や『本朝武芸小伝』、『新撰武術流祖録』にも記載されているため、比較的に文献資料が豊富であるからだろう。

しかし、江戸時代のこうした本の情報には誤伝が多く、いま挙げたもののなかでも、左馬助を「常州鹿島の人也」と述べているが、事実は信州川中島松代の出身である。

これについては山田次朗吉が大正時代に著した『日本剣道史』にも小さく注訳で入れられている。私自身は、かつて仙台に住まわれていた左馬助の子孫にあたる松林忠男氏の許に伺い、流祖以来の様々な資料を拝見させていただいたうえ、仙台の郷土史を研究されている渡辺洋一氏のご協力を得て、左馬助が晩年に仕えた仙台藩の資料などを集めて検討したこともあるので、松林左馬助永吉が信州の出身であることは、まず間違いないことだと言える。

松林家に遺された資料によると、松林家は桓武平氏の流れを汲む家柄で、古くは奥山姓を名乗っていたようだ。奥山七朗左衛門家茂の次男、家定が弘安年間（一二七八〜一二八八）美作国田中荘に松林城を構え、松林四郎左衛門尉家定と称したのが、松林姓のはじまりだといわれている。

松林家は、その後関東管領上杉氏の家臣となり、左馬助の祖父にあたる松林平四郎永時の時代には、時の関東管領上杉憲政が北条氏康に追われて、越後の長尾景虎（後の上杉謙信）に付き従った折に同行している。左馬助の父・権左衛門永常も上杉景勝の家臣であった時代もあったが、上杉氏の減封移転等で家臣を抱えきれなくなり、浪人となったようである。

松林永吉、通称・左馬助が生まれた文禄二年（一五九三）は、宮本武蔵誕生から遅れること十年、豊臣秀吉が朝鮮出兵をしていた文禄の役の頃であり、これは日本の剣術史のなかでは一番の黄金時代であったように思う。

異界との交流によって新流儀を開く

松林左馬助が他の日本武術史に遺る数多くの著名な剣の名人・達人達と異なる大きな特色のひとつは、師匠がおらず、まったく独自の工夫に拠ったということであろう。

もちろん武家に生まれているからは、幼い頃に誰かに就いて多少剣術などの手解きを受けたかも知れないが、はっきりとは分からない。松林家に伝わる資料によれば、

「幼より剣術を好修行せんことを欲て入深山幽谷修練之尽工夫……」


と、幼い頃から剣術が好きで、自ら修行したいと深山幽谷に分け入り、独自で工夫を尽くして修行をしていたとされており、あるいは本当に見様見真似のまま、一人で稽古をしていたのかもしれない。

左馬助の武術修行において、大きな転機は慶長十二年（一六〇七）の正月二十三日の夜、十五歳の時に訪れる。

松林家に伝わる『松林家文書』によれば、

「慶長十二丁未歳年十有五孟春二十三日の夜得霊夢而籠居し浅間嶽南麓盤旋両山之間故其技之蘊奥は誰人之傳を受ることなく剣槍十文字長刀其外奇術或瑞夢に飛跳之神速排撃の変化蓋し人力之不有可及」

つまり「霊夢を見た」というのだ。

資料はその夢がどのようなものであったかは伝えていないが、左馬助は深く心に期するものがあったのだろう。意を決した左馬助は愛宕山に籠ったという。

愛宕山というと京都をはじめ日本各地にあるが、信州の愛宕山は随分小さなものだ。私は以前、信州を訪れたときに案内されてこの松代にある愛宕山に行ったことがあるが、びっくりするほど小さな山で、柏の木が多く生えていたことがひときわ印象に残っている。

山中での一人稽古によって左馬助は、誰かに学ぶということではなく、武術の妙境を得て、独自の新流儀を開く決心をしたようである。それによって剣術、槍術（素槍と十文字槍の両方であったようだ）、薙刀その他（これは捕手などの体術系のものなどをいっていると思う）飛鳥のような身のこなしと、思いもかけない変化の妙は、とても人間技とは思われなかったとい

うことだろう。これについて左馬助が自ら書いた伝書のなかで、例えば剣術については、

「此太刀者無覗他流則愛宕山大権現夢中御相伝之大事也……」

つまり、「この太刀は他流を覗くことなく、すなわち愛宕山大権現から夢のなかで御相伝いただいた大事である」と記し、薙刀についても、ほぼ同じく

「此長刀者無覗他流愛宕山大権現夢中御相伝之大事也」

などと書いているように、誰か人に就いて習うとか、自分で稽古の方法を考えて組み上げる、というようなものではなく、ほとんど入神状態となって異界と交流し、そのなかから組み上げたものと思われる。

したがって、もしこのような左馬助の稽古を他人が覗いていたら、まるで何かに憑かれたような姿で一人稽古をやっているように見えたのではないかと思う。ただ、左馬助自身ははっきりと実感できる天狗などの、異界の存在と稽古をしていたのだと思う。

このことに関しては、私がかつて学んだ鹿島神流を近代になって世に出した国井善弥道之師範が、奈良の大倭神宮の社前で一人稽古をされながら「そうか、これは俺も知らなかったなあ」と一人で呟かれながら凄まじい動きをされていたというから、他の人達には見えなくても国井師範には明確に見える（あるいは感じ取れる）何かの存在があったのだと思う。

その左馬助が開いた武術の内容は、この家伝の資料にも書かれているように、剣術ばかりではなく、居合、槍術（素槍、十文字槍など）、薙刀術（伝書の絵を見ると珍しいL字型の鍵つきである）、柔術（捕手、小具足等）等々があり、当時としては当然かもしれないが、いわゆる総合武術となっている。

夢想願立を開く

松林左馬助は、このような修行を三年ほど続けて十八歳になった時、自らの願いは立った（叶った）として、夢想願立を開流したようである。なお、立の字はリュウと読むため、時に夢想願流とも書き、単に願立、あるいはこれに流をつけて願立流などともいう。左馬助が流儀を打ち立てた時、無雲と名乗ったので、無雲流とも呼ぶことがあるようだ。この無雲という号は、慶長十八年に書かれている伝書の最後の署名が、松林無雲成近と書かれていることからも知ることができる。

それにしても、弱冠十八歳で一流を立てるとは極めて稀なことであろう。何しろ無住心剣術の三代目にあたる真里谷円四郎が、師の一雲と立ち合って二度とも一雲を破り、三代目を継いだ時、一雲が円四郎が僅か二十五歳で流儀を継ぐほどになったことについて、

「元祖上泉武蔵守藤原信綱も、秀吉公之御時代、剣術之師と世に称せられ給ひし頃は三十歳余りの時也、夕雲も四十歳計の頃、大猷院様之御時代に、上手の名を顕し給ふ、二十五歳にて将軍之下に師と称するも古今まれなり、夕雲在世にましまさば、能き孫出来たりとて喜ひ給に残念なりと賞美し給ひしと也」

つまり、

「無住心剣術の大始祖とも言うべき上泉伊勢守も、剣術の師として世に出て有名になったのは

秀吉公の時代で三十歳の頃であり、先師夕雲も四十歳の頃、大猷院つまり三代家光時代に上手の名を世間でいわれるようになった。それを二十五歳で将軍のお膝元の江戸で、剣術の師として名を出すのは古今稀なことだ。先師夕雲がもし存命であったら、良い孫が出来たと喜ばれただろうに残念だと円四郎を褒めた」

という話が、円四郎からの聞き書きを門人の川村弥五兵衛秀東がまとめた『前集』のなかに書いてある。それから考えても十八歳での新流儀開流は異例なことが分かる。

願立開流後の左馬助

夢想願立（流）を開いた後、松林左馬助は全国を武者修行して歩いたようだが、どこで誰と立ち合ったかなどは、一切資料がないので分かっていない。ただ、そうした修行の後、おそらくは三十代後半から幕臣で歴代の勘定奉行としては名奉行として名高い伊奈半十郎忠治の武州赤山、現在の埼玉県川口市にある陣屋に食客となりそこで剣術を教えていたようである。

そのことは、松林家に遺されていた『蝙也斎行状』という古文献のなかに、十五歳で山に籠もって、三年後に太刀や素槍、十文字槍に薙刀まで自得し、心中に雲なく自由を得たということで無雲と号し、願いが叶って願立を開き、諸方で他流と立ち合い負けることなく、七年経ってから弟子をとり始め、その後伊奈氏の招きで「武州赤山家住十有餘年」、つまり武州の赤山を家として住むこと十数年との記述があるからである。

そして、それに続き「忠宗公の招きで仙台に寛永二十年に移った」と他の資料と同じ経過が書かれている。この『蝙也斎行状』は幽軒主痩竹撰となっているが、この痩竹がどのような人物かは分かっていない。

左馬助と伊奈半十郎は、現代でいう親友ほどの親しさではなかったとは思うが、主人と家臣という間よりはずっと身分の違いを感じさせない交流をしていたような雰囲気がある。

武州赤山の伊奈半十郎の陣屋で剣術を教えていた松林左馬助は、江戸とも距離的に近かったせいか、その剣名は江戸にも鳴り響いていたようである。そして、その噂は奥州伊達藩の二代目藩主、伊達忠宗（始祖政宗の二男で嫡子）の耳にも入り、当時忠宗の嫡男光宗の剣術指南役を探していた忠宗は松林左馬助に白羽の矢を立て、伊達藩に仕官するよう何度も招聘の使者を送ったようである。状況からいって、当初は左馬助は伊奈半十郎の許に食客としてずっと滞在し続けたいと思っていたようだが、忠宗の招きがあまりに熱心で、またおそらくは伊奈半十郎の勧めもあり、寛永二十年（一六四三）五十一歳の時、仙台藩に仕えることとなったようだ。知行は、三十貫文（仙台藩は他藩とは異なり、米の石高ではなく、銭の貫目によって知行を決めていた。一貫文が十石に相当するから三十貫文は三百石ということになる）。この知行は後に加増されて三十六貫文となる。家格は召出（伊達藩独自の役職の名）に列せられた。俗説に、（例えば『揚美録』や『仙臺金石誌』などにも記されているが）「千石でなければ行かない」と左馬助が忠宗の誘いを断ったので、伊達藩は千石出したなどとも言われるが、これはまったくのつくり話のようである。このことは、より信憑性の高い資料である『東藩史稿』が明確に否定している。仙台には、現在も道場町という地名があり、そこに左馬助の夢想願立の道場があったという話だが、詳しいことは分かっていない。左馬助は光宗の剣術指南役として伊達藩に召し抱えられ仙台に来たのだが、当の光宗は左馬助が伊達家に仕えてわずか二年目の正保二年（一六四五）九月に夭折してしまう。

そのためか、あるいは左馬助自身ずっと仕官などせずに過ごしてきて窮屈な宮仕えが好きではなかったのか、隠居して家督を養子の忠左衛門に譲る（もっとも藩が正式に左馬助の隠居を認めたのは後年である）。左馬助には後を継ぐ男子がいなかったので、横尾伊勢実克の三男を養子として迎え後継ぎとしていた。おそらくは娘の婿として迎えたのだと思うが、名を忠左衛門実俊といい伊達家に仕えて出入司となる。この忠左衛門は、剣術の才能はあまりなかったようだが行政的手腕に優れていたようで、江戸出入司などを務めた。また藩内の刈田郡湯原村と伊達郡茂庭村の境界争いを収拾して、その功で二度にわたって加増され、左馬助から受け継いだ当初三十六貫文であった知行が七十貫文にまで増えたという。

日本の武術史に遺る不意打ちへの入神の対応

松林左馬助の超絶的エピソードはいくつも伝わっているが、その代表的なもので『揚美録』に載っている左馬助の体捌きの入神ぶりを伝えるエピソードをまず紹介しよう。

「ある時、蝙也（左馬助）は夕涼みに出かけた。場所は仙台の染師街で、ここは清流の水辺で、夏の夜に蛍を遊覧する名所であり、文人墨客からさまざまな男女の庶民も蛍を見物しに集まる所であった。ただ今は人家が密集して多くなり、昔の情景は失われてしまったが……（著者註：

この本は明治になって書かれたためこのような記述があるのであろう）。

蝙也は夕暮れに二、三人の弟子を連れて納涼のため、この景観の良い地に行き、蛍の光が点々として水面に映るさまに心を奪われた様子で、楽しそうに観ていた。その時、一人の門人が背後より突然その肩を突きとばした。

蝙也は瞬時に、向かいの岸に飛び移ってゆうゆうと身をかがめており、すこしも驚いた様子もなく落ち着いていた。とにかく、その川を飛び越えた時の身のこなしの神速の妙は、たとえようもなく見事で、その後静かに「浴乎沂風乎舞雩詠而帰」（著者註：論語からの引用。沂〈魯の城の郊外にある温泉〉に入ってから舞雩〈天を祭って雨乞いをする景色も良い場所で〉で涼をとり、歌を唄いながら帰るさま）の趣で、謡を唄い心地よげに帰宅していった。

翌朝、この先生を驚かそうとした門人がしょげかえった様子で師の家を訪れ、「昨夜は幸いに先生の驥尾に従い（著者註：すぐれた人物につき従うこと）日頃の憂さを晴らさせていただきありがとうございます」と感謝の言葉を述べたところ、蝙也は「それよりも、君は何かなくしたものはないか」と尋ねた。すると、その門人は「おっしゃるとおりなくしました。しかし、いかに考えてもそれをなくした前後の事情をまったく覚えておりません」と茫然とした様子で答えた。

そこで蝙也は敷物の下から、白刃を閃めかせて「なくした物はこれだろう」とその刀をそこに放り出し、「油断大敵」の諺をその門人に訓戒した。この門人がこのように師匠を驚かせようとした理由は、かねてから蝙也が「私を驚かした者がいれば褒美をやろう」と言っていたからである。この門人は、納涼の蛍見物を終えて帰宅してみて、腰に鞘のみが残っていて驚いたということである」

それにしても、いきなり突きとばされながら水中に落ちず、突きとばした相手の腰から佩刀を抜き取って川を飛び越えていたとは人間技とは思えないが、事実だったのだろう。このようなことができるというのは、単に敵の仕掛けを外したというレベルより、さらに高いレベルに左馬助が達していた証明のように思う。というのは、突きとばした相手の腰から刀を抜き取るというのは、その相手の不意打ちに対してギリギリの必然的な対応ではなく、まだ余裕のある左馬助のいたずら心から出た、いわばおまけともいえる動きだと思えるからである。つまり、反射的行動のなかに意識による判断が介入したということであり、その対応のレベルは、並の達人とは桁違いなレベルであったということであろう。

もちろん、この話は『揚美録』のみに記載されている話であり、作り話だろうといわれたらそれまでだが、私はかつてこのレベルに至った武人は（多数とはいわないが）、歴史をふり返ればそれぞれの時代に僅かにはは存在していたように思っている。

というのも、この話とよく似たエピソードは、後の章に登場する、駿州田中藩の小山宇八郎にもほぼ同様のものが存在するからである。剣客のこうしたエピソードは武術の名人、達人の技価をはかるひとつの型として、日本国中に広く知られていたような気がする。

ただ、こうしたエピソードに対する批判もある。私が『剣の精神誌』でその剣術の内容をかなり詳細に検討した無住心剣術の二代目の小出切一雲は「こうしたエピソードの持ち主は、いざ実戦の場では大したことができない」という痛烈な批判をしているが、そのことについて詳しくは小山宇八郎の章で触れるので、こちらをお読みいただきたい。

しかし、松林左馬助は次に紹介するエピソードを見れば明らかなように、厳しい実戦の場でも驚くような技を発揮しており、その実力は間違いなく飛びぬけたものだったと思う。

実戦の場においても超絶的技量を発揮

では果たして実戦の場でどれほどの働きができたのか、ということだが、その指標となる逸話がやはり『揚美録』に遺されている。

ことの起こりは仙台藩の隣藩である南部藩の剣士が、藩の門閥貴顕というから恐らくは家老級の家の愛娘を騙し、たぶらかし連れ出して仙台まで逃げ、仙台藩領内の国分町の旅館に潜伏したことから始まる。

南部藩の国許から捕方十名がこの二人を捕えるためやって来たが、この剣客は身分の低い者ではあるが、尋常ではない剣の達人で、捕縛は容易なことではない。南部侯からも「貴国を騒がせるのは、もってのほかのことではあるが、身分のある娘なので、連れ出した者をぜひ捕えたい」と仙台の藩主への書状が来た。

そこで仙台藩としては、南部の捕方に召し捕えさせるよりは、蝙也に命じてこの者を捕えさせて引き渡せば、隣国に対して仙台藩の面目を施すことにもなるということで、蝙也に、「この剣士を捕えるように」との命が下された。

蝙也はかしこまってその命を受けると、捕り縄術に長けた従卒を一人従え、一塊の鉛を懐に入れて、捕縛に向かった。問題の旅館に着いてみると、確かに件の剣客は二階に隠れている。そこで蝙也が階段を上がっていくと、隠れていた剣客が蝙也を一撃で倒そうと、真向から斬ってきた。その一瞬、蝙也は、懐に入れてあった鉛の塊を斬ってきた白刃に投げ打ったところ、誤またず刃に当たった。相手はその鉛を切った手応えに蝙也を斬り止めたと錯覚し、一瞬気持ちに油断が生じた。その時、間髪を入れずに蝙也は剣客の足を払って階下に落下させたので、待ち受けていた捕り縄の上手な従卒は、たちまちのうちに縄をかけ南部藩の捕方にこの剣客を引き渡し、ことは落着したという。

このエピソードで私が感じるのは、左馬助の実戦の場に臨んでいささかも動じぬ、その妙手ぶりである。また『揚美録』では斬りかかってきた相手の刃に鉛の塊を投げつけたとなっているが、実際は相手が斬りかかってきたギリギリまで白刃を引きつけ、真にその刀が頭に当たる寸前に体を捌いて、その時懐の鉛を自分の体があった位置にパッと出したということだと思う。よほど自らの動きに自信があったのだろう。

昔から稽古の場では鮮やかな手並をみせても、いざ実戦となると気後れして、剣術には素人であっても度胸はあるという者に後れをとるという話は山ほどある。例えば戊辰戦争の時、鈴木蘭治という者の話に、越後で臨時に雇った人足に度胸があり、それまで刀など握ったこともないのに並の武士以上に働いて戦功を立てたという話もある。この人足は「刀は二尺（約60センチ）以上の物は邪魔になって不可なり」と言っていたというから、鉈でも使う要領で敵を斬り倒していたのだろう。

また、幕末、見廻組の隊士として土佐の坂本龍馬を斬ったということで一躍有名になった今井信郎は、数多くの実戦を経験し、「免許や目録の者を斬るのは素人より簡単、剣術など習わぬほうが安全」とその子孫に語っている。

しかし、松林左馬助の例を見れば分かるが、剣の修練もあるレベルを越え真に剣術が身についてくると、桁違いな力量を発揮するように思われる。

なぜ私がそう感じるのかというと、かつて私が『表の体育・裏の体育』で紹介した肥田式強健術の創始者・肥田春充翁が名づけた「正中心」（聖中心）、いわゆる丹田に力を集約する身体の操作によって、重心が下がり、横隔膜が引き降ろされ、自然と恐怖の感情がコントロールされ、晩年は自らが恐怖の感情を持ち得ないことに関して、一種の精神的欠陥者になったような淋しささえ生じていたらしいことから推察できるからである。

この肥田翁ほどではまったくないが、私も掌の中央にある、いわゆる「労宮」といわれる辺りが凹むように手指を操作することによって、恐怖の感情がかなりコントロールされることに気がつき、この操作法を伝えると、多くの人達が程度の差はあるが同じようなことを実感することからも、身体の使い方で恐怖感をコントロールすることは可能であったと思う。

おそらく、左馬助も真剣で斬り込まれるという危険な状況を楽しむほどの精神的なゆとりがあったのであろう。そうでなければ真剣を持ち、しかも古来から至難なこととされている取り籠り者を討つのに鉛の塊などという、およそ武器といえないものを持って行かなかったと思う。危険な状況も楽しむということについては、夢想願立の術理を解説した『願立剣術物語』の最後の段の一つ前の六十二段目に「この願立という剣術は龍虎の口に入っても楽しむ心があるべきであり、この楽しみ遊ぶ心がなければ敵の剣の中へ何ということもなく入って行くことは難しいだろう」と書いてある。

相手を斬る気はないといっても、捕縛するために刃引の刀か木刀、せめて十手か鉄扇などを持っていってもいいはずであり、鉛の塊とはあまりに奇抜だからである。おそらく左馬助は、まったくの無刀でも自信はあったのだろうが、この南部の剣客捕縛は藩からの正式な下命でもあり、万に一つもしくじらないようにと念を入れて、鉛の塊を持参したのではないかと思われる。

それにしても左馬助の剣技がいかに卓絶していたかを改めて思い知らされる。ただ、最後に少し気になるのは、このエピソードでは南部の剣士は身分の高い家柄の娘を騙し、たぶらかして連れ出したとあるが、あるいは身分違いの悲恋の果ての思いあまっての駆け落ちだったかもしれない。もし、左馬助が、そうした事情を知ったとしたら、何かもっと違った粋な計らいをしたのではないかという気もする。

なぜならば、松林左馬助は非常に思いやりの深い、剣客には珍しい情の濃い人物であるからだ。そのことは、この後すぐ述べる左馬助が慶安四年（一六五一）に家光の前で演武した際の、左馬助の一生で一番の晴れ舞台の様子を、家族と思われる松林久三郎なる人物に書き送った手紙の終りの方に孫らしい子供たちを気遣ったことが書いてあるところを見ても分かる。そこには、おかめ、お百、おむら、かめ、つる、市太夫といった子ども達の名前を書き連ね、その上で、「この子たちは無事だろうか、朝夕会いたいという思いが募ってくる」と書き、そして「市太夫は立って歩くようになっただろうか、知りたいものだ」とある。おそらく仙台から出かける時は、その市太夫という男の子は、まだハイハイをしていたのだろう。そして、この市太夫に関してと思われるが、次のように細々と書いてある。「火のそばへ寄って行ったときや井戸の近くに寄って行ったとき、油断しないように、よくよく注意するように申し付けておいてもらいたい」と書き、さらに〝かめ〟や〝つる〟について、「奥（手紙では「屋」の字をあてているが、左馬助の夫人か家中を取り仕切っている女性と思われる人物）に、私がいないからといって叱ったり叩いたりすることは「必ず必ず」（つまり「どうか、どうか」）堪えるように伝えて欲しい」と繰り返し念を入れて書いている。おそらく〝おかめ〟や〝お百〟〝おむら〟は、かなり年上の子で、〝かめ〟や〝つる〟は、いたずら盛りの幼い娘なのだろう。それにしても天下に名を轟かせた剣客の、この子ども達の可愛がりようはなんとも微笑ましい。

この『揚美録』では最後※に、「蝙也のところには技を習いたい弟子が、一時大いに押し寄せた。それは老女から少女まで夥しく、蝙也をまるで仏か菩薩のように信仰し、その門前には市が出来ていた。蝙也には、キリスト教の幻術、魔法のような、とても人智では計り知れない優れたところがあるので、世間の評判では戸隠明神の神通力を得た人だそうだと言われていた」と述べていることからも、武の世界だけに留まらないその人気振りを推察することができる。

※厳密にいうと『揚美録』の最後は、このキリスト教（『揚美録』では耶蘇教）が世界に広まっている様子について書かれており、旧教、新教の二派があることに触れて終わっている。

松林左馬助、生涯一の晴れ舞台

隠居した後も左馬助は剣術を仙台で指南していたようであるが、松林左馬助の名が広く知れ渡り、公式な幕府の歴史にも刻まれることになった晴れ舞台は慶安四年（一六五一）三月二十五日、左馬助が五十九歳の時、三代将軍徳川家光の前で、自らが開いた夢想願立の技を演武した時であろう。

この当時あまり体調が良くなかった将軍家光が、左馬助を招いてその技を観たことについては、徳川家の公式記録である『大猷院殿御實紀巻八十』の三月二十五日の項に、「松平陸奥守忠宗（伊達忠宗のこと）家士松林左馬助御座所に召て剣術を御覧じ給ふ時服三かづけられ敵手仕ふまつりたる道與（これは演武の打太刀を務めた、門人の阿部道是のことであろう）にも時服一襲かづけられる」の記述が遺されている。

家光は、この左馬助の演武を観てから一月経たない四月二十日に没し、五月十七日勅使西園寺実晴から大猷院と追号されたということである。

この演武の際、左馬助は当時弟子のなかでも一番技が使えたと思われる阿部道是（七左衛門）を同伴し、この七左衛門を打太刀として演武を行ったようである。この演武が見事で家光が再度、再々度、呼びかえして、技を観たようであり、そして最後に〃足鐔〃という打ち込んできた道是の打太刀の手元辺りの木刀を足で踏み押さえ、そのまま宙高く舞い上がる、超人的な体捌きをみせたようだ。この絶技に、家光が思わず「まるで蝙蝠のようだ」と感嘆し、それに因んで左馬助が蝙也斎と号したと『揚美録』には書かれている。

ただ、松林家に遺されていた伝書や古文献からは、いつから蝙也斎と称したかについてのはっきりとした記録がなく、『松林家文書』などには伊奈半十郎に招かれて武州赤山に行ったときに、すでに蝙也斎入道永吉と名乗っていたようにも感じられるように書いてあるので、一応そのことは触れておきたい。

この演武内容に関しては、『東藩史稿』のなかでは、「年譜ニ召試セラル者凡ソ三タビ」という注を載せており、これが都合三度演武したのか、それとも一度演武した後、三度呼び返されて、都合四回演武したのかはっきりしない。ただこの演武に関して最も信頼できるのは、この演武のすぐ後、先にも紹介した仙台の松林久三郎あてた直筆の手紙であろう。この手紙には都合四回演武したと書いてある。この手紙の全文は資料として本章末に載せてあるが、この演武した場面を訳せば、つぎの通りである。

「二十五日公方様から召し出され、我々の剣術を御覧になって呉服三つ拝領し冥加なことで、これは貴殿（松林久三郎と思われる）も同じことであろう。打太刀であった七左衛門（阿部道是）にも呉服を一重拝領した。私が拝領した呉服のなかにあかうら（紅絹《もみ》の裏）があったが、これは稀な名誉なことで、このあかうらまで拝領したことで殿様（忠宗だろうか）ご機嫌良く思し召したようである。公方様の前で行った組太刀は、まず車天狗まで行い、次のお座敷へまかり出てみると、その次を行うように久世大和守殿から仰せつけられたので、不動印天より明夢剣まで行ってから罷り出てみると、「仕合の場合は、どのようにするのか」との上意の御下問があったので、十四、五回演武して引き下がったところ、その時は、かけ声なども余り高く出ず、足技なども使ってほしいと大和殿（久世大和守）が仰せられたので、またまかり出て十四、五太刀もつかまつり、足技なども出し添身なども首尾よく行い、天理に叶った演武が出来た。ただ、（道是の）打太刀が私の思うようにうまくは行かず、これが残念であった」

この手紙のなかに挙げられている「車天狗」「明夢剣」というのは、夢想願立の組太刀二十本のなかにある名称で、後にその二十本の名称は参考までにすべて挙げておきたい。

このように、都合四回、つまり合計四度出たとあるから、一度演武した後に三度呼び返され、合計四回演武したとみるべきであろう。

左馬助の入神の太刀捌き

ここまで左馬助の常識を遥かに超えた技を示すエピソードを紹介してきたが、次に紹介するものは『東藩史稿』に出てくるもので、左馬助の超絶的な刀の変化の迅速さを伝えている。

ある時、左馬助に次のようなことを言った者がいた。「その昔、源義経は戯れに、つまり余技として柳の枝を斬ってみたところ、八つに斬っても、まだ柳の枝は水に落ちなかったそうだ」

これを聞いた左馬助は、自分もやってみようと、水辺に柳の生えているところで試みた。すると、柳の枝は十三に切り分けられており、これを見ていた者は、その左馬助の技倆を激賞した。

左馬助が、垂れ下がっている柳の枝を斬ったのか、あるいは枝を投げ上げてから斬ったのか、具体的なところは分からないが、どちらにしても超絶技術であることは間違いない。ただ、枝を投げ上げて斬る方が一段と難しいことは確かだろう。何しろ空中にある枝を、ほとんど何の衝撃も与えずに斬らねば斬った断片が飛んでいくので、飛ばさずに斬らねばならないからである。

現代の「試斬」の常識からいえば不可能だが、数十年前、床の間に活けてあった梅の枝を刀で斬り、一枚の花片も落とさなかったという驚くべき試し斬りの技術を発揮してみせた弓道無影心月流の開祖、梅路見鸞という人物もいるので、錬達した人間には不可能ではないのだろう。また、『東藩史稿』には「能ク小刀ヲ以テ飛蝿ヲ撃ツ」、つまり短刀か脇差などで飛んでいる蝿を斬り落とすことが出来たという。このエピソードは時に「飛んでいる蝿の頭を斬り落とした」というふうに紹介されていることがあるが、これは話が大きくなったのではないかと思う。

このようなことができたのは、左馬助は常用の刀を一日に千回抜刀することを日課としていたからかもしれない。伝書には、居合の技の名称が五つ記されているが、それに対応する絵図もないので、どのような抜き方であったのかはまったく分からない。

そのような数々の驚くべきエピソードを持っていた左馬助であったが、歳を重ね、病を得て、俄に症状が重くなった。そこで、門人たちが集まって看病をしていたのであるが、左馬助は床から起き上がろうとして、「お前達、私を助け起こしてくれ。日課をやめるわけにはいかない」と言った。門人達は、左馬助の身体を心配して、「おやめになってください」と諫めるのだが、左馬助は聞き入れず、日課の抜刀千遍をやり遂げた後、にっこり笑って、「私のやるべきことは終わった」と言って、息を引き取ったという。『伊達家世臣家譜』、『東藩史稿』、『皇朝名臣伝賛』、『仙台金石志』等によれば、享年七十五歳、寛文七年（一六六七）二月一日のことである。法名は洞雲月公、功徳山荘厳寺に葬られた。

ちなみに、菩提寺となったこの荘厳寺は逆さ門のある寺として知られている。もともとこの門は江戸期の大名家のお家騒動のなかでも、ひときわ有名な伊達騒動によって、一族が幼児にいたるまで死罪になった原田甲斐の居宅にあった門である。その原田家の門が、なぜ荘厳寺に移築されたかというと、当初、重罪人の家ということであったので、居宅は取り壊され、巨木を用いて建てられたこの門も取り壊されることとなり、その作業が始まったのだが、不思議とさまざまな事故が起きた。それを祟りと恐れた人々が、この門に関わることを嫌がったため、当時名僧として伊達家の信任も厚かった荘厳寺の住職が「悪を転じて善とする」という機智を働かせ、藩の許可を得た上で、柱や梁を原田家で使用されていたときと逆さにして、自らの寺の門として建て直し、現在に至っている。この御家騒動は左馬助の没する数年前の出来事であるので、左馬助の遺骸はおそらく移築後間もない逆さ門を通って寺内に入ったのだろう。

左馬助が荘厳寺という浄土宗の寺に葬られたのは、左馬助が武術家としては珍しく浄土宗の、しかも熱心な信徒で、一日一万回も念仏を唱えていたからであろう。普通武術に関わる者は、仏教の場合は禅宗か真言宗、天台宗といった宗派だが、浄土宗は珍しい。ただ、浄土宗でも幕末白井亨に大きな影響を与えた徳本上人などは、畑の虫退治にも験《げん》があったという異能を発揮しているから、浄土宗で密教的能力が開花した者も存在したのだろう。

左馬助、下女に敗れる

ここまで松林左馬助の卓越した技倆を伝えるエピソードを紹介してきたが、この左馬助のエピソードを伝える『揚美録』のなかからいかにも左馬助の性格を表しているような、ちょっと顔がほころぶ話も紹介しておこう。

「蝙也（左馬助）は屋敷へ下女を年期三年の約束で雇い入れたとき、この下女に向かって「おまえがもし、何か謀をもって私を驚かせることができれば、三年の年季分の給金を与えて、暇をやろう」と言って約束をした。そこでこの下女は、さまざまに計略を練っていろいろと試みた。ある時、泥酔して帰宅した蝙也は敷居を枕にして、そこにそのまま寝込んでしまった。そこで下女は、蝙也が熟睡しているのをみすましてから、いきなりその障子を蝙也の頭を砕く勢いで閉めた。ところが、どうしたことか障子は頭を打つ寸前で止まってしまった。蝙也は目を覚まし落ち着いて笑って、「それではとても三年分の給金は取れぬ」と言う。なぜ障子が閉まらなかったのかというと、蝙也が鉄扇を敷居の溝に置いて寝ていたためだった。

しかし、下女もこれで諦めてはいない。左馬助の足を洗うすすぎ用の湯を用意した折、まず熱湯を入れた桶を用意してこれを勧めたところ、左馬助は用心深くそろそろと足を入れて試してから、この下女を呼び「中々これでは三年分の給金はとれないぞ。水で埋めよ」と命じた。そこで下女は走って行って水をザブッと持ってきて桶に入れ、「よい加減です」と言う。そこで左馬助は何気なく桶に足を入れたところ驚いて飛び上がった。水でぬるく埋めたと思った桶の湯は実は熱湯で、下女は水と見せかけて再び熱い湯を加えていたのである。ここに至って蝙也は「誠に敵となって狙われた場合は、婦女子にも討たれかねぬのだなあ」と大きくため息をついた。そして、直ちに約束どおり三年分の給金を与え年季明けにして帰した」

先に記したように左馬助は弟子や身の回りの者に、「自分を驚かせてみよ」と奨励していたので、何人もの者たちが試みたようだ。そして弟子の不意打ちには悠々とこれを躱《かわ》した左馬助だが、下女の執念に破れて歎息する有様がなんとも微笑ましい。これもまた左馬助の人柄が伝わってくるエピソードなので『揚美録』の編者はあえて、この左馬助の失敗談を載せたのであろう。またこれと似た話が後に紹介する田中藩の小山宇八郎にも伝わっていることも興味深い。

夢想願立の剣技の特色

松林左馬助（一五九三〜一六六七）が開いた夢想願立の剣技の特色は、「神速排撃変化の妙はとても人力の及ぶところではない」と評され、左馬助とほとんど同世代と思われる剣客である無住心剣術の開祖針谷夕雲（不明〜一六六九）の剣術とはまったく違った対極にある剣術のように思われていたのではないかと思う。実際、夕雲の後を継いだ無住心剣術二代目小出切一雲（一六三〇〜一七〇六）は、その著『無住心剣術書』（『剣法夕雲先生相伝』『夕雲流剣術書』等の異称あり）のなかで、術技を捨てた心法の剣術といわれる無住心剣術から見た他流のことを、

「兵法大概は如此迷暗邪曲なる畜生の所作に心を移して工夫の種とし、或は獅子奮迅・飛蝶・

虎乱・猿飛・雷電・蜘蛛などとて、品々の畜生働きを学び、猶も向上に云んとて、夢中に神に告られたるの、或は山籠りして天狗の相傳を得たりなど、言ひなして、漸く鷹の鳥を獲り猫の鼠を補ふる程に所作をしなして、或は上を打かと見せて下を払上、横を払う振りにしては頭上を堅割にし、身を捨てあたふるやうにして却て此方へ奪ひ、大勇の気を張り出し、少も身命は惜まぬ風情にして、既に破肌時に臨みて、うけかぶり、飛ちがへ、跡へはづし、種々の才覚・意識・智恵を取出して、七転八倒して、俄に当分の難を逃がれんとす」

と手ひどく批判しているところを見ても、人間離れした技を使う剣客を邪法視していたことは明らかである。これを意訳すると、

「たいがいの（他流の）剣術の流儀は、このような暗く迷って邪な動物の動きに心を奪われて、これを研究工夫の種として、あるいは獅子奮迅、飛蝶、虎乱、猿飛、雷電、蜘蛛などと名づけていろいろな動物の動きを学び、そのうえもっと高度な技に見せかけようと、〝夢の中で神に告げられた〟とか、あるいは〝山籠りして天狗から教えを受けた〟などと言いふらして、よう

やく鷹が鳥を捕らえ、猫が鼠をつかまえる程度の技を身につけ、例えば上を打つように見せかけて下を払い、横を払うふりをして突然頭上を下へと割りつけるなどということを行って、我身を捨てるようにして自分が有利なように動き、勇気を大いに張り出し、少しも身命を惜しまぬようであるが、こういうことではもうすでに負けているようなものである。それも分からず状況によって太刀を受けたりふりかぶったり、飛違えたり、よけてかわしたり、いろいろな才覚、意識、智恵をふりしぼって七転八倒して我身にふりかかった難を逃れようとしている」と、いかにも他流に手厳しい一雲らしい辛辣な批判を並べている。

一雲がこうした文章を書いた背景には、一雲の頭のなかに人間離れした体捌きの剣術として、師夕雲とほぼ同年齢であり、おそらくは当時の江戸の剣壇でも、その剣技の玄妙さ、体捌きの人力を超えた凄まじさが噂としては広く知られていたであろう松林左馬助のことがあったのではないかという気がする。なにしろ左馬助は、当時有名な勘定奉行伊奈半十朗忠治の食客として、江戸からはすぐ近くにある半十朗の武州赤山の陣屋で剣を教えていたのだから。

しかも、その左馬助が剣技を会得した理由が愛宕山大権現から夢中相伝されていたという伝承が伝えられているほど、天狗と縁が深いことも一雲の気持ちを刺激したように思う。現に松林家に伝わる剣術、槍術、薙刀術、小具足、捕手などの絵入り伝書には、典型的な天狗や、天狗の一種かと思われる河童のような異界の者が描かれている。

こう書くと無住心剣術と願立とはまさに水と油のように思えるが、夢想願立の剣理を説いたと思われる『願立剣術物語』を読むと、まるで無住心剣術の伝書かと思うようなところがいくつもある。

ここでそのことを具体的に見較べられるように、先ほど引用した小出切一雲の後継者で、後に一雲とは袂を分かった無住心剣術の三代目真里谷円四郎の教えを、円四郎の門人、川村弥五兵衛がまとめた『前集』から引用してみよう。

「先生云、当流に刀脇差の寸法に定寸なし、長短軽重、すぐなるそりたるにもかまはず、其人々のすき次第なるべし、余りすぐなる、あまりそりたるも持にくからん、下手の長き刀は、振り廻しにくきものなり、刀のきれをも余り頼むべからず、惣て道具をたのみにして、あぢだて道理だてを以てする剣術にてはなし、先師の教にちがはぬ様にして、生れのままなものに立て刀を引あげ、おくらずむかへずして、かたちに気をかさず、かんずる所へ刀をおとすの計りなりとの給ひし也」

これを意訳すれば、

「当流（無住心剣術）は刀や脇差に流儀で決めている寸法などない。長くても短くても、軽くても重くても、直刀に近い反りの少ないものでも、それを持つ人達の好み次第で何でもいい。ただ、あまりにも反りのないものや、反対に反りの強すぎるものも、かえって持ちにくいだろう。剣術の下手な者にとっては振り回しにくいだろう。当流は刀の斬れ味など道具の機能を別に重要視しているわけではない。そういうことはあまり気にせず、ただ先師夕雲の教えから外れないように、生まれたままの赤子のような素直さで、ただ刀を引き上げて、それをどうこうしようなどとは考えず、その状況にまどわされず、ただ自然と感じるところに刀を落とすだけのことである、と教えられた」

というところであろうか。

この『前集』で述べられている真里谷円四郎の教えは、他のところでも「刀に関しては別にこだわらないので、先祖代々伝わっている刀をそのまま使えばいい」と、武士ならば普通最も気にする刀の良否についてもほとんど関心を示していない。つまり、道具とか技術とかではなく、ただただ「自らの天理の自然にいかに帰れるか」ということを説いているのだと思う。

こう説いている無住心剣術の教えと、いまこれから例に出す『願立剣術物語』とは、驚くほど共通している。

まず最初に三十六段目を引用してみよう。

「此の流は敵の色を見て其動きに随うにあらず。随わざるにもあらず。早く敵の動きに合わんとするは才覚也。犬の塊を追う如し。それは敵に討たれての後を追うぞ。敵様々に表裏飛走遠近く変化して種々の気色を顕すともぞ。つとも貪着なくただ我が心を正しく明に我が道を行く事肝要なり。努々敵を責めるにあらず。我を責める道也。心弱々として敵の動きに心を移し有るとみて其れに合わんとするは水に浮くふくべを押すに似たり。彼を押さえ是を留める。ここを外れかしこを受け、疑い易くして実なく、これをも取らず彼をもとらず、ついには撃ち砕也」

これを意訳すると、次のような意味であろうか。

「この流儀は、敵の攻め方を見て、その動きに応じて動くわけでもないが、応じないというわけでもない。早く敵の動きに合わせようというのは意識して才覚を働かせるわけで、犬が石をぶつけられた時、その石をぶつけた者に向かわず、ぶつけられた石を追いかけてゆくような愚かなことであり、それは敵の攻撃に対する後追いでしかない。敵がさまざまに表から裏から、また飛んだり走ったりして遠く近く間合いを変化させて攻めてくる気配があろうとも、こちらは少しもそうしたことにとらわれず、ただ我が心を正しく明かにして我が道をゆくことが大切である。ゆめゆめ、敵の攻め方にとらわれてはならない。自分の内面を見つめるべきである。心が弱く敵の動きにとらわれて、敵の出方を見てなんとかしようとするのは、ちょうど水に浮いた瓢箪を押すようにたよりないことである。あちらを押さえこちらを留め、ここを外しむこうからきたのを受ける、このように自信がなく疑い深くなって動きに実がなくなると、これもあれも間に合わなくなって、ついに打ち砕かれてしまう」

ではもうひとつ、最初に引用した一雲の著した『無住心剣術書』のなかから引用してみよう。

「凡そ太刀を取て敵に向はゞ、別の事は更になく、其間遠くば太刀の中る所迄行くべし。

行付きたらば打つべし。其間近くば其儘打つべし。何の思惟も入るべからず、然るに敵を一目見て、目付と云事を定め、其間の遠近に慮を加へ、活地、死地の了簡を生じ、或は太刀の長短の寸尺に泥み、其上に与へ、奪ひ、うかがひ、劫し、動かし、擒め、縦るめ、遅速品々の習ひ心どもを発して上手めかしく働く、如此の心入れに、本理本分の良知良能は聊もきざすべからざるに、如此取扱ふ流の人などの向上を談じ聖佛の言句などを引言にして、心を説き気を談じて極意のやうにせらるるは、恥の上の恥なれども、自己心元来明かならぬ上に暗師の傳を受て弥々意識の増長したる輩なれば、尤もとも云べし」

これを意訳すれば、

「剣術で太刀を取って敵に向かう時は、別段いろいろと考えることは何も要らない。敵との間が遠ければ太刀が当たるところまで行き、太刀が届く所まで行ったら、ただ打てばいい。（これも上から自然と太刀を落とすだけというのが無住心剣術のあり方である）その間が近くであれば、ただそのまま打てばいい。ここで何も思惑を巡らすことは要らない。ところが、他流は敵を見た時に「目付け」ということをいろいろとやかましく云い、その間が「近ければどうする、遠ければこうする」と、いろいろな理屈を立て、どうすれば生きられるか、相手に斬られるかということをいろいろと論じ、そのため太刀の長い短いによって様々に戦い方を工夫し、それによって相手と様々な駆け引きをし、遅い早いの間を考えて、いかにも剣術上手のように振る舞おうとする。このような考えでは元々備わっている天理の自然による良知良能による素晴らしい智慧や働きは少しも現われてこないのに、こういうことをすることほど、いかにも高尚なもののように説明し、仏典の言葉などを引用して、人々に説き聞かせ、極意のように見せかけるのは恥の上塗りであるが、元々自分の本来の心が開いていないのに、いい加減な師匠の教えを受けて、いよいよ意識が増長した者共なので、まあ仕方がないことだろう」

と自流の剣理を説くとともに他流を散々にこき下ろしている。

ここで引用した無住心剣術の剣の理は次に引用する『願立剣術物語』の五十九段目と重なるところがある。もっとも願立はさすがに無住心剣術ほど他流を悪し様にこき下ろしたりはしていないが、その術理そのものはまるでこの無住心剣術の続きかと思うほど共通しているので、ここにそれを引用してみよう。

「そのままの道と言うは天性そのままの身也。敵と面向の時不動不変にして敵そのまま討つ事飛び火の来る如く、其飛び火の来る内に像を転じ、心を及ぼす事は神妙も及ばず。敵そのまま討つ時我そのままにして当たらいを一の道と言う。此の一の道を何くまでも続けたる物ぞ。敵よりまた二と変じて打つは敵の変動なり。其変動の処へは我そのままの道を行くは、ひききえ水のさぐるが如し。敵また過半延上がり過半下て討つは敵の角外の動き也。その動きを取りひしぐ事なお以て自由自在成り」

意訳すると、

「そのままの道というのは、生まれた天性をそのまま持ちつづけている身ということで、敵と相対した時いささかも動ぜず、敵もそのまま飛び火の如くに打ち込んでくる、その火の中に恐れず自らが入ってゆく心は、神妙といった表現も超えている。敵がそのまま打ってくる時、自分もそのまま受けたり躱したりせずにして当たらないのを一の道という。そして、この一の道をどこまでも続けるのである。敵が当たらなかったため二と変化して打ってくるのは、敵が変動することである。その敵が変化したところへ、我方がそのまま入ってゆくのは、間があかずに水が流れ込むようなものである。敵が延び上がったり、また途中から変化して下方を打ってくるときは、敵の動きに角ができる。そういった角ができる動きをとりひしぐことは、一の道をつづけていれば問題なく、自由自在になる」

この他にも『願立剣術物語』では「受けず躱さず、そのまま入っていく」無住心剣術の術理と共通するようなことが説かれていて、極めて興味深い。例えば二十一段目には次のような記述がある。

「剣体と成事一切草木に至るまで剣体の不備と云事なし本より剣術は剣を甲とし此体を包み敵之中へ入事剣体と不成は不可叶縦は上より強もの撃ひしかんと落か丶るを押退とかせきうけ留んと敵に取付我剣体をくすし却て一ひしぎに可成をもき物落か丶るとも他をかせくことなく唯其侭剣体我独り立あがれはをもきも独り落ち我も独り行道也」

意訳すると、

「剣と体が一体化するということは、草木に至るまで備わっていることである。そして何よりも剣術は、剣を甲として体を包み込み、敵の中へ入るのであるから、剣と体が一体化しなければ出来るはずがない。例えば、上から強く敵が打ち拉《ひし》いでやろうと打ち下ろしてくるのを押し返そうとしたり、受けて留めようと敵に取り付くと却って崩れてしまう。こちらの剣体を崩してきても、それに対してどうこうしようとせず、ただそのままにブレることなく剣体が一致した確かな自分が立ち上がっていれば、相手の攻撃も勝手に外れて落ち、こちらも独り進んで行く道が拓ける」

特にこの二十一段目は、五十九段目とともに無住心剣術の伝書ではないかと思うほどの感覚を抱かせる。ここまで記してきたように、夢想願立は流祖松林左馬助の神技ともいえる体捌きと、それによる超迅速な剣の変化で知られているが、その技は非常に確かな「自らは決して打たれることはない」という実感によってなされていたのだと思う。それがあったからこそ左馬助は門人や女中にまで「いつでも隙があったら我を打ってみよ」と言っていたのだろう。

人間離れした体捌きを発揮しつつ、心法の剣術として知られる無住心剣術とも共通するところが少なくない夢想願立は、日本の剣術の最高形態として、改めて評価されるべきではないかと私は思う。

私が数多くある日本の武術のなかで最も夢想願立に関心があるのは、こうした理由からである。

夢想願立の内容

夢想願立は、剣術、槍術（素槍と十文字槍）、薙刀、捕手、小具足といった体術、さらには居合も含めた総合武術の形態をなし、それぞれに伝書が遺されている。

また願立は本書の最後に登場する手裏剣術のなかでも、最も詳しく紹介している根岸流手裏剣術の母流儀でもあるが、このことについては左馬助に直接関係があったかどうかは定かでなく、おそらくは願立五代目の上遠野伊豆広秀の工夫に端を発しているものと思われる。

ただ、仙台の今野家に伝わった香取神刀流飛刀術の伝書には、流祖を飯篠家直、二代目を塚原卜伝とし十二代目に松林無雲斎永吉の名を載せ、それ以後は、十三代目から今野家に代々伝わったとの記述がある。この香取神刀流と同じ飯篠家直を流祖とし、二代目を鹿島新当流の卜伝としている伝書がどこまで信頼できるかは不明だが、多くの武術に異能を発揮した左馬助であれば、手裏剣術の心得がなかったと考えるほうが不自然ともいえる。

松林家に遺されている伝書、資料は、かなりのものだが、そのなかに『夢想願流諸具足向上極意』と記された巻物がある。これは、正式な伝書というより、伝書を書くための下書きといった雰囲気のものであるが、ここに書かれている技名は、剣術や薙刀、捕手、小具足、十文字槍などの伝書の名称と一致するものも多い。その一方で、ここにのみ記されているものもあるので、それら他の伝書に書いてある技名も括弧で参考に入れつつ、本章末の資料編にこれを紹介した。ご興味がおありの方はお読み頂ければ幸いと思う。

《資料一》

夢想願流　諸具足向上極意（全文）

敵懸ハ云レ引ハ懸レト云令唯懸
引ハ空シ懸輝引ク懸運剣
敵如乱花神刀一刀ニテ
可留大事是也
　第一居合
一諸方　一背剣　一天地
一利命
　表四ヶ条旁有心
　柄詰　一運足
第一　身車、一紐切
　小尻還　一乱足
巻精
一仏　　一弐人詰　一明天
一水車　一巻精　　一戸詰
一剣巻　　一心執
十六ヶ條口伝有り

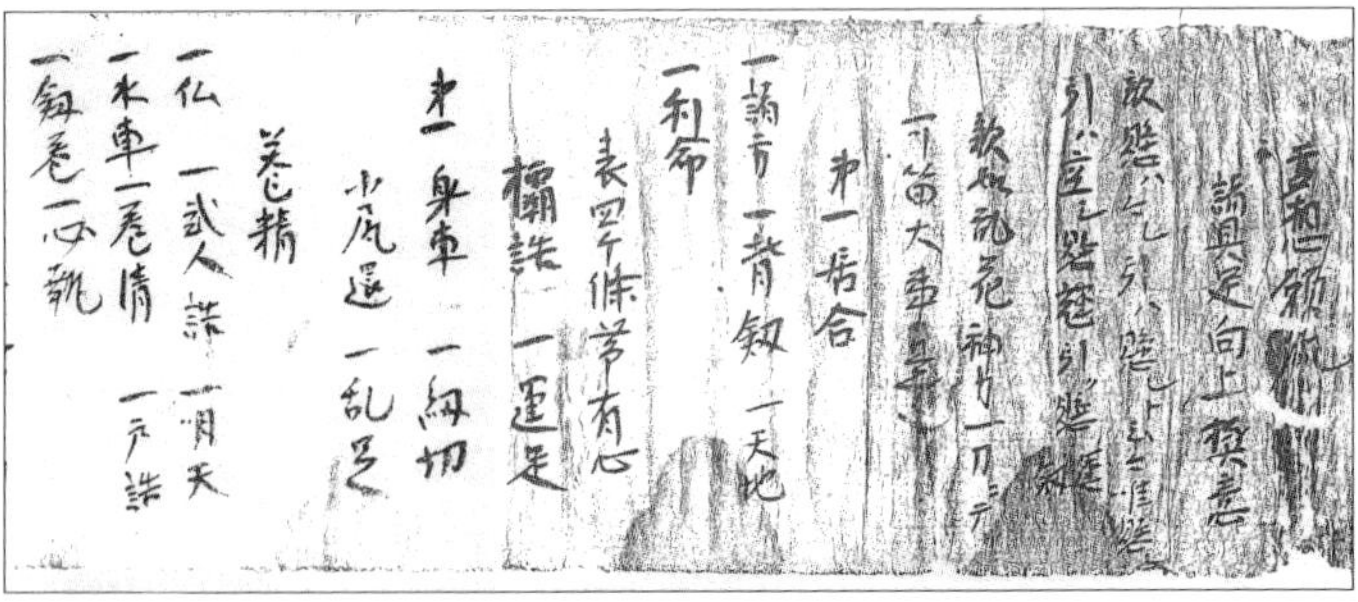

『夢想願流　諸具足向上極意』
著：松林左馬助本人と推測される
年代：不明
松林忠男氏蔵

捕手

一添（添捕）　一対面（対面捕）　一膝車（膝車捕）　一剣入

一倒背必至

夫捕手之本意ハ隠足乱如
日精月陰以其心ヲ得勝理
者也但シナイチカイニアチハイアリ

一柄巻　一幕搦　一三目殺

一倒背修羅詰　一行合

一利戦　一中車　一杉雪折

一利幕　一家籠　一剣躰

一早天狗　一銕（鉄）眼　一乱手

一引合　一剣打縄　一無剣留

廿一ヶ条有口伝

小具足

一両手　一蓮花　一胸居

一一命　一留剣　一手捨

一両剣　一両具足　一腹巻

一戟眼　一一之根元　一利天（利天狗）

一誘引（誘引但自具足）　一冠返　一諸剣手留
一万里徹眼
十六ヶ条口傳有心ニ
太刀敵懸諸具足不嫌
諸之留之根元

長刀
大地ヲ廻ルニ心アリ
一立剣　一膝車　一両無天
一多勢八天狗　一浪渡
一搦之剣　一卍字力清（万字力清）
一卍明清（万字明清）
乱火花之車ニ敵似タリ
神力銕眼心天地間有
頂徳
一留ウン剣　一切サケ　一天サウ　一死運
一曲実　一乱曲　一曲
一径正ムテン　一水眼

九ヶ條

心して心まよはすこころなり

こころに心　こころゆるすな

口傳之事

打コミ切拍子捨ツキト云ニ

十文字（十文字槍の事）

一山天　一水明　一両敵眼

一多勢無天　一搦

一〇剣　一阿之剣　※ここから剣術の技名が始まる

一諸中　一運楽

一山當　一浪之上

一浪之下　一雲天狗

一天車　一印天

一車天狗　一拂當剣

一不動印天　一脇籠

一双無天　一光剣

一然一天　一極角剣

九ヶ條中手ノ内

一乱清眼　　　一燕乱
一浪返　　　　一明夢剣
　向上五ヶ條之内
一身間明剣　　一平天狗
一乱智清明　　一飛天狗
一運早剣

極意五ヶ條之内

切られてもまわゐつめよと見し也
心はにもよりこころなくれハ
あたごより夢想の太刀のむねならば
他所（衆）のきり合何にかあらんや
兵法ハ切ウタンチウトウ
可心
切かくる他所（衆）の切合朝霧に
心のあらしはれて日月

万理夢中有相傳

一噫戦眼

　　向上極意是也

一所詮無着

　英短

二つともあらざる物ハ太刀心
みがきて見よやむねの鏡を

右七道具之練躰利早
根元ハ篇学至功輪於諸
流具足懸而手留不
可疑是則　愛宕山夢
中御想傳可仕御神力
之剣術者也

抑兵法者天地開闢以来
至今無用来也神代者謂
之手裏從人王名之兵法
然ハ諸流皆維号兵法而

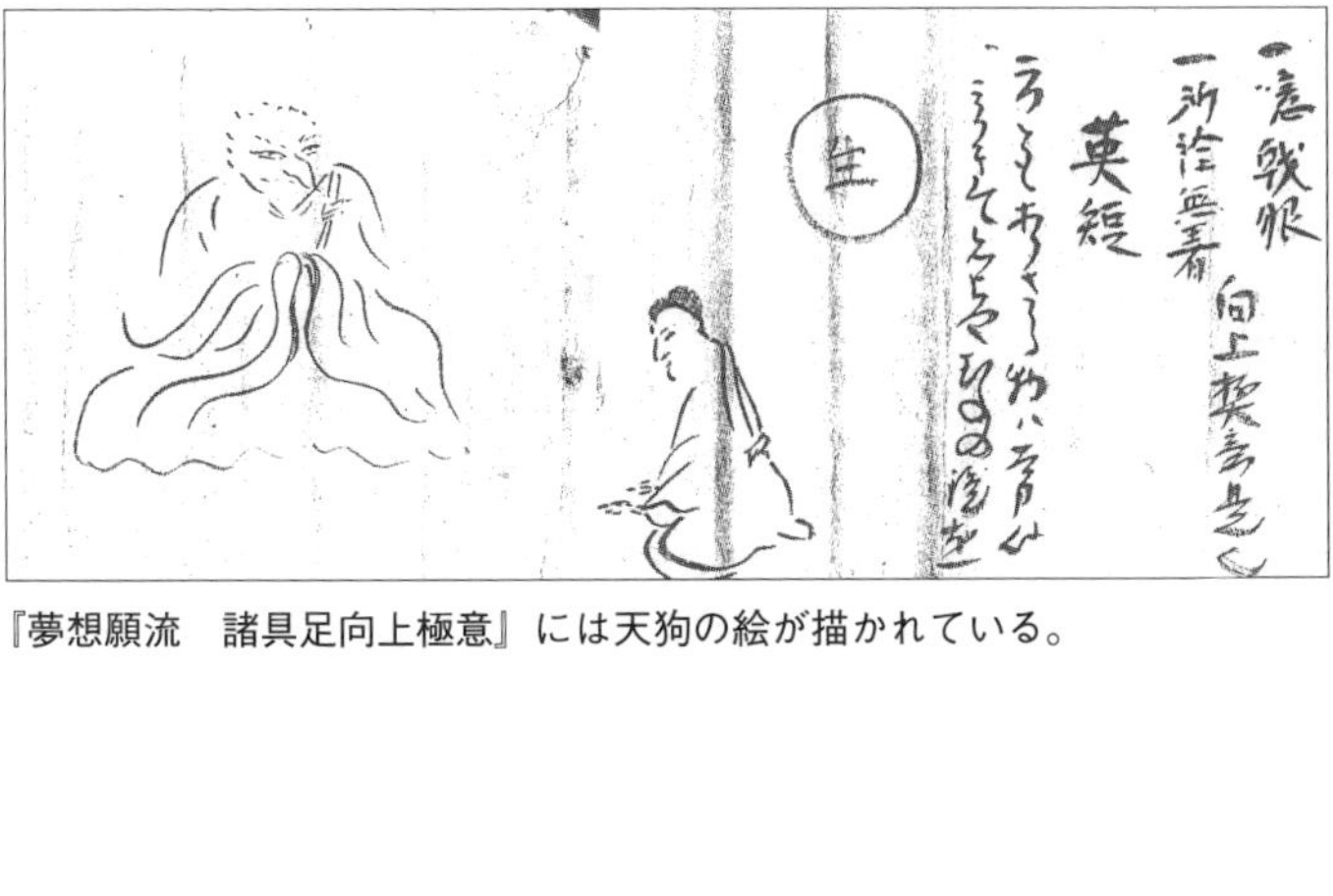

『夢想願流　諸具足向上極意』には天狗の絵が描かれている。

人作在非神刀或維謂
夢中相傳而秘実傳庶
永失本意然此流者
愛宕山大権現親示現傳
具夢剣心故杯懸乎諸
流得勝利努々不可教
即殺人刀活人剣ト云也殺
人刀殺活自在ニシテ同機出
撰秘中秘也此高上極
意識壹人者堅不可傳
但尋無用感懇志可
授与者也仍如件

愛宕山

松林無雲

《資料二》

願立剣術物語　全（全文）

（角朱印「南部家旧蔵本」）

※□部分は虫食いのため判読できない箇所を示す。

願立剣術物語之覚

剣術之□□人松原左馬之助総角之此宗剣術
縦神妙不思儀而不及言也名伝世願立也雖多
汲此流人而雖得百其一矣爰荒川道是従壮
年至六旬志深此道而尽於昼夜粉骨也漸而
自得先師之伝也動則風如発疾如河決微
哉、、是可謂天道之自然也予窺雖学習而
発狐疑之念而不達九牛一毛然歎絶世而記集
師之平語而為一巻之書了不徹心不通言雖書
留玉之形而已偏雖成愚我如成刻童子之木
一二之記有増矣願有後人而改誤有志此流
人之成便哉

※正統な流儀の伝書ではないため、松林左馬助と書くところを遠慮して、松原としている。

一　此伝ハ流如水少時モ止ムコトナキ剣術ソ縦ハ光陰ノ移如行ク草ノ

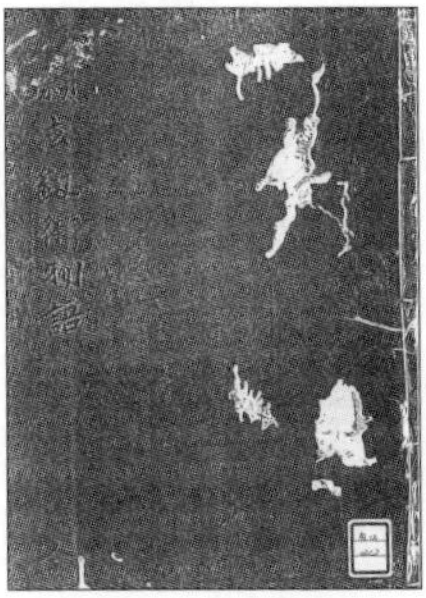

『願立剣術物語』
著：服部孫四郎
年代：江戸時代初期
八戸市立図書館蔵

萌如出須臾モト、マル事ナシ敵ヒシト打ニ合ントス□早留ル氣也亦留ルマジキト思モ其ニ心留ル也唯ホロヽト玉ノ形ナリト云リ

一　心ハ満々タル水ノゴトク水モト不動心モト不動緑ンニ随テヒキ□エ水ノ行形也縦ハ敵ハ水ヲ防ク楯也此楯ニ少モ穴有ハ水ヒトリ洩入ソ敵ノ構ニ穴ナケレハ水ハ満々トシテ行ワタラン処モナク湛エタル也此水ヲ敵カキ退カキ退ントスレトモ湛エタル水ナレハ去トモ水押退トスレトモ水ノコトク也

一　伝ト云ハ別之儀ニアラス我惣体ノ病筋骨ノ滞リ曲節ヲケツリ立幾度モ病ヲヲヒキ出心ノ扁怒リヲクタキ思処ヲタマシ唯何トモナク無病ノ本ノ身ト成也他人ノ病ヲ能知リ泥ム処怖ル処ヲ我身ノコトク彰シ師其病ヲ改事師モ本此病ヲ愁イ我ニアル所ヲ以テ人ヲ直シ申儀

一　玉ノキヨクト云事像玉ノ如シ少モ留ル事ナシ下リ坂ヲ走シムニ似リ坂キウナレハ玉ノ走ルニハアラス玉ノコケ落ル也心ノ通ヒ如此心急ク時ハ玉ノ滑ヲ走ルニ似リ彼是ト移一物出来テ玉ニ角立ハ其角敵ノ的ト成ホドニ弓上手ノ者其角ヲヒシト射可落一ツモナク玉ノ走ル事何レヲ的トシ目付ト定敵可討哉

一　面向ト云事敵ヲ求メ向ニハアラス求□一物備ル也我心ノ向有リ能々取請事肝要也玉心アラハ何レカ我ニ不向処アランヤ玉ハ十方ヲ放レ十方ニ能通観シ万方明ニシテ一ツモ泥ム事ナシシカモ内清ク留マル処ナシカク面向トイエハ敵先立味方後トナリシカラハ敵ノ色ニ付ニ似リ此処マギラワシク得心カタシ縦ハ月ノ光リ指入タル戸ヲアクル者アリ入光アリ何ヲ先トシ何ヲ後トセンヤ心ノ玉十方へ通タルハ月ノ光十方ニ行渡リタル也戸ヲアクレバ則面向何レカ前後ナルヘケンヤ

一　剣ハ丸キ物也太刀ノ落ルノリ一丈五尺之廻リ也心ニ乗目ニ計リ敵ノ打ヲ見テウケヒラキ叶バ一丈五尺ノ間ヲ落ル内ニハ外レンナレトモ敵ノ動ヲ待チ眼ニウツシ外ント思フ心ニテハ一丈五尺ノ間落ル内ニ一分ノ外レ難成事也唯心ノ玉可成心ノ玉一輪マワル内ニ心ノ動ク病有テ或及或俄ニ亦延シ足ヲフミ出シ身ヲカヘリ丸キニ角出テ打クダカル、ソ又身ヲ引肩ヲチ、メ太刀ヲ押へ手ヲ遣イ早クコケ遅ク滞リツカヘテ丸キニ窪出来テ少モシカ□也

一　五体ハ天地ノツリ物也片ツリニナキヤウニ可得心頭ノ俯クモ一物仰クモ一物腰ヲヒ子リ腹ヲ出シ肩ヲ指シ足ヲツカヒ或ハ大股ニ行或ハ

踏張是皆片ツリナリ物ニ取付其ト、マル所ニ閉ラレ氷トナリ水ノ自由ナル理ヲ不知水ノ自由ヲ知ントナラハ先五体ノ病ヲ去其侭ノ身ノカ子ヲ定ソレヲ本ノ定木トシテ手ノ上ケ下ケ身ノ内滞ナク左右前後ノ道ヲ能骨肉ニ覚可知火ノアツキヲ身ニフレ丹味ヲ口ニ入テ如知也理ニカヽワラス詞ニノヘス唯一向ニ教ノ道ニ入ム理ハ跡ヨリ来ルソ

一　引導ト云事肝要也無他念師ノ教ニ能付ヲ云リ五体ノ内右ノ手ハ惣体ノ前手也是引導也心ノ向方ヘ前手ヲ延シスラヽト出ハ足モ其セイニ連身モ連像ニ陰ノ如添縦ハ浮メル舟ヲ動スコトクニ一方動ケハ四方不動ト云処ナシ連テ一度ニ動コトクソ百千万之人数モ大将一人之下知ニ不随ハ不可有勝事一人之闘ニモ有五体一心中ニ居テ手足左右前後ヲ成ス万方多ト云ヘトモ方寸ノ一心ヨリ出テ一心ニ皈ス兵法モ一人ト闘モ一心千万人ト闘モ一心ナリ百千ノ人数遣モ手足ヲ遣工夫可有一人ト一人ノ用ニ計立ト心得タルハ剣術ノ達者ニハアラス或ハ平家之巻ヲヨミ古ノ軍ノ目録ヲ等書面ヲ多ク知計ヲ軍法トハ不可云已ニ勝事知者ニハ無敵々ニ勝事ヲ知者ニハ敵スル者不絶ト古語ニ見タリ真ニ我身一ツノ用ヤウヲ以テ千万人ヲ遣トモ同前ノ心得可有事手二ツ足二ツ身ト合テ五ツ也伍ノ積リヲ以テ五人ヨリ一隊廿五人一曲五十人カラ五軍皆大将一人ノ下知ニヨラスト云事ナシ我々ノ働ヲナシ一人ノ下知ニ不随ハ負

ル事無疑コトニ五体ノ内左右我々ニ成一方ノ下知ニヨラス就中左ノ手ヲ働ス事莫太之非也兼テ両手ニテ習得事左右我々ニナラサルタメ也不至シテ片手ニテ習付レハ右手計能行左身ハ跡ニ残前後有テ一円像之理ニアラス

一　三拍子ト云病アリ眼ニワタリ心ニ通サテ手ノ所作ヲ成ス事敵ノ色ニ付変化表裏ニ付キ敵討ヲ見テ討或ハウケ外シ抔スルハ皆三拍子ナル程ニ敵ニ討テ跡ヲ追也目ヲ頼見テ取合タルニハアラス此三拍子ノ病ヲ去リ無懈怠独リヲ能遣時ハ無病之身ト成テ太刀ヲ取ト早敵ノ討モ突モ通徹テ明也

一　肩根弓射ニ似リ但弓ハ左備ナリ是ハ前構ナリ先其侭ノ体ノ備ロクニシテ項ノ筋ヲハリ肩ノ付根ヨリ落シサケ前エ押カケ両手ヲ成ホド指延木尺ヲ如継（ツグカ）ニシテ骨ノクサリ不動ス亦手ヲ延ト及トノ二ツ有リ敵ノ方へ計長及延タルニハアラスソレハ身ノ外ナリ身ノ内ヲ一ハイニ滞リナク指延也延セハ向へ行ヨリ外ナキソ心モ身モ手モ所作モ少シモタルミナク物ニ一杯ノ気ニ叶剣術ヲ性ノ位ト云也縦ハ明鏡ノコトク敵ノ所作我心ノ鏡ニ向トヒトシク所作ノ真明成事モノヲイワントト思ヘハ我不知舌ノ自由ヲナスコトク也或ハ長キ竹ノ本ヲ少動カセハ竹

之末葉ノ先マデ一度ニ動コトク也

一　身之備太刀構ハ器物ニ水ヲ入敬テ持心持也亂ニ太刀ヲ上ケ下ケ身ヲユカメ角ヲ皆敵ヲ討敵ヲ押ヘウケ開外ル、事ナド大キニ悪シ惣テ太刀先ヨリ動事ナシ唯カイナ計ヲ遣事ソ左右前後上中下段丸ク切々ニ不ㇾ成様ニ能イキヲイヲツヅケ上手ノ文字ヲ書コトク也能手ノ文字ヲ書ニ筆先ヲ遣分別智恵ヲ以テ書ニハアラスト見ヘタリ

一　敵我ヲ可討ト的ニ思処有テ箸ト打ハ抛ツブテノコトシ性ノツ、キナク生物ニアラス根ノナキ草ニ似リ下手之的ヲ見テ箭ヲ放コトク其手前虚ナリ箭坪之定ト云ハ的ヲ見テ放ニアラス我ニ定ル処有テ放ト見ヘタリ下手ノ的ニ思所イキタル的ナレハ本ヨリ止ム事ナク行道月陰ノコトシ一心惣体ニ充満シテ少モ性ノ不続処ナキ故ニ毛頭モ動ト一度ニ自他ノ無隔モ我心ニ移リ向程ニ敵ノ的ニ思所我モ不知外ル、也心ハ少モウコカ子トモ一杯ニ充タル勢ナレハ敵打トクタケス押留トモスレトモ滞事ナシ

一　手ノ内之事両手ヲ合メ如印像之也第一太刀之刃方ヨリ下心ニ取手ノ内柔ニ卯像其侭ヲ向身ニ備ヘ肩ヲ落シ私ノ無働只師ノ一法ヲ勤ル事

専一也ムサト持能様ニ太刀ノム子方ヨリ取ナドシテ上手付手ノ内莟ヒトヘ身ノヤウニナル程ニ向身ニ備レハ体ユカミ肩ヲ指シ心ウワモリ下軽メ悪シヒトエ身当流ニハナキ事也膈ヨリ上ハヒトヘ身ニモ成ヘケレトモ腰ヨリ下ハ向フ身ニナラスンハ行事成ルマシキ程ニ子ヂレ身ト可成我

一　手ㇾ上ノ仕舞謡ノ心ニ形叶フヲ見テ能ク思入カナト云人アリ此思入ト云事剣術ニタトエ見ルニ敵ヲ打ント思入ニモナシウタレマジキト思ニテモナシ身ヲ捨テモ身ヲ立テモ力ヲ出シテモ怒テモ喜テモ死身ニ思切テモ其時ノタヨリニハ少モ成事ニテハナキト見エタリ乍去似セ物之死身ニ思切モ莫太ノ臆病者ニハマシ成ルヘシサテ思切ト云事ハ何事ソナレハ天命自然ナレハ進トモ不死退トモ不生有情ノ生死ハ悉ク其有期事ヲ知テ可死時モヤスク可退ニモヤスキ人ノ似物ヲ思切ト世話ニ人ノ云也上手之仕舞モ唯平生ノ志シ仕舞拍子ニ思入深ク寝モ覚モ志シ不懈怠故ニ終ニハ真ノ何トモナキ心ニ至其時思入ノ能ト人ノ可云哉太閤記ニ見エタリ金春太夫能ヲ教ハジムル時先身ノ悪キクセヲノミナヲシ待ル也聊モ悪キ袖フリ残リヌレハヨキニ至マテ稽古ヲツクシツ、ヨキ品ヲハ強テ不求タ、謡ノ理ニ叶フヤウニ物シ大サワヤカニツ、マヤカニ習ヲ積稽古ヲカサ子テ自然ノ美ニイタラン事ヲ希フ学実モ又如此悪

心ヲ去ル則善心充足ストアリ

一　万方一ト云事一切有トアラユル程ハ我唯一心也月ヲ指ス指也月終ハ指ス処ノ指ハ畢竟我一心剣術モ無計敵ヲ目付ニシテ間ニ合セントスルハ東西ヲシラント雲ニ験ヲ如成ス剣去テ舷ヲ刻ムニ似リカキリナキハ謀ノ道也敵色丶ニ変化シ飛動トモ唯身ノカ子ヲ計滞ル処ノ我ニ有ル病ヲツクシ一筋ニ習之道ヲ行事肝要也手足ヲツカヒ身ヲヒ子リ面ヲユカメ杯スルハ腹ノ内ニ幾タリモ有テ手ヲ遣者独足ヲ遣者独身ヲヒ子ル者独如此五体ノ内メン丶ノヤウニテハ万方ハ是一ナリト云ニハアラス大公之曰凡ソ兵ノ道ハ莫過守一ヲ一者能独往キ独来ル

一　何レノ兵書ニモ敵ノ機ヲ奪時ハ勝奪ハル丶時ハ負ト有リ奪ハントスレハ布而悪シ奪レマシト思モ悪唯我カ成処ノワサ正ク明カナレハ可奪心モナク奪ハルヘキ物モナカルヘシ朝陽不犯トモ残星光ヲ奪ハルト云古語之コトク也楠兵庫之記ニ勢ノ多少ニハ不可寄敵ノ機ヲ奪時ハ勝敵ニ機ヲ奪ル時ハ負ルト有能可心得事也

一　敵ノ構セイガン或ハ陽或ハ陰イカヤウノ構ニテモアレ敵ト面向ノ方ヘ我独コトノ車ヲトハシムヘシ敵押ヘ入ラントシ或ハ車ヲ手取ニセ

ントスレトモ水火ノ性ノコトクナル天性ノ車輪ナレハ敵押ヘント思心ノ移ル間モナク車ハ飛行押ヘントスル者ハ忽チ輪ノ下ニ成テ砕タクルナリ亦討留ントスレトモ飛鳥ノ影ヲ打ントスルカコトシハ子ノケントスレトモ水ノタ、エタルコトクニテ去トモ水拂トモ水也静ニ携ントスレハ疾コト刃ノ上ニサワルカコトシ微哉々々是吹毛利剣也有罪者ハ自滅シテ已カ咎ヲ知無罪者ハ喩ヘ十万騎之敵八方ノ刃ノ中ニテモクルシム事モナク独能立者善也

一　文字ハ大サワヤカニ書敵ノ色ニツカサレハ敵ノ太刀我ニ当ル事ハ何故ソナレハ外ノ色計リ光内テラザルノ故也内テラスト云ハ内外一盃ニ行渡ン故ソ眼心身一致ニシテ明ナレハ無所作モ敵ノ可討便リモナク唯独行計也此伝ノ本ハ一ノ字也筆ノ道モ筆先ヲ廻シ動スニテハ不可有タトヘハ一ノ字ヲヒクニ筆ト手ト心ト一致セサレハ心跡ニナリ先ニナリ書ホドノ文字死字也筆ト手ト心ト一致シテ今ノ今ヲ書時ハ一ノ字ヲヒキ或ハ假リニ墨ヲ付テモ皆イキヲイ有テ能手ト云也字ノ形ニ善悪ハナキト見エタリ

一　或狩人ノ物語ニ小ナレトモ小鳥ハ打吉大ナレトモ鹿ハ打カタシト云リ思ニ鹿ハタユミナク歩ミ行故ニソコト云ト、マル処ナクシテ打カ

タカルヘシ小鳥ハ此枝カノエダニウツリ留処有テチイサケレトモ打吉キト見タリ

一　心一杯ニシテ明カナレハ十方へ通テツシテ一ツモナク無事安閑也此無事安閑ノ処ハ十方へ通タル心ノ玉也一気動ル縁ニ依テ面向備玉ノハシル事一気ノ縁ニ随テ敵疾ク来ル時ハ下リ坂ヲ走ルカコトシ静カナル時ハ坂ノ滑ヲ行ニ似リタトヘハ草木非情ナリトイエトモ春来テ梅花初テ開ニ似リ心ノ玉ナレハ形ナク空ヲツカ子テ玉トナスカ故ニ十方へ能通観シテ自由自在ヲナス也或ハ目ニ見耳ニ聞モ空ノ玉ヲ押故ニ其縁ニ随フ形荷葉ノ水ニタトエタリ

一　剣体ト成事一切草木ニ至ルマデ剣体ノ不備ト云事ナシ本ヨリ剣術ハ剣ヲ甲トシ此体ヲ包ミ敵之中へ入事剣体ト不成ハ不可叶縦ハ上ヨリ強モノ撃ヒシカント落カヽルヲ押退トカセキウケ留ント敵ニ取付我剣体ヲクスシ却テ一ヒシギニ可成ヲモキ物落カヽルトモ他ヲカセクコトナク唯其侭ノ剣体我独リ立アガレハヲモキモ独リ落チ我モ独リ行道也

一　気ト心トノ事気心ニ随ハ明也心気ニ引ルレハ悪シ心ト云ハ喩ハ鏡ノコトシ気ト云ハ惣身ニ一杯アル根本ノ元気也此気心ニ随時ハ鏡ノ色

形モナク明成ニ万之像移リ来ルコトクシカモ鏡ハ少モ不動シテ万之形不残浮ヒ入コトク心ハ少モ転不動シテ敵ノ所作ノ善悪一ツモ不残我心へ移リ来也目ニ見耳ニ聞暫ク気カ走トモ心ノ明成処少モ不動不暗故気カエッテ心ニ随也乍去是ハ修行ノ事ソ心気ニ引マジキト思モ其ニ心ニ引カル丶也畢竟心ト云モ気ト云モ性ト云モサマ丶名ハカワレトモ根本一ツ也亦気ニ心引ル丶ト云ハ敵ノ太刀ノヒラリトスルヲ見テハ取付或ハ怒リ或ハヲソレ勝度ト思表裏ニ貪着シ敵構ニ移リ気ニ引テ心其ニ留ル程ニ本心背中ニナク成テ手前ハ留守ニ成リ鏡ニ色形チデキテ東西暗成ル也

一　物テ万事万端理ト所作トノ二ツ也勝負ノ理ヲ能々知リ明ニ我心ニテツシテ我物ニシタルヲ本理ト云也其理ノコトク所作ヲ少モタカヘサルヲ本理トモ本所作トモ可云理ト所作ト二ツニ成ハ心ニテツセズ至極セヌ故也理ハ能合点シタレトモ所作ニハ不成ト云ハ何事ソナレハ理カ熟セスシテ人ノ理ヲアツカリ我物ニナラヌ故ソ静成時ニ心ノ中ニテ工夫シテ見ハヨク合点行テ所作ニ動時ハ其理ト所作ト二ツニ成理ニタガウ処ガ則無理也其無理ノ処ヲ人ニ打ル丶ソ修行ヲ積ヌレハ後ニハ理ト所作ト一ツニ成テ無二ツ此時ヲ真ノ理トモ真ノ所作トモ明鏡トモタトヘタル也此時節ニ至テハ分別モ不入智恵モ不入立テモ居テモスル程ノ

事カ道理ニ叶所作ニ疵ナクシテ自由自在ト成也又所作ハ能レトモ道理ノ合点不行人ハ所作能トモ我物ニ不成シテアヅカリタル所作ナレハ自然ニ能事有リトモ又大ナル仕ソコナイ可有

一　事理本ヨリ二ツニアラス理ヨリヲコリ事ヨリ至ル理ノ修行所作ノ修行何レヲ前ニシテ習イタルカヨキソト云ニ先理ハ一切ノ根本成程ニ道理ヲ能弁へ其理真ニ明ニナリタルカ未成カヲ所作ニアラハシテ見ヲ所作之修行ト云也理ハ前ナラスト云事ナシ乍去詞ニ云処之理ニハアラス行ント思ヘハスラヽト足ノ自由ヲナスコトク也業ノ道ハ理ニ計リクツタクスレハ理計リニテヤウニタヽス業ヨリ道理ヲ工夫シテ其道理カ熟シタルカ未熟カト幾度モ々々所作ニシテ見時所作未能ハ道理モ未熟ト心得テ所作ト道理トツレテ熟スレハ後ニハ一ツニ成テ立テモ居テモ寝テモ覚テモ心ト業ト不離シテ奇妙不思儀ヲ成シテ勝事不覚不知出来テ言葉ニモ筆ニモ難述其時何ノ恐ル事モナク疑ヲ破テ長キ道具モ短キ道具モ自由自在ヲ得也

一　何トシテモ敵ノ色表裏ニ付心不止ハ実ノナキ故ソ我心ニ正直ヲ不立表裏ノ念我ニ有ニヨリ敵ノ表裏ニモ付也先我心ノ表裏ヲ去リ一法ノ太事ヲカタク可守妙ハ法ニ有ト云リ法ヲ能勤ル時ハ妙自然トアラワル

也表裏ニカタク付マシキトタシナムモ早付心也。　師ノ一法ヲ能ツトムル時ハ何トシテカ表裏ノ念モナシ生死ノ念モ不出

一　恐ル気ノ有ルハ手前ニ悪キ処有故也恐ル気有ハ心ヲ其ヘ引手前イヨヽ悪ク成ソ畢意稽古ノ不足ト正直ヲ不立疑有ル故ソ正直ト云事立ガタキ物也正直ニ教ノ道ニ入バ恐ル気モナク怒リモナシ敵何様ノ構ニテモアレ落ル処ハ一所也我ニ中ル処ヘ不来ハ不中物ト可知

一　手ハ心ノ及フ処ヘタガワス行物ナレハ先心ノ入体ヲロクニ取請ル事第一也心ハ水ノコトシ水ハ器物ニ随フ入物ロクナレハ水自然ト不動シテ静也敵此器ニ強ク中レハ強ク動弱ク中レハ弱ク動也孫子ニ夫兵之形ハ水ニ象ル水ノ形ハ避レテ高ヲ而赴レク下ニ兵之形ハ避レテ実ヲ而撃レツ虚ヲ水ハ因レテ地ニ而制レス流ヲ兵ハ因テ敵ニ而制レス勝コトヲ故ニ兵ニ無二常ノ勢一水ニ無常ノ形能因レテ敵ニ変化シテ而取レ勝コトヲ者ヲ謂二之ヲ神一ト故ニ五行無二常勝一コト四時無二常ノ位一目ニ有二短長一月ニ有二死生一

一　独ハツトツリ合タル其心所作終マテ続タル勢イ二度緩ム事ナカレ敵ノ太刀矢ノコトク来ルナレハ眼モ塞キ合ン程ノ間ニ心継キ初ノ性ヲ

ヌカシ太刀先キヲ動シ少モ形ヲカユル事ナルマジキゾハツト心ノツリ合タル処ハ我ト心ノ夢ヲサマス也全ク拍子ニテハナキソ亦ハリ合ト云事ニテモナシ性ノ一杯ニ行渡リタルヲ可レ云ヤウナクテツリ合トハ名付ル也敵ニ討レテハツトサソワレ出ハ敵ニ夢ヲサマサレタル心也我独ノツリ合ナク死ニ物ナル故ニ敵ニ偽引レ心改ル也

一　心ノヒクリヽト驚ク病有ルハ独夢不レ覚メ敵ニ偽引レ俄ニ夢覚ルニヨリビクリト心改ル也亦心モ所作モカツクリト段ノ有ヤウニ覚ル事ハ敵ニ取付タル心有ルニヨリ敵ニヒラリト変化シラレテタヲレントスルモノ、杖ヲ外スコトク也我ヲ取リヒシカントスル敵ハ眼前ノ悪也其悪ニ我心ヲ移シソレニタヨルハ愚ノ至リ也戒メテモ戒シムヘキハ此ソ迷也

一　太刀ノ道ヲ能行事肝要也惣而物事ニハマリト云事有リ習之我カ行処マテトツフト能行渡リタル事也亦其ニ少モ留ル事ニテハナシ敵上ヲ打ト見セテ不討半カヘリシテ下ヲ打事有ハ我モ亦行処マテ不行半カヘリシテ敵下ヲ打ニ合ントスルハ犬ノ塊ヲ追ニ似リ全ク道ニアラス私ノ才覚道也其一刹那ノ内ニ慮リ知才覚ヲ以テ敵ノ変ニ合ントスル事通神モ不及唯我勤ル処ノ道タ、シク所作ニ能ハマレハ不覚不知敵ノ変ニ逢

コト我左右ノ手ヲ合スルコトク也聊カ他ヲ計ニアラス我道ヲ勤ル事肝要也孫子曰善ク戦者先為不可勝以待敵二之可一レ勝不レ可レ勝在レ己可レ勝在敵レ二

一　身ノ備ツリ合ノ事足下軽ク膝節タルミナクセトヲリ腹ノ内ロクニ小腹ヲ重ク腰ヲスヱ肩ヲ落シ項ノ筋ヲハリ左右ノ手ヲ指ノバシ右ヲ先ヘ左右ノ肩ヲツリ合手ノ内何トモナク唯其儘ニシテ習ノ道ヲ行事専一也惣テ五体ハツリ物也イタ、キハ天ノ天ヨリ通シ足ハ地ノ地ヨリ至ル

一　性ハ恐ル気モナク怒リモナク疑モ表裏モナク急早モナク強弱モナク勝負モナク唯炎ノコトク木末ノコトク又始リモナク終リモナク不死不生之物也然ルニ一物ヲ立上下左右此彼ト貪着シ敵ヲ打ウタル、ヲ押ヘ抔スル事生ヲムサホリ死ヲカナシムノ心也是愚ノ至迷トモ可云

一　歩行如常ノハコブ方ノ足計ヲ動シ踏留足ハ少モ動事ナシ足下軽ク足ハ手ニ引レテ行ソ手ハ師ノ引導ニヒカレテ行也足ト手ト一度ニ行ハ手ニモ行心足ニモ行心有テ一ツノ引導二ツ三ツニ成テ万方一ノ理ニアラス足ヲ遣少ニテモハコフ心アレハ其引導虚也其虚必敵不撃砕ト云事ナシ惣テ足ハ不動物ト可知立時ハ立計ノ役居時ハ土台ノコトシ手ノ引

導ニ連テ右ノツマサキ地ヲハナレ亦左ノ足少出ルトキ右ノ足土へ付カワル丶踏足一ツニテ立ツ心ノ及フ処へハハコブトモ不知而モ能其心ニ連テ早時ハ飛鳥ノコトシ静成時ハ水ノ流ルコトシ行ニアユミヲ知事ナシトク丶モ行サラ丶モ行ク

一　手ハ車ノコトシ車ノ道ヲ能直ニ押ハ自由自在ナリ横ニ押ハ忽チ砕也習ノ道ヲ我太刀ノ行処マテスラ丶トヤレハ敵ノ怒リハ我ト砕落敵モ独リ行我モ独リ行道也向へ行心ノ車一ツ左右へ行車一ツ此二ツヲ合テ四方輪也シカルユエ玉ヲコロハスノ形是也此輪ヲ廻スコト大事也太刀ノ中ルキワニテ俄ニチヤクト廻ス事悪シ無初無終如循環之無端心ノ輪少シ廻ル時ハ末ニテハ五尺之輪トモ成或ハ五間百間千町万里ノ輪トモ成事ソ向へ行車一ツ左右へ行車一ツト云へハ車二ツノヤウニ聞レトモ二ツニテハナシイツモ我カ向へ行車一ツヲ押ハ左右ノ車ハ自然ト備也此時玉ノ形成ト云事ヲ知

一　所作ノ内ニ敵ヲ見ルハ二乗也本ヨリ明ニ見へテ有物ヲ見タラハ一物ト成程ニ所作ハ懈怠也其懈怠ノ処ヲ敵ヨリ取ヒシク也目付ハ万水一雨ノコトシ霜ニ置ク露也タトへハ爰ノ岸へ露一ツ落レハ十方ノ岸へモ通ル之心也

一　此流ハ敵ノ色ヲ見テ其動ニ随ニアラス不随ニモアラス早ク敵ノ動ニ合ントスルハ才覚也犬ノ塊ヲ追コトシソレハ敵ニ討レテノ跡ヲ追ソ敵サマヽニ表裏飛走遠近ク変化シテ種々ヽノ気色ヲ顕トモソットモ貪着ナク唯我心ヲタヽシク明ニ我道ヲ行事肝要也努々敵ヲ責ルニアラス我ヲ責ル道也心弱々トシテ敵ノ動ニ心ヲ移シ有ト見テ其ニ合ントスルハ水ニ浮クフクヘヲ押ニ似リカレヲ押ヘ是ヲ留爰ヲ外レカシコヲウケ疑ヒ易シテ実ナク是ヲモ不取カレヲモ不取終ニハ撃砕也

一　兵法ノ紀ト云事太事也早キニモ紀有遅キニモ紀有トミヘタリ敵ヲ早取ヒシカントカセケハ敵ニ取付心有故ニ手前虚トナル静ニ手前ヲカセケハ敵ヲ取詰ル事遅クシテ所作多成ナリ手前乱成時ハ心ノ我道ヲウシナイ敵ノ跡ヲ追也唯独我カ行道ヲ可勘早クテモ遅クテモ乱テモ其紀ヲ取得事至極ノ処也

一　早キニモ色有遅キニモ色有性ハ色モ香モナキ物也早キ事ハ何程早クテモカキリ有遅キモ同シ縦ハ爰マテトカキリ有ハ亦其上ノ勝可有何クマデト云カキリモナク唯假名ノシノ字ヲ引コトク一二三四五ツト数有トモ本假名ノシノ字也シノ字ヲ折カヽメテ一ツ二ツト定ル心ソ立ニ

引ハシノ字横ニ引ハ一ノ字也此ノ一ノ字ヨリ万方ハ発リタルソ此一ノ其保根本也善ヲ不求悪ヲサラス柳ハミトリ花ハクレナイ唯其保ヲ上下左右ヘ廻シタル物ソ敵ノ討時ハツト改引出サル、ハ根本其保ノ一ニアラスフワリト上ヘアケフワリト下ヘサグルハシノ字ヲ切テフワリト上ル心ナレハ性ノ続ナク切々ノ死字也上ヘモ下ヘモ脇ヘモ上ル物ニテハナシ上ルナラハ敵ツレテ下ヨリハ子アケン下ルナラハ敵ツレテ上カラ討ヒシクヘシ左右モ同シ能〻可心得唯中央ヲ取ル事肝要也

一　心ヲ放事ナカレ像ニ陰ノ如添心ノ陰ハ所作也初ハ心ヲ取ト心得後ニハ其心ヲ放ソ心外ニ有ハ内闇シ先内ニ心ヲハナサス取リ可得亦内ニ計有ハ外闇内ニ有心ヲ取リエタラハ其内ノ心ヲ放ル、ヲ放心ト云也

一　迷タル眼ヲタノミ敵ノ打ヲ見テソレニ合ント計ハ雲ニ印ノコトク也先手前ノ角ヲ定稽古ノ道ヲ能尽シカユキニ手ノ及コトク五体流通シテ心ト身ト眼トヒトシク不離自由ナレハ不覚不知自然ノ可有勝其時ニ随テ敵ノ像ヲ積リヨキ程ト俄ニ計事愚ノ至極也

一　敵ト味方ノ間大河ニタトエリ此河ヲ越事舟ナクテハ不叶舟ハ是兵法ノ道也舟ノ自由ハ櫂ノ左右ヘ動ク故ソ教ノ道ヲ一ツ二三四五ツト行

ハ櫂ノ動クコトシ向ヘ行ンタメ也少モ滞ル事ナク浪之動ニ連テ舟ノ随ニ似リ水ヲハナレテハ自由ナラス水ハ心也舟ハ体也櫂ハ手足也

一　手ノ内身構敵合抔ヨキ程ト心ニ思ハ皆非也吉モナシ悪モナシ我心ニヲチ理ニ落合点ニ及ハ本理ト云物ニテハナシ私ノ理可成古語ニ道ハ在不可見事ハ在不可聞勝ハ在不可知

一　ツリ合ト云事前ニ云尽トイヘトモ是万事ノ根本タル故ニ能々合点シタキ事也人モ水火ノ性剋シテ五行ヲツリ合鳥獣モ同ジ鳥ノ鳥ヲ取事鷹ハツリ合ノヨキ故ソ人ノ人ニ勝モツリ合ノ能故ソ獣之獣ニ勝モツリ合鳥ノ空ヲ飛事ツハサヲ延テ空ノ風ヲアフギ飛行ヲナス足ナキ物ノ地ヲ走性魚ノ水ニ遊モ皆ツリ合也此ツリ合離ハ鳥ハ地ニ落魚ハ水上ニウク也此流ノ宗ト修行スル事ハ唯心ノツリ合ヲ以テ身ノツリ合ヲ可勘事眼心身一致シテ少モ滞リナク無病ノ身ト成思処一ツモナクンハ楽遊ヨリ外ナシ是外ヲ求ニアラス

一　移リ写スト云事分ル時ハ二ツニシテ本一ツ也敵ノ鏡ニ移ト味方ノ鏡ニ写ストノ二ツ也理ヲ云時ハシカ也所作ニアラワシテ見ハ知恵分別之曇リ鏡ニ覆テ忽チ土ノ鏡トナリ移レトモ不見写トモウツラス弁舌計

ニテ用ニタヽス理ハ無尽蔵也理ニカヽワラス私ノ才覚ヲ止メヒタスラ
ニ稽古ヲ専ニ可行事肝要也

一　先前ト云事アリ先ハ事ノサキナリハシマリノ心ソ前ハマエ也向心
ソ此伝ノセンノ心ハ前之心ナルヘシ前ハ全ク中道ヲ云ソ面向ノ所ニ委
シルスタトヘハ車ノ中之真木ナルヘシ真木ハ十方前ナラスト云事ナシ
能勘ヘテ其コトハリニ応スヘシ

一　位ト云物ハ如此ナル物ト可云ヤウナシ其云ホトノ事ヲ放テ只何ト
モナク無事ナルヲ云カ縦ハ曇リタル玉ヲヒタモノ琢ケハ後ニハ玉ノ光
リ顕也此光リ顕レタル処ヲ位トモ名付カ玉ヲ琢クハ兵法ノ修行也身ノ
内ノ病ヲヒタモノ琢ハ終ニハ無病之身ト成此時初テ位ト云事ヲ可知

一　中央ト云事有リ心ノ中央也右ヘモヨラス左ヘモヨラス上ヘモ下ヘ
モ不付本ヨリ敵ニモ不付太刀ニモタレス十方ヲ放レテ心ノ中道ヲ行事
也像有ル処ヲ計ハ心ノ中道ニテハナシ敵味方ノ間太刀ヲ打合ル間也間
ハ空中ナレハ像ナシ此像ナキ所ヲ推量才覚ヲ以テ積事成ルマシキソ一
尺ノ間或ハ一分一毛微塵ノ内ニモ其大小ニ随テ中央有リ一刹那ノ内ニ
モ中有リチリヽ草ノ露ニマテト云歌之コトク也唯中央ヲ取事肝要也六

蹈曰勝者在両陣之間

一　三方ヲ塞キ一方ヲ明ル也其一方ノ明身ヲ敵打ン一方之明身ナケレハ敵ヲ取ヒシク科ナシ此一方ヲ敵討ント思心ノカヨフ間モナク水ノシミヽトニヂムコトクソレト云間モナク早三方へ替ル也是止ムコトナキノ故ソ有リト見テ敵討トモ像モナケレハ水ニ浮クフクベヲ押ニ似リ

一　上段下段或ハ右ニテモアレ或ハ左ニテモアレ勢モナクウツカリト持モ死身ツヨミテ持モ死身也無強弱上段へモ其侭下段へモ其侭右へモ左へモ其侭也亦行ナカラ上下左右へ手ヲヤル事ニテナシ手ハ身ノ楯（タテ）也此一ツノ楯ヲ先へ立身ニアタラン様ニシテ身ハ跡カラ手ニヒカレテ行ナリ楯強ク角不背ト云トモ少モトヽマル事有ハ可撃研楯ト云ハ法ノ一也敵ト我面向シテ打時一ツ也楯ニテ不中ヲツヽケテ何マテモ行ヲ道ト云一ハ万方ニ通ル一ナリ敵亦居処ヲ替テ討ハ中ル也替テ打ハ敵ノ動也其動ノ処へ其侭ノ水ヲ流シカクレハヒキヽへ水ノ落カコトシ

一　動キノ討ト云事真ノ討ト云事有リ惣身手ノ内縮ミ或ハタルミ或ハ強ミ或ハ弱ク打ハ皆動ノ討也其動ノ処へ其侭ノ水ヲナカシカクル程ニ

押砕スト云事ナシ真ノ討ト云ハタルミモ縮ミモナク地ヨリハエトヲリタル如ナル物ヲ其侭打程ニ敵押留ントスレトモ水ノ洩ルカコトシ亦静ニサワラントスレトモ燈火ノ先ヲニギラントスルカコトク也

一　四方ニ心ヲ置ト云事魚ヲ取大網ヲ引廻スコトシ爰モ網カシコモ網也網ハ兵法ノ道也心物ニ一杯ノ事ソ此網ヲ早ク引廻ハ水浪立テ魚カヽラサル也魚ハ敵也有程ノ魚少モ不残皆引込取也軍ノ帯トモ云ヘシ悪ヲ破善ヲスクウ心ソ尤正直ヲ諍ノ故也

一　身之科ハ大モ小モ身ヲ破事ハ一也身之内少モタルミナク一杯ニ性ノ続タルヲイキ物ト云ソ少ニテモタルミ有テ継目之科有ハ死身ト云也其死身之少キヨリ敵水流入テ惣ノ能処マテ皆打敗ルヽ也縦ハ弓鉄砲抔ニモ少ノ疵アレハ其ヨリサケ入テ残ノヨキ処マテヤクニタヽサルカコトシ

一　縦ハ紙ヲ直ニタヽント眼ヲタノミ心ヲ付テタテトモ私ノ心ヲ付ル故スクニセント思程コトニ喎斜也定木ト云ロク成物ヲ中ロクニタヽヌト思心モナク唯定木次第ニ引ハ則直ニ成也兵法モ先我身之定木ヲロクニタメナヲシヽ師ノ教ヲ用本ノ五体其侭成定木ヲツクリ立ソレヲカ子

ニシテ教ノ道ヲタカヘス行ハ立テモ居モ前後左右降雨ノコトク成ト云トモ紙ヲタツ定木ノコトシ何クトシテ角ノ背ク事ナシ定木ハ五体タツ処ハ兵法之道也

一　付之身ト云事敵ノ太刀ニ付ントシテ不付付間敷ト思テ不付唯我カ心也道ニ不離タシカニ付事肝要也敵ニヒシト着ントル求ハ必離ル、コトハリソ敵ニヒシト太刀ヲ押ヘラレソレニ取付心ノ道ヲウシナイ敵之道ニ取付カシコヲ求カシコヲ外レウロタヘトツメキ迷マワル事教ノ我道ニ不着ノ故也古語ニ道ハ不可須臾離可離非道

一　敵ニ誘レ心モ身モ飛出ル病有事心ノ驚ハ身ノ内一杯ニ心行不渡シテタラヌ処有故也一盃ト云カ伝也タトヘハ闇ニ燈ヲタテ其光一盃ニ通ニ似リ亦像敵ノ方ヘ飛出ハ敵ヲ恐ル、故心先ヘ飛身モ外ヘ出ルソ敵ヲ放テ唯我身ノ内ヲ其侭動事也敵ヲ取ヒシカント強ク責ハ動ノ風ニ乗テ還テ我ヲ責ル也亦弱動ハ敵其弱ニ乗テ打研也

一　柳之風ニナヒクニ似リ其根コアシ有テ能土ヲカラミ本不動性備テ木末マテヒトシクモル、処ナシ人之中央者腹也腹不動是土也腹腰動ハ木末之風ニナヒクコトシ我不知所作ヲ継コトナシ

一　遠山ト云ハ上段ノ中スミ也太刀筋也右ノ肩之付根ハ目付処ソ但付ルト云ニハアラス身ノ備ノ向所也打ノ出ル時ハ遠山ト肩ノ付根トヒトシクナル故ソ敵ノ太刀上下左右ニ有ト云トモヲサマル処ハ鳩尾也

一　有カ無カ之二ツヲ疑心刹那モハナル丶事ナシ此病ヲ強可療治事肝要也心不定悪キ事ソタトヘハ耳ニ聞事ヲモ眼ヲ先立眼ヲキロ丶トスル此心人々ノ上ニモ如此カ可有工夫

一　其俹ノ道ト云ハ天性其俹ノ身也敵ト面向ノ時不動不変ニシテ敵其俹討事飛火之如来其飛火之来ル内ニ像ヲ転シ心ヲ及ス事ハ神妙モ不及敵其俹討時我其俹ニシテ不当ヲ一之道ト云此一之道ヲ何クマテモ続ケタル物ソ敵ヨリ亦二ト変シテ打ハ敵之変動也其変動ノ処ヘハ我其俹ノ道ヲ行ハヒキ丶エ水ノサクルカコトシ敵亦過半延上リ過半下テ討ハ敵之角外ノ動也其動ヲ取ヒシク事猶以自由自在成

一　小利大損ト云事アリ敵ヒラリト上ヲ打ント見セレハ其小利之一方ヘツキ九方闇ト成シカモ其一方ノ上モ中リ下モ中也利モ損モナク小利ノ一方ヘ不着ハ十万明也唯時々刻々ニ我独リ立上テ見ヨ今之今ヲ行ヨ

リ外ナシ

一　或人真剣之時ハ剣術習有ル人モ習無キ人モ唯ヲナシ慮知モナク無分別モ敵ヲ打ヒシカント思ヨリ外ナシ切モ不切モ爰ニ至ハ志替事ナシ乍去勝負ノ是非ハ不断習付タル徳癖ノコトク我モ不知其時ニ出合テ勝負有ト云トモ志ハ切モ不切モ差別ナシト云リ其理考エカタシ勝負之是非者運也心ノ正キ事ヲ知度事也無心ト云ニ二ツノタガイ可有剣術ノ習ヨリ無心ニ叶道理有ト敵ト打結生死ノ念ニヲワレ事ニウバワレテ無心ニ成トノ二也生木ト朽木トノコトシ我ト無心ニ可成ヤウナシ

一　行ニ虎アリ帰ニ龍アリ立ハ焰生スト云仏語アリ思ニ此伝ノ剣術独リタノシム時ハタトへ龍虎之口ニ入テモタノシム心可有此タノシミ遊心ナクハ敵ノ剣ノ中へ何トモナク入事可難

一　我ニ我ヲホロホス悪アリ善アリ悪ハ善ニ負易シ此負易キ悪ヲタノミ我大将トスル故ニ我善我悪ヲ亡ス也敵ノ善ニ亡サル丶物ナラハ其隠家モアラン善悪我ニ有ル故山ノ奥水ノソコマデモ悪ヲ亡ス敵ノ不来ト云事ナシ可恐々々

病気之身之事

一 惣体之邪ム事
一 肩ヲ高ク指ス事
一 両手ワレヽニ成ル事
一 臂手首ノ折ル事
一 太刀先角ノ外ル事
一 握リ含ム手ノ内上付事
一 腰ノ折ル事
一 大股或ハ余リ踏ハル事
一 留ル足ノ指次ニ行方ヘ向事
一 足ト手ト一度ニ出事
一 所作滞ル事
一 三拍子之事
一 身ヲサクト云事
一 三ツ之病ノ事
一 二目遣ノ事
一 心ヲツク事
一 敵ノ鏡ニ移リ敵ニ取着事

一 背骨高ク成事
一 頭持之邪ム事
一 手首動ク事
一 手ノ内余リシマル事
一 敵ノ太刀ヲ押ヘ或押退ントスル事
一 腹ノ余リ出ル事
一 脇腹子ヂレル事
一 足下重キ事
一 窺足ノ事
一 踏留ル事
一 拍子付事
一 急ク事
一 威イ緩ム事
一 手先ニテ討事
一 心ウワモリ身ヲコツク事
一 太刀之道行ク処マテ行不届事

一　目ヲ頼敵之色表裏ニ付太刀ヲ合ント思心不止事
一　剣ヲ遠身ヲ近遣事
一　身ヲ動シ身ヲ振ル事
一　剣ヲ頼知恵才覚ヲ頼事
一　道ヲ疑事
一　死身ト云事
一　敵ニ心奪所作ヲ失フ事
一　物ヲ持テ行事
一　一二三四五ツ段々継目節立事
一　太刀之先キノ強事
一　心動驚易キ事
一　身之及事
一　引敵ヲ追詰度事
一　利ヲ求ル事
一　十方之雨一方ヲ留事
一　一方ヲ塞ハ又一方ニ穴アク事
一　勝手ユルム事
一　日向之調子ノ事

無病之身事

一　物体腹ノ内直ニシテ腰ヲスエ身之カ子ト成事
一　手ノ内柔筋骨ロクニ備事
一　足ヲ不遣事
一　足下薄氷ヲ如踏ト云事
一　目付ノ事
一　眼不動事
一　左右一手之事
一　面向之事
一　愛子ノコトクト云事
一　一羽切之事
一　水之流ル、コトシト云事

一　少シモ不滞事
一　勢ハ如焔如湯気之ト云事
一　敵ニ少モ不構事
一　弓ヲヒク習之事
一　手ハ甲ト云事
一　像ニ陰ノ如添ト云事
一　木尺ヲ継ク事
一　独行道之事
一　突身一尺ノ内ノ事
一　心体不動事如鉄石動則如河決ト云事
一　剣ヲ近身ヲ遠遣事
一　体不動心静成事
一　惣体ツリ物ト云事
一　我ニ鏡ヲ立ル事
一　トクヽモ行サラヽモ行事
一　四方三ツ一ツ之事
一　遊ト云事
一　引導之事
一　悪ノ内ニモ善有事
一　一ツモ無キ事
一　剣体之事
一　剣ヲ離ル事
一　軍ノ帚ト成ト云事
一　両手片手ノ替心ナキ事
一　太刀先スム事
一　生物之事
一　身ワキ三寸太刀先三寸ノ事
一　所作続事
一　付之身ト云事
一　敵ヲ非防ニ我ヲ囲事
一　無疑一向ニ教ヲ守ル事
一　切ハ如摩以及ヲ可截事
一　心ヲ置ク習之事
一　行不行動不動討不討事
一　仕掛トハ我独リ所作ヲ仕掛行事
一　轆轤之セイト云事
一　銚子口ト云事

一　眼心身一ノ事　　一　玉ヲ押ニ似リト云事
一　大小一之事　　一　責処不責処ヲ知事
一　浮木ノ尺ト云事　　一　風ノ先風ノ跡ト云事
一　鳥之如数之事　　一　荷葉之一水之事
一　万水一雨之事　　一　露ニ置霜之事
一　正直ヲ諍フ事　　一　手之内ノ徳ヲ知事
一　敵討ニ貪リ無着我独リ行事
一　浪ヲ分ケ切リ行心持之事

以上

右

一論六十六段

一伝百十三ケ條

服部孫四郎（黒印）

謹書之

惣合紙数三十八枚」

《資料三》

山内道煥著『揚美録』より

松林蝙也

松林蝙也通稱は左馬助と稱す。常州鹿島の人也。若冠より撃剣を好み長して練習益々精し。終に其妙なる神變不思議と稱せらる。伊奈半十郎忠治に事ひ武州赤山に居り。潜に願流と云。我藩公義山君松林を麾下に聘し。三百石を給はんと伊奈氏に告く。伊奈氏事の由を松林に告。く松林肯んせす辭て曰、仙臺公千石を賜はらは事ふへし。然らすは君の下に居て可也と云。伊那氏止を得す義山公に斯と告く。公笑はせ給ふて曰、我始より其意に随ふ可からす。他日乞に従はんと答給ふ。此に於て松林仙臺に事ふ。其後松林か刀術の妙なるを大猷公の台聴に達し。我公に命有て江戸に召され台覧に入る。阿部道世入道其相手たり。後剃髪し蝙也と號す。又此號は大樹公台覧の折。彼か妙手身體輕捷飛動縦横にして。衣の裾を楣楹に當る。兩三度。實に蝙蝠の翺翔するに髣髴たりと感賞し給ふ。其褒詞を以て蝙也と號せり。蝙也侍婢を召抱へ年期三年なり。此婢に言けるは我を何様の事にてか驚かさは。

三年の給金を附與し勝手に暇もとらせんと云。此婢屢々心懸て居る。或時泥の如く沈酔し歸宅閾を枕にし酔倒す。婢爰そと障子を急に頭脳を碎よと推せは。蝙也目を覺し従容自若其にては。迚も三年の給金取れぬと嘲笑す。閾の溝に鐵扇を入置しとなり。其後洗足する時沸騰の熱湯を桶に入。湯を取らんと云。蝙也油断せすそろそろ湯加減を試て婢を呼。中々是にては三年の給金は取られす水を加へよと云。婢走り行て水を持來りざんぶと投し。加減宜と云けれは。兩足を投しにあつと云て踊り上る。此水なりとて投せしはたきりたる大熱湯なり。水と思ひ油断して謀られしなり。爰に於て歎息し誠に敵となり狙はれなは。婦女子にも討れぬへしと。速に三年の給金を與へ暇を遣しけるとなん。或時仙府の染師街は清流の水邊にて。夏夜螢火を游覧するに宜しき地にて。文人墨客も凡夫愚婦も集會群聚す。今は人煙周密に齒列し昔時の如きには非す。蝙也黄昏に二三の門弟子を拉て納涼に彼佳麗の地に行き。無我無心に瘖を抜かし。螢火の點々水面に映するを愉快に見て慰み居けるか。一人の門生背より卒然と肩を衝きけれは。忽焉と前岸に飛着き。又悠々寛々と蹲踞んて少も驚駭せる氣色なく自若たり。其川を飛越神速なる妙用。譬ふるに物なかりしと。其より徐々と浴㆓乎折㆒風㆓乎舞雩㆒詠而歸らんの趣きにて。謡も謡へ心よけに歸宅せり。翌朝彼の先生を劫したる門人。従容として師家を訪へ。昨夜は幸に先生の驥尾に陪従し。鬱屈を消散し辱なしと拝謝せは。蝙也取敢へす足下何そ遺失の物なきやと問ふ。弟子曰。果して遺失あり如何に推考すと雖遺失せる轉末前後絲毫の覺なく。茫然たりと答ふ。蝙也袵褥の下より白刃を閃し。遺失せしは此ならんと擲ける。油断大敵の俗諺を教誡せりとなん。偖門人の斯く師匠を劫かしたるは。兼て我を驚かす者あらは稱美せんと云けれはなり。彼の門人涼納して歸宅の節は。鞘はかりにて歸宅し驚きしとそ。南部に有名の撃劍士。門閥顯貴の愛女を賺し誑かし仙臺に誘ひ國分町の逆旅に潜慝けるか。本國より捕亡十名來り捕獲せんとす。此剣客鄙賤の士なれとも。尋常ならぬ達人なり。南部侯よりも貴國を騷擾し。以の外なれとも家柄の娘なれは。是非捕獲せんと藩公えも書翰到來す。偖南部捕亡にて召捕よりは。蝙也に命し捕へ遣せは。隣國えも面目を施し本意なれは。蝙也に命せらる。蝙也畏て人を縛するに妙を得たる一卒族を携ひ。鉛一塊を懐中し彼か逆旅に到れは。樓上に隠れ居る蝙也登樓せは。一撃に殪さんと眞向に截か丶れり蝙也鉛丸を白刃に抛ては誤らす刄に當る。剣客手こたひ有れは截留たると呰し油断あれは。間に髪を容れす剣客の足を攫樓下に墜せは。卒族倏忽容易く縲絏し。南部の監察に引渡しけり。

　蝙也の門に踵り業を受る門弟子。一時大に盛にして孀婦少女まて夥しく。蝙也を佛菩薩の如く信仰し門前市を爲せり。耶蘇教か幻術魔法にや。神變無量の奇特ありけれは。世評に戸隠明神の神通力を得たる人ならんと云ふ。

因に云。耶蘇教は欧羅巴全州此宗徒にして。又諸州に蔓延す。其開祖以來教導の法式により。各黨を爲す勢力を生し。八百餘年を經て東部西部又二つに分る。卽ち舊教新教の二派なり。舊教は天主教と名く欧羅巴南部に盛にして。中央は相錯雜す。又南亜米利加人民過半此宗に属す。往時日本に來るも亦是なり。洋教中最も弊害多き門派なり。新教は英國日耳曼・列國寂も盛にして。和蘭・瑞西大略此門派に属す。北米利堅も盛なり。

《資料四》
松林蝙也斎書状

尚々四度品々仕候事兼而ハ無座様ニ御取さた被成候申ても々々殿様御機嫌に思召候事其かんも無御座候　御聞御よろこひ見申様に御座候うは方へも此よし爲御聞可被成候又兵衛理右衛門かたへも御聞せ可有候才蔵一人に而ほねおり察入候無申迄候へとも我等おり申時之やうに御ありき　事ハいらさる事と存じ候萬時貴殿之御

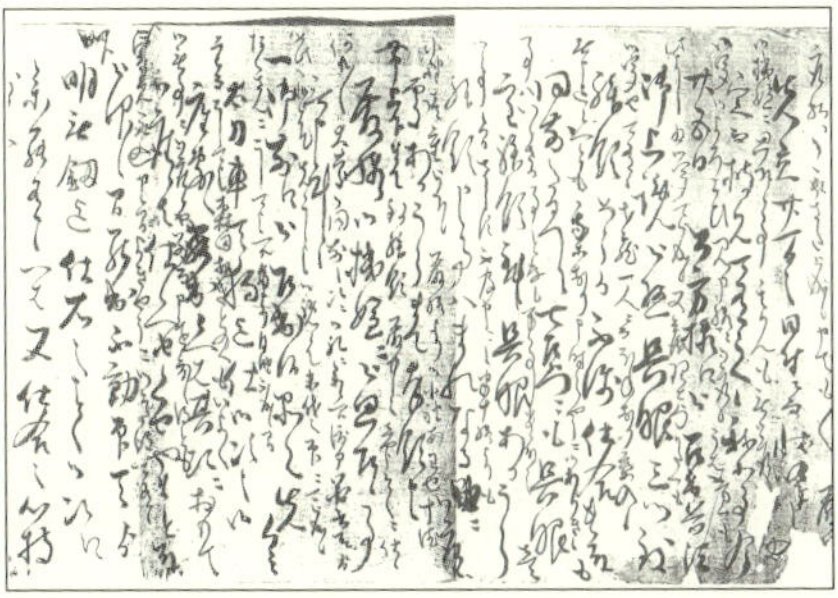

『松林蝙也斎書状』
著：松林左馬助
年代：慶安４年（1651）３月29日
松林忠男氏蔵
※二字下げて最初に引用した部分は、“追って書き”と呼ばれる手紙の書き方で、一度紙面を埋めた手紙の行間に続きが書かれた部分。

事候間さしす不及申に候　半十郎様よりも小袖壹重被下候　殿様より御小袖あわせ十徳帯上下まて致拜領　殿中之しやうそくニ仕候何共々々大慶御同前候次に御禮ニ参候へは渡部圖書殿より如此御状被下候先こし申候御覧候て末代の印ニ可被成たくさんニこし可申候へ共たより自由不成候間重而こし可申候森田おきとのへもいよいよ御無事に御座候や別而申遣度候得とも爰元取込申候間よきやうニ御意得可有候　以上

先立廿一日之日付ニ而状　申　定而披見可有之候我等事今廿五日公方様江被　召出兵法御上覧被遊呉服三つ致拜領めうか不浅仕合貴殿も同前たるへく候七左衛門ニも呉服壹重拜領致候呉服あかうら拜領申事ハまれなる由ニ御座候処あかうらまて拜領申候殿様御機嫌ニ被思召候事無申計

一御前江被召出候品々先くみ太刀車天狗迄仕候次之御座敷へ罷出候へは其次におもて御座候者仕候へ由くせやまと殿被仰候間罷出不動印天より明夢釼迄仕右之ことく御次江参罷有候へは又仕合之心持致候へ由
上意に御座候間罷出十四五太刀程仕もとのことく御次江引込申候へは其時かけこゐなともあまり高クなく足なともあつかい申候へ由やま

と殿被仰候間又罷出十四五太刀も仕足なともいだしそへ身なとも仕首尾よく仕天理に叶申候乍去打太刀心之ことくまはりかね家之あいさつ存様にもはたらき不被申残念之至候乍去前方御次の御座敷にてくせやまと殿真野佐土殿目付衆御壹人江兵法掛御目に候処よく仕候と思召候赴に而先満足申候つると存候而罷有候へは右之御衆　御前むきへ御入候而間もなく被爲　成被爲　召急キ罷出候兼而ハ兵法御上覧被　遊候へは其まま　御前江被爲入候由ニ御座候が我等兵法御上覧被　遊候而は一時余爲入候由ニ御機嫌能色々兵法之御咄被遊候由承候

御前の御様子状ニ而は不被申候御次之御座敷よりはい候て罷出候御みすかかり御座敷ハ御座の間に而御座敷間御老中よくよく御前出頭衆より外は御出候事不罷成所に而莫座候よくよくの衆も　御座敷三つ五つ程遠ク江ならては不罷成候いつかいつか罷下品々咄申度候

一おかめお百おむらかめ・つる市太夫弥無事に御座候や朝夕あい申度候市太夫もはやたち申候や承度候火の本へより候時と井のもとへより候時油断不申候様によくよく可被仰付候かめつる屋に申候にわれらおり不申候とてしかりうちなと被成候事必々かんにん候て可給我候等いきかいの内は我等次第ニ候てそたて可申候ふくだへもあかうずへも右の品々其元より貴殿うつし御越可被成候此方一圓手透無之候半十様御

子様中御情中々不淺仕合無申計候御けんくハよりおくまて手を引被
成候様ニ御取持被下候第一に　殿様御いせい何とも可申様之候御城ニ
而御取持之御人様のまねく御座候儀大キ成義に御座候つる我等罷り上
候へは　殿中どどめき江戸中之取沙汰に御座候岩久兵衛様へも別而申
度候得共取込延引申候能様に御意得可被成候北目原野町皆々得も右之
通ニ御座候中間御置候者よくよくせんさく可有候相替義も候はば追而
可申進候目出度恐惶謹言
三月廿九日

同左馬助
永吉（花押）

松林久三郎様

《資料五》
『東藩史稿』より　作並清亮　編纂

松林永吉

松林永吉左馬助ト称シ、無雲ト号ス、姓は平、其先ヲ詳ニセス、永吉ハ信州ノ浪士ナリ、（干城小伝豪雄言行録ニ常洲鹿島ノ人）幼ニシテ剣法ヲ好ミ、成長スルニ及ヒ志ヲ四方ニ求メ、天下ニ周流シ、遂ニ変化ノ妙ヲ極ム、（世臣家譜）能ク小刀ヲ以テ飛蝿ヲ撃ツ、師伝に由ヲス、其妙ヲ極ム、自ヲ一流ヲ建テ、願立（豪遊言行録願流ニ作ル）ト号ス、幕臣伊奈忠治ニ寄宿ス、寛永二十年義公其名ヲ聞キ、伊奈氏ニ請ヒ三百石ヲ以テ之ヲ聘シ、（武芸小伝豪雄言行録ニ千石ト為ス誤ル）師ト為ス、班ヲ召出ニ進ム、後薙髪シテ蝙也斎ト号ス。永吉婢ヲ買フ、之ニ謂テ曰、汝若シ計ヲ設ケ我ヲ驚カスアラハ、我則チ汝ニ三年ノ給ヲ与ヘテ之ヲ遣ラン、婢百方其術ヲ求ム、隙ノ乗スヘキナシ、一夜永吉泥酔戸限ヲ枕シテ寝ヌ、婢其熟眠ヲ伺ヒ急ニ戸ヲ閉ツ、永吉徐ニ曰未シ婢怪シミ視レハ則鉄扇閾限ニ挿ミテ臥スナリ、其後婢浴ヲ進ム、沸湯ヲ盛リテ待ツ、永吉徐ニ試ミ笑テ水ヲ呼フ、婢乃チ水ヲ大桶ニ盛リ来リ加フ、永吉乃チ足ヲ投ス、熟ヲ呼テ起ツ、蓋シ永吉水ノ沸湯タルヲ知ラサルナリ、歎シテ曰、一心術ヲ設クルニ至リテハ、婦女子亦敵スヘカラス、況ヤ丈夫ヲヤ、遂に給ヲ与ヒ之ヲ遣ル　慶安四年三月二十五日、将軍大猷公召シテ其技ヲ見ル、衣三領ヲ賜フ、（年譜ニ召試セラル者凡ソ三タヒ）或永吉ニ謂テ曰、昔源豫州戯ニ柳枝ヲ斫ル、

『東藩史稿』
編：作並清亮
年代：大正４年（1915）
国立国会図書館蔵

八断未タ水ニ墜チス、永吉之ヲ聞キ、試ニ之ヲ斫ル、十三截トナス、観ル者激賞ス、居常刀千遍ヲ抜キ日課トナス、病革ニ至リ、門人相聚リ看護ス、永吉頭ヲ擡ケテ曰、小子予テ扶ケヨ、日課廃スヘカラス、門人曰止メヨ、聴カス、輙チ抜刀千遍莞爾トシテ曰、我事了ル溘然瞑ス、年七十五、時ニ寛文七年壬二月朔日ナリ、世臣家譜（東藩野乗旧臣伝記皇朝名臣伝賛仙台金石志）法名洞雲月公、功徳山荘厳寺ニ葬ム（金石誌）永吉子ナシ、横尾伊勢実克ノ三子ヲ養ヒ、女ニ配シ嗣トナス、之ヲ仲左衛門実俊ト云フ、仕テ出入司トナル、伊具郡耕谷及ヒ刈田郡湯原境論ニ関シ大ニ功アリ、増禄七百石トナル、老テ善也ト号ス、最モ肯山公ノ寵遇ヲ得タリ実俊ノ子仲左衛門永俊、（世臣家譜）歌アリ曰、軒ハモルウラノトマヤノサミタレニ、イト、ヒカタキ海士ノ衣手、（宮城百人一首遺稿）永俊の子宇兵衛永秋、未タ後ヲ受ケスシテ歿ス、依テ半禄ヲ減ス、皆川覚右衛門ノ三子ヲ女ニ配シ、其家ヲ立ツ、之ヲ忠左衛門永清ト云、永清カ子仲右衛門夭ス、例収禄スヘシ、特旨小野主税成征ノ二子ヲ、永清ノ女ニ配シ、其家ヲ嗣カシメ、百石ヲ賜フ、此ヲ友丈夫永名ト為ス、（世臣家譜）其後忠左衛門永徳、永徳ノ子忠左衛門永貞、永貞ノ二男求馬永保相継ク、（世臣家譜乙集）

第二章

加藤有慶

一七〇六―一七八六

起倒流柔術

離れ業の名人　加藤有慶

加藤有慶《かとううけい》は丹波の生まれで、通称は忠蔵、長正と名乗り、後に有慶と号した。

その足跡は瀧野遊軒に起倒流を学ぶところから始まっている。

その遊軒が江戸へ出た後、有慶も師を慕って江戸へ下って下谷和泉橋通りに住み、多くの門人を指導した。

富山藩士の吉田奥丞が書いた『起倒流柔術先師方之噺聞書』には、

「この先生は、元来が正直でひたすら無欲の先生である。技術は師の遊軒先生より抜群に増っていて離技の名人である。そのため遊軒先生ももてあましておられた」

と記されていて、それに続いて次の逸話を挙げている。

「ある時、有慶先生の所へ遊軒の弟子の何某という人が、「自分は昨日、ある流儀の剣術の免許を伝授された」と自慢げに話しに来た。

そこで有慶がお祝いを述べると、その人は、「どうですか先生、剣術の免許を得た者に対しても、無刀取りはできるものですか」と尋ねてきた。有慶は正直な人なので、何の思慮もなく「それは同じこと」と答えると、その人が、「素人ならともかく、免許を得た人にも無刀取りができるというのは、少々失礼ではありませんか。いったい、どのようにして取るのです」と聞いてくる。

そこで有慶が、「ただ〝ヤッ〟と言って手を広げれば取れるものだ」と答えると、その人は「それなら、私の刀を取ってもらいたい」と言い出した。有慶は、「それは要らぬこと」といろいろとなだめたが、その人は少しも聞き入れず、「是非々々取ってみせてもらいたい」と言ってやまない。しかたがなく有慶は「それならば」と言ってその人に竹刀を持たせ、向こうから打ってくるところを、先ほど言ったとおりに〝ヤッ〟と言って手を広げて、相手の竹刀を簡単にもぎ取ってみせた。その人は「もう一度」と再び打ち込むが同じようにもぎ取られ、結局三度も竹刀を取られてしまった。その人はそこで初めて恐縮し、平伏した。

そして、その人は帰ってから事の子細を遊軒に報告し、「しかし、このままでは済まされません。有慶は格別の修行によって妙を得ているからできたのでしょうが、これを良いことと思って他の弟子達が真似をしても、並の手際ではなかなか取れませんから、ひいては起倒流の名折れとなるでしょう」と言った。これを聞いた遊軒は、「そのとおりだ。放っておけん」と言って、それから有慶が稽古に出ることを禁じ、足留めにした。

もともと遊軒は自分以上の技倆を持つ有慶を邪魔に思っていたので、これ幸いと縁を切った。その後、遊軒は〝勝掛〟という秘訣を発明し、「これは有慶には伝えていないものだ」と言って、他の弟子に伝えた。それなので有慶は〝勝掛〟を用いず、先師の伝だけで起倒流を指導した」

この逸話の書き手の吉田奥丞は、加藤有慶の系列に連なる者なので割引いて読むべきなのかもしれないが、それでも遊軒の人間性には、いささか疑問を感じてしまう。

遊軒が発明したという〝勝掛〟については、遊軒の門人、藤堂安貞が書いた『貍尾随筆《りびずいひつ》』のなかに、

「さて勝掛と云は、真勝負の機にして、陰陽不測の理なり。離格合格工夫すべし。表を真と云。裏を行と云。勝掛を草と云。真は我が体氣呼吸を練り、行は敵の一氣発動を取扱ひ、草は法華に所謂唯有一」

との文がある。意訳すると、

「さて、勝掛けというのは真実の勝負のはたらきのことで、陰陽では測りがたい道理である。（起倒流の二十一本の）形を離れ、また、型どおりに工夫すべきである。表十四本の形を真（書道でいうところ楷書）と言い、裏（無段ともいう）七本の形を行（書道でいう行書）と言い、勝掛を草（書道でいう草書）という。真つまり表の形では、きっちりと型どおりに稽古して自分の体氣や呼吸を練る。行つまり裏の形では、相手の気の起こりに乗じる変化の法を学ぶ。草つまり勝掛では、法華（おそらく法華経の意）で言うところの「唯有一」で、形には縛られず自由無碍に相手をさばく法を習得する」

との文がある。これを読むと書道で使われる〃真行草〃を例に取り、表の形を真つまり、楷書的にしっかりと崩すことなく学び、裏の形はやや崩した行書的に学ぶことで相手の気の起こりを捉える方法を会得する。そして遊軒のいう〃勝掛〃とは草書の段階となり、形を離れ自由に相手を捌くとしている、と読め、何か具体的な技術というより、学びの階梯の最終段階を指しているように思える。一方、東京国立博物館所蔵の『起倒流系図』には、福野七郎右衛門から始まる、大変詳しい伝系の名が記されており、そこには有慶か、有慶の養子忠蔵が新たに〝八嶋〟という名の工夫を加えたことなどが記されていて興味深い。

次の節では、まず遊軒についてみてみたいと思う。

有慶の師　瀧野遊軒

瀧野遊軒は元禄八年（一六九五）に丹波国に生まれ、通称は専右衛門。古月斎や蔵六舎なども号し、貞高のちに挙嶢と名乗った。

若年の頃から柔術の修行に励んでいたが、正徳四年（一七一四）に起倒流の堀田佐五右衛門と出会い、その実力に感服して入門した。

翌五年（一七一五）、二十一歳で免許を受け、師の推薦で宮中に仕えはじめた。

延享元年（一七四四）、五十歳になった遊軒は禁廷を辞し、起倒流を広く世に出そうと江戸に出て、道場を開く。その門人は五七〇〇人余り、うち免許を授けた者は一七〇人に及んだというが、それは遊軒の柔術家としてのすぐれた技倆と、幕末の北辰一刀流開祖の千葉周作のような道場経営の才覚によるところも大きいのであろう。

ちなみに、『紀州柔話』という書物のなかで遊軒は狡猾な売名家として描かれているが、この書は起倒流のライバルとも言える関口流を擁護する立場で書かれているので、すべてを真実として受けとめるのは無理がある。ただ、門人の有慶とのトラブルなどを見ていると、自己の利に敏感な、いわゆるやり手の指導者だったように思う。

それでは、遊軒の柔術家としての腕前はどの程度だったのだろうか。『起倒流柔術先師方之噺聞書』に載っているエピソードから探ってみよう。

「その頃、攝州三田《せっしゅうさんだ》三万六千石の藩主・九鬼長門守は、渋川伴五郎の門に入り渋川流を学んでいたが、とても力が強く勇ましい人だったため師の渋川も持て余し、免許を伝授した。すると長門守は家臣を相手に手荒い稽古を容赦なく行ったので、手を挫いたり足を痛めたりなどする者が続出し、家臣達を大変困らせていた。

そんなある時、長門守は遊軒の噂を聞きつけ、何とかして手合わせをしたいと思い、遊軒に使者を立てた。

ところが、あいにく遊軒は病気のため百日ほども寝込んでいたので、「全快したらすぐに伺う」との返答をした。

これを聞いた長門守は、「遊軒は我を恐れたのか」と言い、再三にわたって使者を送って立ち合いを要求した。遊軒も相手が大名なのでやむを得ず出向き、「病を押して出てきたので、お相手はできかねる」と辞退した。しかし長門守は納得せず、ついに遊軒は手合わせをさせられることになってしまった。

そこで遊軒は、「恐れながら、勝負をするからには、時によっては土足にかけることもあるかもしれません。その時は、どうかお許しいただきたい」と念を押した。すると長門守は、「なるほど、勝手にせよ」と言って、いよいよ勝負が始まった。

長門守は、その大力でひと掴みに押しつぶしてやろうと意気込んで掛かっていったが、遊軒が身をかがめていなしたため、勢い余ってよろめいてしまった。その瞬間、遊軒が立ち上がり尻を蹴ったので、長門守は縁側から真っ逆さまに落ちて額を擦りむき、出血してしまった。

ようやく起き上がった長門守は、脇差しの柄に手をかけて、「大名を蹴るとは無礼であろう。こうなったら真剣勝負じゃ」と怒り叫ぶ。

これに対して遊軒は畏まって、「ですから先ほど、〝土足にかけることにもなりますが〟と、お断りしたのでございます。もし今、殿が真剣でこられるなら、私は無刀取りに致します。柔術の立ち合いならともかく、大名ともあろう方が浪人に腰の物を取られたとあっては、それこそ大名としての面目が立たないのではないでしょうか」と答えた。

これを聞いて胸を打たれた長門守は、「もっともである。しばらく待っていてくれ」と言い、すぐに麻の上下に着替えてきて、「さてさて、先生の手際には感心いたしました。さっそく先生の弟子にならせていただきますので、よろしくお願いしたい」と、師弟の契りを交わした。

それ以降、長門守は渋川流よりも穏やかな起倒流の稽古に励んだので、家中に怪我人が出ることもなくなり、皆おおいに喜んだという」

これを読むと、遊軒の腕前は並々ならぬものがあったようである。

遊軒の多くの門人のうち、有名な者としては中川新五兵衛、狗上（犬上）軍太左衛門（扱心流）、加藤有慶、大沢佐内、岡本遊志、神戸有鱗斎（灌心流）、竹中鉄之助、比留川彦九郎（無住心剣術の流れを汲む雲弘流の遣い手）、九鬼長門守、鈴木清兵衛、富永泰欽などがあげられる。なかでも老中・松平定信の師であった鈴木清兵衛邦教は特に著名であるが、柔術の腕前は加藤有慶が断然秀でていたように思われる。

起倒流の成立過程

ところで起倒流は、そもそもどのように起こったのであろうか。

この流儀の成立の事情は複雑で、流祖についても江戸時代から、福野七郎右衛門正勝、茨木専斎俊房、寺田勘右衛門満英の三説が有ったようだ。この三人はそれぞれに関わりがある。

福野七郎右衛門は柳生家に新陰流を導入した柳生石舟斎の門人で、同門の茨木専斎とともに柔術を研究し、良移心当流を起こした。一説に起倒流を起こしたとも言われているが、目録の発給日から、少なくとも元和八年（一六二二）から寛永十年（一六三三）の期間は、良移心当流和《りょういしんとうりゅうやわら》と称していたようだ。

この間の寛永二年（一六二五）から四年（一六二七）頃、江戸麻布の国昌寺に滞在していた中国人の陳元贇《ちんげんぴん》から中国拳法の教伝を受け、自己の柔術にさらに工夫を加えたようである。

そして、寛永十七年（一六四〇）頃、貞心流祖の寺田平左衛門安定と交流、また、安定の弟の寺田八左衛門頼重には、自らの良移心当流和を伝授している。

福野の共同研究者であった茨木専斎は、寛永十四年（一六三七）頃、自らの流儀を乱起倒流

（あるいは起倒流乱、起倒乱流）と命名した。

寛政三年（一七九一）に林爾牧が書いた『起倒流秘書註解』の自序によれば、専斎は参禅した沢庵から『本體』『性鏡』の二巻を授けられている。この二巻は、起倒流の教習体系で用いられる五巻の伝書のうち、最初と最後に授与されるものである。

寺田勘右衛門満英（初名正重）は、父である寺田平左衛門安定から貞心流和術を、福野と叔父の寺田八左衛門頼重からは良移心当流を学び、自身の工夫を加えて起倒流と名付けたといわれている。そして、松江藩に入ってからは直信流柔道と称したようだ。

この章で取り上げている『起倒流柔術先師方之噺聞書』を書いた吉田奥丞などの瀧野遊軒の系統では、寺田勘右衛門満英（正重）を起倒流の開祖としている。系図も、福野七郎右衛門、茨木専斎、寺田平左衛門安定、寺田八左衛門頼重を順に繋げて日本の和の伝統を表し、次の寺田勘右衛門正重（満英）を起倒流の開祖、二代を吉村兵助扶寿、三代を堀田佐五右衛門頼康、四代を瀧野遊軒としている。

しかし、老松信一氏が著した『順天堂大学体育学部紀要』に収録されている「起倒流柔術について」によると、満英を祖とする直信流柔道の関係者によって作られた『柔道業術大系図』

では、吉村扶寿を「茨木専斎の道統を継ぐ者」としている。そして、吉村が美作国津山藩主森美作守長成に出仕する際、当時中国地方で名声のあった寺田満英の末流であると申し立てることを認めて欲しいと、満英の道統を継いでいる弟の寺田平左衛門定次に書状で何度も頼み、定次も「立身出世のためならば」とこれを認めたという。

吉村は謝意を表し、また、教えを受けようともしたのか、出雲へ一度出向いて直接面談することを試みたが、翌年に没してしまったので、その志は遂げられなかったという。つまり吉村は自分の就職の都合上、当時すでに故人だったが有名な寺田満英の名を自分の師匠として借りたということだったようだ。

ここから老松氏は、瀧野遊軒など吉村扶寿系統の起倒流の伝書に記されている表十四本裏七本の起倒流の形を寺田満英（正重）が作ったとする説を否定している。（ちなみに、この二一本の形は、起倒流を修行した講道館柔道創始者の嘉納治五郎によって〝講道館古式の形〟に制定され、現在も柔道の大会などで演武されることもあるようだ）

その一方で、横山健堂氏の「直信流柔道」（『柔道』12巻7号）には、同じ直信流でも老松氏とは違う伝書や碑文を元に書いたのか、吉村扶寿を福野七郎右衛門の門人とし、のちに福野流から転じて直信流寺田満英の門人となったとしている。

このように、起倒流成立の過程は諸説入り混じっていて、簡単に断じることはできない。ただ流祖は誰であれ、起倒流を継いだ吉村兵助扶寿は、起倒流五巻の伝書のうち、『天巻』『地巻』『人巻』を著して、教習体系を打ち立てた。吉村には大森早太、福嶋太右衛門などの高弟がいたが、そのなかで特に有名なのが、瀧野遊軒の師の堀田佐五右衛門である。

遊軒の師　堀田佐五右衛門

堀田佐五右衛門。生国は播州、一説に丹波ともいわれる。諱は頼庸、号は自諾。吉村兵助扶寿に起倒流を学んだ。前名は平野半平という播州赤穂の藩士だった。藩主浅野内匠頭長矩の切腹後、大石内蔵助の義盟に加わり仇を討とうとしていたが、後に離脱して名を堀田と改めた。赤穂藩士の時代には、大石内蔵助や萱野三平など十一人に起倒流の免許を与えたという。

堀田は吉村の門弟中でも傑出していたようで、吉田奥丞の書いた『起倒流柔術記録　全』によると、別巻七ヶ条の位を発明したため師の吉村から称美され、中興の名人との名声を得たという。また、堀田は自分の流儀を起倒柔術雄雌妙術とも称していたようだ。

堀田が有名な赤穂浪士による討ち入りに参加しなかったのは、このような自分の才能を惜しんだからなのかもしれない。

また、その頃は浪人になると糊口にも窮したのではないかと思われるが、堀田は柔術を教えることで十分に暮らしてゆける心積りもあったのであろう。

ただ、歴史上名高い、この討ち入りに加わらなかった赤穂の浪士は後々その子孫まで世間から白い眼で見られたというから、恐らくは堀田も肩身の狭い思いを終生したのではないだろうか。そのためか、堀田は生涯娶らず、京阪地方を巡回して子弟を指導したという。

『起倒流柔術先師方之噺聞書』には、堀田のエピソードが一つだけ載っているので紹介しておこう。

「ある時、堀田が郊外の野原に足を伸ばしたところ、ねじ金という角力取りと出会い、投げられそうになる。すかさず堀田が投げ返すと、投げられたねじ金は怒り、「私も日本に名の通った関取だ。おまえに投げられたとあっては、面目が立たない。だからもう一度勝負しろ」と言い出す。堀田は色々となだめるが、ねじ金が聞き入れないので仕方なく勝負することになる。

そして、堀田がくり返しくり返し何度もねじ金を投げると、ねじ金は肩で息をし、弱って無言でうつむいてしまったので、堀田はその場を去る。

ねじ金は悔しくてたまらず、先回りをして隠れ、通りかかった堀田に後ろから抱きついて、「先ほどの無礼は許せない。川に落としてやる」と言う。

堀田は少しも動ぜず、ねじ金の胸に頭突きを食らわすと、ねじ金は「あぁ」と言って気絶したので、堀田は川に蹴り落として帰った。その後、下流でねじ金の死体が上がったという」

ところが、これに少し似た話が、内田良平の『武道極意』という大正十四年に出された本に、『相撲今昔物語』からの引用という形で収められている。その概略は、

「元禄の頃、大阪の梶木町に大山次郎右衛門という有名な相撲取りがいた。身長六尺二寸九分、力が強く色白でなかなかの男前の上、性格も良かったので多くの人が贔屓にしていた。

この大山に長柄の渡船場で堀田彌五兵衛という柔術者の刀の鐺《こじり》が当たり、口論となった。堀田は五尺に足らない小男だが、実は天満の気當流という流儀の名人なのだ。

しかし、そんなことは知らない大山は、堀田を引きつかむと砂地へ投げようとした。堀田は

その拍子に大山の股ぐらに入るようにすると、大山は真っ逆さまに砂地に落ちた。堀田は無疵でその場を去ったが、大山はやっとのことで立ち上がり、無言で帰っていった。その後、肋骨が傷んだという。これは大山の生涯のあやまりというのか、残念である」

というものだ。

このなかの〝気當流〟はおそらく〝起倒流〟、〝堀田彌五兵衛〟は〝堀田佐五右衛門〟のことであろう。元々の『相撲今昔物語』は天明五年（一七八五）頃に子明山人が著した物で、大阪での相撲道の沿革と有名な関取の伝記などを見聞のままに記した九冊の冊子本であるが、そこには『武道極意』に引用された箇所の少し前に、

「大山次郎右衛門の活躍した元禄の頃は人々の気性が荒く雰囲気の悪い時期で、諸国に体術者（柔術家）がいて、争いになることが多かった。大山が発病し若死にしたのも、そういったことが原因で、死後、肋骨が一本折れていたという人もいた」

といった内容の記述がある。そして、しばらく別の話題を挟んだ後に、わざわざ「此大山次郎

右衛門故障の事は」とことわってから、大山と堀田の渡し場でのエピソードが語られている。つまり、著者の子明山人は堀田に投げられて肋骨を折ったことが大山の早死の原因と考え、「生涯のあやまり」「残念」であると書いたのではないだろうか。

ちなみに、この大山と堀田の摂津国長柄の渡し場でのエピソードが載っている巻之一の前の章に、〝捻鉄藤四郎〟という名が見られる。しかし、この人は堀田が生まれる前の寛永年間（一六二四～一六四四年）頃の大力の町人なので、堀田とは無関係のようだ。そのまま読み進めると、巻之九に貞享（一六八四～一六八八年）より天明（一七八一～一七八九年）までの力士の名前を列挙した所があり、そのなかに先の逸話で堀田に投げられた初代・大山次郎右衛門のそばに、「江戸　捻鉄能登左衛門」とあるのを見つけたが、この〝捻鉄能登左衛門〟が、先に挙げた『起倒流柔術先師方之噺聞書』のエピソードのなかで堀田に投げられた〝ねじ金〟であろうか。

それはさておき、実際に〝ねじ金〟と〝大山〟という名の相撲取り二人が相手だったかどうかは分からないが、少なくとも堀田が相撲取りを投げた（あるいは、投げて死に至らしめた）という事実があったのだろう。そして、当時の相撲界や武術家を中心に、「天満の堀田佐五兵衛とか彌五兵衛とかいう〝きとう流〟という流儀の柔術の先生が、相撲取りを投げ飛ばした（投げ殺した）んだってよ」などと人口に膾炙したことが想像される。

堀田は享保九年（一七二四）三月二十二日に六十七歳で没し、大阪天満の本伝寺に葬られている。

さて、ここからは本題に戻って、『起倒流柔術先師方之噺聞書』に収められている加藤有慶の逸話をまずはまとめて紹介してみたい。

○有慶、大名火消しを投げる

「ある時、有慶の稽古場に加州のヲテコ（ヲテコとは御手子で、おそらく加賀前田家の抱えた大名火消しの人足）の何某という怪力で知られた大男が来て、「ぜひ弟子入りしたい」と申し込んできた。有慶は承知して五、六度も稽古をつけたところ、そのヲテコが「どうか先生のお手並みを拝見したい」と胸ぐらを掴んできた。あれこれするうちにヲテコはもの凄い勢いで投げられ、稽古場の腰板（壁の下側に張ってある板）を破って顔が外に出てしまった。

有慶の技倆にすっかり恐れて平伏するヲテコに向かって、有慶は「なかなか私の力では腰板は破れない。やはり貴殿の力だな」と言った。それからヲテコは有慶にすっかり心服して修行に精を出したという」

○有慶、掏摸を戒める

「ある時、有慶が両国辺りの絵屋の店先で錦絵を見物していると、掏摸《すり》が来て有慶の懐へ手を入れ紙入れを取ろうとした。すると有慶は右手でチョイと掏摸の手首を持ち、まったく気にもしない様子で見物を続けた。掏摸は掴まれた手を振りほどこうと色々とあがいてみるのだが、一向に抜けない。

しばらくして、有慶は掏摸の顔を見ながら、「お前は憎い奴だ。私は上方から来て、まだこの土地には不慣れなのに、そういう者から掏《す》ろうというのはけしからん。私の家まで来い」と言って、掏摸を引き連れて行った。

掏摸はどうにかして逃げようとあれこれ試みるが、有慶の術によって掴まれているので叶わず、まるで子供が引っ張られるように簡単に有慶の家に引き込まれてしまった。

家に着くと有慶は、掏摸に対して順を追ってその行いを教え諭してから、「しかし、私の懐中を狙ったのだから、なかの金は残らずおまえにくれてやろう」と言って、紙入れに入っていた一分二朱の金子を掏摸に与えた。そのうえ「おまえは酒を呑むか」と尋ねると、掏摸が「少々なら」と答えたので、自分の通帳を掏摸に渡して酒屋へ使いにやって酒を持ってこさせ、自分も呑み掏摸にも呑ませ、帰らせてやった」

このエピソードからは、有慶の無欲恬淡な人柄に加え、ひょうきんな性格もうかがえる。

○有慶、弟子のはかりごとを見抜く

「ある時、有慶の門人の八木宗安が相弟子三、四人と話をしていたときに、「なんとかして先生をここに呼び寄せて、入り口を入って来る時に、竹刀で頭をひとつ打ってみようではないか」と申し合わせた。「しかし先生は無類の達人なので、我々では到底無理かもしれない。以前にも、八畳間を閉めきって三、四人で先生を取り抑えようとしてみたが、まるで稲妻か蜻蛉のように躱され、たまに掴んでも思いのほか投げられて、全然相手にしてもらえなかった。それに、この家の入口にある溝に厚さ三寸の小さい橋が掛かっているが、先生は前を通る時に「宗安居るか」と言いながら、その小橋を竹の杖で突かれる。その時いつもカンカンと高い音がするが、他の者たちが真似をして突いてみてもトントンと低い音しかしない。このような不思議な術をお持ちの先生だから、今回の企みも上手くいかないかもしれないが、ともかく先生をお呼びしてこい」ということになった。

そこで使いの者が有慶の許に行き、「先生、今晩宗安の家でお酒を差し上げたいと思いますので、何卒おいでください」と言うと、有慶は「それはかたじけない」と承知し、宗安の家に出かけて行った。

宗安と相弟子たちは手筈通りに入り口の潜戸《くぐりど》の内側で竹刀を構えて待ち受けていた。そこへ有慶が杖を突きながらやって来て戸を開けて中へ入って来たので、一同はここぞとばかりに打ち掛かった。すると、戸の外から有慶が笑って、「私を打とうとしてスウスウと息をしている音が三丁先から聞こえるぞ」と言うので、驚いて打った物を見てみると、杖の先に掛けられた頭巾だった。

それから有慶は笑いながら入って来て、謀をした弟子たちにはこだわらずに酒宴を始め、いろいろと語って聞かせたという」

このエピソードの有慶は、杖を突き頭巾を被っていることからすると老年だったと思われるが、年齢を感じさせない傑出した技倆の持ち主であることが読み取れる。

○有慶、辻投げを懲らしめる

「有慶の相弟子で、小野澤勘助というとても器用な師匠がいた。この人はその器用さにまかせて起倒流を取り崩して派手な技をやり始め、いまもその悪弊が門派に残っているらしい。

さて、その小野澤勘助の弟子三人が話をしているうちに、〃一度実際に人を投げてみたいものだ〃ということになり、吉原辺りに行って投げる相手を物色していたが、かえって自分たちの身が危うくなるような鋭そうな人物ばかりなので、諦めて虚しく帰ることにした。

その道すがら、上野山下の車坂の辺りで、小田原提灯を持った一人の老人が堀に向かって立ち小便をしているのに出会った。三人は、〝これこそお誂《あつら》え向きの相手だ〟と思い、一人が後ろから飛びかかった。すると、この老人が小便をしながら身をひねったので、堀に真っ逆さまに投げ込まれてしまった。残った二人も同様に飛びかかるが、老人がまた身をひねったので、これまた二人とも堀に投げ込まれてしまった。

小便をし終えた老人は提灯を上げて短刀を抜き、「お前らはけしからぬ奴らだ。老人を堀に投げ込もうとするとは、本当に憎らしい奴らだ。命を取ろうか、どうしようか、提灯の灯りで顔を見てやろう」と言ったので、三人は恐れて水中に隠れていた。すると、この老人は「今度だけは命を助けてやろう」と言って、帰っていった。

その翌日、有慶は小野澤勘助の道場へ行き、「勘助いるか。昨夜私が車坂で小便をしている時に後ろから無闇に跳びかかって来て、自分から堀へ転げ落ちた三人組のけしからん奴らがいたが、恐らくここの弟子だろう」と言ったので、道場にいた三人は顔を見合わせ、「あの老人は有慶先生だったのか」と恐れをなしたということである」

ちなみに、ここで登場する小野澤勘助は、この『起倒流柔術先師方之噺聞書』では有慶の相弟子になっているが、同じ吉田奥丞が書いた『起倒流柔術記録　全』の系図では、有慶の弟子になっている。

また、森潤三郎の「廣瀬雑記抄出　墳墓記録註記」（『掃苔　第九巻第八号』所収）に、勘助の墓についての記述がある。ただ、〝勘助〟ではなく〝勘介〟と、また〝有慶〟ではなく〝雄慶〟になっているが、当時の人はあまり字にこだわりがなかったのか、別の字を当てることも少なくなかったようだ。その墓銘には「學起倒流拳法於加藤雄慶翁夙究其蘊奥」（起倒流を加藤雄慶に学んで、それを極めた）との一文があるので、やはり勘助は有慶の弟子だったようだ。

ただ、後の章に登場する天真白井流の白井亨とその師・寺田宗有の関係と同じように、元々は遊軒の許で有慶とともに学ぶ相弟子で、のちに有慶と師弟の契を結んで弟子になったことも考えられる。

さらに『起倒流柔術先師方之噺聞書』に収められているエピソードを追ってみよう。

○有慶、狂犬を退治する

「ある時、有慶先生が神田明神下を通っていると、「それご隠居、病犬が」と言う声と同時に、左の方から犬が「ワアーッ」と吠えて有慶に食い付いてきた。すると、有慶は無意識のうちに左の足を上げ、右手の杖を左に持ち替えて犬をよけ、右手で扇子を抜き持って犬の口に突き込んでいた。そして、「これは人々のため」と言って、そのままグッと扇子を突き込んだところ、その犬は死んだ。まことに奇妙な術である」

このエピソードは有慶が、人間に比べてより動きが読みにくい動物の、しかも常軌を逸した狂犬の攻撃という不意打ちに対して、瞬間的に見事な対応をしていることを伝えている。

○有慶、旗本の先徒に突かれる

「有慶先生も歳をとられ、段々耳が遠くなられた。ある時、牛込神楽坂で、有慶先生の後ろの方から旗本御一行が来て、その先徒《さきがち》が道を空けさせるために周囲に向かって「ほうほう」と声を上げた。だが、有慶先生は耳が遠くて聞こえないので、そのまま避けずに歩かれていた。

すると先徒は堪りかねて、後ろから先生を突き放したところ、有慶先生は〈突かれた間そのままに）身体をグルリと廻《めぐ》らした。そのため、先徒は坂の下に真っ逆さまに倒れてしまったので、有慶先生は「おぉ、危のうござる」と言った」

この逸話にも、有慶の瞬時の対応の見事さが表れている。

○有慶、高禄の旗本に糠漬けを取り出させる

「有慶先生は本当に無欲で無邪気な人だった。ある時、弟子の三千石取りの旗本が稽古に来たが、たまたま先生は食事中で糠味噌漬けの茄子を食べていた。そこで旗本は、「本当に糠漬けは結構なものです。私も好物です」とお世辞を言った。

するると先生は、「ご好物なら召し上がれ」と言って、香の物の鉢を旗本の前に差し出し、「ぜひどうぞ」と言った。この旗本も先生の無邪気な人柄をよく知っていたので、「それでは」と言ってこれを食べ、「これは結構ですな」と礼を言った。

そうしたところ、先生が「よろしければ台所の桶にたくさん漬け込んでありますから、取り

出して召し上がれ」と強く勧められるので、先生の厚意に背きがたく、三千石取りの旗本は、仕方なく自ら糠味噌桶に手を入れて取り出し食べたという。

これは、先生の人徳によるものである」

当時、処罰や跡取りがいないために取り潰される大名家がある一方で、名奉行として知られる大岡忠相のように、昇進などで禄高が加増され、一万石に達して大名に出世する旗本もいた。そういった、言わば〝大名候補〟〝大名予備軍〟とでも言うべき大身の旗本に、台所の糠味噌桶のなかに手を入れさせたというのは、わざわざエピソードとして書き記すに値するほど常識破りの出来事だったと思われる。

武術の達人のすべてが無欲恬淡で透き通るかのような人格だったとは思えないが、有慶の場合は、その妙技と恬淡無欲で天衣無縫な人柄とが切り離せずワンセットになっていたようで、そういうところが、これを書いた吉田奥丞は大変気に入ったのだろう。このエピソードのような常識破りが許されたのは、まさに有慶の人徳としか言いようがない。そう考えると師遊軒との不和の原因のひとつも、こういったところにあったような気もしてくる。

起倒流に見る、無住心剣術の影響

ここまでに多くの逸話を紹介してきた『起倒流柔術先師方之噺聞書』を書いた富山藩士の吉田奥丞有恒は、起倒流を熱心に稽古するだけではなく、白井亨義謙に就いて白井が開いた天真兵法（天真白井流）の剣術を、これまた熱心に学んでいた。

これは、起倒流と天真兵法には、感覚的に近いものがあったからではないだろうか。

天真兵法について吉田がまとめた『天真白井流兵法譬咄留』には、次のような加藤有慶のエピソードが出てくる。

「或人、白井先生へ尋には、昔し加藤有慶先生は駿河臺にて向ふより病犬参りし故、扇子を抜持たれると、病犬脇へきれて横を通て参りし由、今先生なら扇子を抜持にも及ぶまじくや。先生の答には、私は猶更扇子を抜持、又は何成とも持ますと仰られしなり。跡にて愚へ御咄には、劔術者なれば何にても持つが法也、無手は外也。殊により無手の時取合せも有るべけれども、是は外也」

意訳すれば、

「或る人が、白井先生に「昔、加藤有慶先生は駿河台で、向こうから病犬（狂犬）が近づいてきたので扇子を抜き持ったところ、病犬は脇へ逸れて横を通って行ったそうですが、いまの白井先生ほどのお方なら、扇子を抜き持つ必要もないのではないでしょうか」と尋ねた。すると白井先生は、「私は有慶先生にもまして、扇子でも何でも持ちます」と答えられた。その後、白井先生は私（著者の吉田奥丞のこと）に、「剣術家ならば、刀剣の代わりになる物を何でも持つのが道理で、素手は常識外だ。場合によっては素手で対応する場合もあるかもしれないが、これは特別な例外だ」と話された」

となるだろう。

白井亨が加藤有慶に対して、自分と同じような心法の武術の実践者として敬意を持っていたらしいということは、この文からもある程度察することができる。ただ、もっとはっきりと言えば、白井は加藤有慶が自分以上の武の才能を持っていたことも自覚していたように思う。また、そうした思いとは別に、起倒流が術理の上で、白井が深く尊崇していた無住心剣術から影響を受けていたのではないかということにも気がついていたのかもしれない。

そう考えられる根拠のひとつは、「当流無拍子と云う事、眼目なり」というほど起倒流で重視されている〝無拍子〟という言葉が、『無住心剣術書』(『夕雲流剣術書』『剣法夕雲先生相伝』などの別名がある)という無住心剣術の伝書のなかでも、「当流の柔和無拍子の稽古などを脇目より見ば、さまざまに嘲り笑ふべし」などというように、好んで用いられているからである。

また、このこと以外にも、この二つの流儀に共通した道歌があることも興味深い。無住心剣術三代・真里谷円四郎義旭の門人の川村弥五兵衛秀東が書いた『前集』(『辞足為経法前集』ともいう)には、流祖針谷五郎右衛門夕雲の作とされる道歌が二首紹介されているが、その一首は、

外山なる　ならの葉まではげしくて
おばなが末に　よはる秋風

という、決してうまいとは思えない歌である。そして、この歌とよく似た、

みやまなる　ならの葉まではばげしくて
尾花がすゑに　よける秋かぜ

という歌が、起倒流の伝書『貍尾随筆』に載っている。

もちろん、これらをもって、起倒流が無住心剣術の影響を受けていたと断定することはできないが、主君前田利保公の内命を受け、それまで修業していた四心多久間流柔術から起倒流に流儀を変えた吉田にとっては、白井が開いた天真兵法に起倒流と同じ心法の武術としての匂いを感じたのではないかという気がする。

もっとも、加藤有慶の柔術は、無住心剣術のようにただ太刀を振り上げて落とすというような体の動きを極端に簡素化したものではなく、すでに紹介した逸話からも明らかなように、じつに精妙な体の技術をもっている。しかし、剣術とは違い、手に武器を持たない柔術としては当然そうなるべきだったかもしれず、その息を呑むような鮮やかな技倆と、その際の夢（無）想剣のような境地には、心法の武術とでも呼ぶべきものがあるように思われる。

この心法について、やはり吉田奥丞が書いた『起倒流柔術記録　全』のなかに収められている『本躰の弁』という部分に、〝忘気〟という、心法の境地が説かれている部分がある。

この『本躰の弁』は、実質的には〝本躰（の弁）〟〝性鏡（の弁）〟の二部からなっているが、これはそれぞれ、起倒流の五巻の伝書の『本躰』『性鏡』の註解である。

起倒流の五巻の伝書や『本躰』『性鏡』についてはすでに「起倒流の成立過程」の節で触れたが、『本躰』は百文字にも満たない漢文である。また『性鏡』は、〝二勢中〟〝五行中〟〝陰陽中〟〝性〟〝気〟〝心〟〝機〟〝忘気〟〝大極〟と名目のみのいわゆる目録形式の伝書で、その内容は書かれていない。このそれぞれの解釈を記したものが、『本躰の弁』『性鏡の弁』などの註解書であるが、これらは起倒流各派共通の正式な伝書である五巻の伝書とは異なり、各系統、あるいは各師範が製作したものである。

これから紹介するのもそのひとつで、加藤有慶門下の道統を継ぐ吉田奥丞の書いた『本躰の弁』の後半部にある〝機〟〝忘気〟の註解であるのだが、ここに含まれる有慶のエピソードも非常に興味深い。

以下、〝機〟と〝忘気〟についての部分の意訳を紹介する。

「業を実行しようと思えば、まず性より起こり、次に心に思って業を氣に通して実行する。機とは業の起こるところである。氣とは天地と一体の氣である。また、機は巧みに扱う機である。当流ではこの機を業と呼ぶ。性、心、氣の三つは鉄砲の引き金を引くことに似ている。三つにして一つであり、一つにして三つである。また、不断の修行は専ら空機を扱うことを中心とする。敵を制するなどということは外である。

次に忘氣に移る。忘氣とは荘子の、いわゆる顔回の坐忘と同じである。『顔回曰堕枝體黜聰明離形去知同於大通此謂坐忘』。肢体を堕（やぶ）り、聡明を退け、形を離れ、知をさけるのは意識である。大通に同じくするのは本然である。

また、有慶長正先生は、上野廣小路の茶店で幕内の力士に出会った。そのとき力士が、「ひとつ投げてもらいたい」と言ってきたが、有慶は、「そんな必要はない。怪我をするか、あるいは命に関わるかもしれないから」と答えた。しかし、力士は手合わせを望んで後へ引かないので、有慶翁が「そこまで言うなら、ともかく……」と言いかけると、力士がすぐにも掛かってこようとした。有慶はそれを制止して、「いま掛かってきても結果ははっきりしているので、私が油断しているところへかかってきなさい」と言った。

そのうち宴会となり、有慶は盃を持って女中にお酌をさせた。その酒を呑もうとした時、油断とみた力士は急に有慶の肩先を突こうとした。有慶が何やらその手を肩から動かして引くと見えた途端、力士は真っ逆さまに倒れてしまった。そのとき有慶は座ったまま酒を呑んでいたのだが、盃から一滴の酒も溢れていなかった。力士は不思議に思って、密かに帰り道の六阿弥陀横町で待ち伏せをしていた。有慶がそこを通りかかると、力士はまた不意をついて突き飛ばそうとしたが、前と同様に有慶が少し身を動かしただけで、力士は転倒してしまった。この時、有慶が持っていた小田原提灯の灯りが消えることはなかった。

力士は大変恐縮して、有慶先生に失礼を詫びた。そしてさらに、「私が先生に投げられたのでしょうか。それとも、私が勝手に転んだのでしょうか。どちらなのでしょう」と尋ねた。有慶は、「それは私にも分からない」と答えた。これは有慶が七十歳の時の出来事である。「私にも分からない」と言われたのが、すなわち忘氣であるところである」

(以上、『本跡の弁』より)

これは無心でいるので、不意の出来事にも即対応できるということであろう。こうしたエピソードは、本書のなかでも紹介した松林左馬助や、次の章に登場する小山宇八郎のエピソードとも共通していると思う。ちなみに、吉田の『起倒流柔術記録　全』には、もうひとつの「性鏡巻ノ辯」が収載されているが、その〝機〟〝忘氣〟の註解には、「忘氣ハ当流ノ根源ナリ。機ノ扱モ忘レテ、唯、自然ニテノ扱フ所ヲ言フナリ。是、流儀ナシノ場ナリ」と記されている。

有慶と右計

さて、ここで有慶に関する文章をもう一つ紹介してみたい。これは『甲子夜話』に載っているものなので、意訳してみる。

「明和の頃であったか、加藤右計という柔術の達人がいた。ある時、一人の柔術家が仕合を求めて来たところ、右計は、「それは無用なことだ。柔術の仕合で勝負をすると、一人死ぬより外はない」と答えた。

それでも相手は「是非」と言っては退かないものだから、右計も已むなく、「それならば」といって立ち合った。彼の男、組みつくと直ぐ投げつけられたが、壁を打ち抜いて、その身は外へ飛び出して即死してしまった。

右計は、「要らざることだ。是非にと言うから立ち合ったものの、この態《ざま》である。しかし彼も達した者だ。私が投げた時に彼は当て身をしたので、拙者のあばらをこの通り蹴破っている」

と言って人に見せたところ、その肋骨が一本折れていたということである」

まず、〝右計〟という名についてだが、すでに堀田佐五右衛門や小野澤勘助の節で触れたように、当時の人は、音が同じ場合、適当な漢字を当てることがしばしばあり、坂本龍馬が良馬となったり、新選組の局長を務めた近藤勇ですら、新選組と新撰組の二通りを書いているほどだ。殊に〝うけい〟という、あまり多くない読みの号であることからも、この〝加藤右計〟は、起倒流の加藤有慶のことと考えられるだろう。また、『甲子夜話』は、元肥前平戸藩主で心形刀流剣術免許皆伝の松浦静山が文政四年（一八二一）から書き始めた、大名や旗本の逸話や市井の風俗などの見聞を記録した随筆であるが、明和の頃の加藤有慶のエピソードは、当時少年だった静山の心に強い印象を与えたのかもしれない。

明和年間（一七六四〜一七七二）には、加藤有慶は六十歳前後。他流から腕試しの柔術家が訪ねて来るほど名を知られた腕前だったが、相手の蹴りを躱しきれず肋骨を折られてしまったことが事実だとすると、まだ完成されてはいなかったのかもしれない。しかしその後、その技倆と心境は進化そして深化し、『起倒流柔術先師方之噺聞書』にみられるような離れ技の達人になったとも思える。

晩年の有慶

さて、再びここからは、『起倒流柔術先師方之噺聞書』の有慶のエピソードを見ていきたい。

「有慶先生も次第に歳を取られたが、ある時門弟に対して、「私が病死したならば、皆で追善の法要をしてくださるか」と尋ねられるので、一同は「それは必ず致します」と答えた。すると、「それならば、死んでからよりは、どうか、今生きているうちに、駒込の吉祥寺で追善してもらえないだろうか」と頼まれるので、一同は申し合わせて吉祥寺で追善の法要をおこなった。

そのとき先生は仏壇の前にいて、多くの僧が集まって経を読み、弟子たちが順に焼香し、最後に菓子などを配って法要を終えた。

全部済んでから世話人が、「この度の追善法要のために門弟中より集まった金子から諸経費を支払った後、五両ばかり残りましたので、これをお持ち帰りください」と先生に差し出した。

先生はこれを受け取ったが、かれこれするうちに姿が見えなくなった。「先生は早お帰りか」と一同がこの寺を出たところ、向かいの料理茶屋から「先ほど先生が五両を置いて、〝これから追々弟子たちが来るので、これで何でも食べさせてやってもらいたい〃と仰って帰られましたので、料理を用意しております」と声を掛けられた。一同は断ることもできず、そこで食事をして帰ったという」

さて、『起倒流柔術先師方之噺聞書』に載っている加藤有慶のエピソードも、ついに最後の話になった。これはまさしく、有慶の人となりをあらわす傑作である。

「有慶先生は無類の人で、本当に無頓着であった。ある夏、家の南側の壁を棒で突き崩した。門弟たちが驚いて、「先生、これはどうされたのですか」と尋ねると、「風がよく入らないので崩したのだ」と答えた。そのうちに冬になると、今度は寒いので門人たちに、「お前たち、皆でこの壁を付けてくれないか」と申される。

それからは、これが毎年の恒例行事となった。

そして、とうとう有慶先生は八十二歳で亡くなられた。体格は中肉中背で、誠に比べようの無い素晴らしい先生であった。

先生に関する話はまだまだ有るけれども、まずはこれまでにして、後は略す」

『起倒流柔術先師方之噺聞書』の加藤有慶の項はここで終わり、すぐに有慶の門人であった、鈴木政右衛門潜龍斎重峯の話へと移っている。改めてこの『起倒流柔術先師方之噺聞書』全体を読み直してみると、この本の著者である吉田奥丞が最も深く傾倒していたのが、加藤有慶であったことがますますはっきり感じられる。加藤有慶はそれほど技も出来たが、人間的魅力にも富んでいたのだろう。

加藤有慶の後継者たち

天明六年（一七八六）四月二日、加藤有慶長正は八十二歳（八十一歳とも）で没し、下谷池之端七間町の圓照院という臨済宗の寺に葬られた。

有慶の起倒流の道統は、養子で一橋家家臣の加藤伊右衛門が継ぎ、そのあとを加藤忠治郎（のちに忠蔵）、次に山本理左衛門、野田忠治郎と受け継がれていった。

そして、この系統に、夢想流（夢相流とも）捕手柔の流祖、深井勘右衛門景周、号無敵斎がいる。この夢想流捕手柔の内容は、起倒流柔術と神道夢想流の陣鎌に景周自身の工夫を加えたもので、柔術部分は起倒流の教習体系を用いていたらしく、起倒流の五巻の伝書を授受していたようだ。その伝系の加藤有慶以降を記すと、加藤忠蔵有慶、加藤忠蔵長寧、深井勘右衛門景周の順になっている。景周は武州鴻巣の道場で三〇〇〇人の門弟を指導、その勇姿は明治二十一年刊行の『皇国武術英名録』に載せられた肖像画に見ることができるが、そこでの景周の流儀の名は起倒流柔術になっている。深井家では、その後も明治まで起倒流柔術を含んだ夢想流が伝えられた。また、景周の高弟である山田貞六忠雄の孫の山田良助は、父の山田藤五郎から起倒流（夢想流）を学んだ。この良助は昭和四年に没している。おそらく免許皆伝には至っていないようだが、加藤有慶下の起倒流を知る者が、昭和の初めまで存在していたのである。（ちなみに、山田貞六忠雄の弟子には、甲源一刀流の遣い手として知られる比留間良八利衆もいる）

さて、話を戻して、直系以外の有慶の主な門人を挙げると、すでに逸話に登場した医者の八木宗安と公儀御徒方の小野澤勘助、浪人の鹿沼一方（一峯とも）、下野壬生三万石藩主の鳥居丹波守、そして、公儀御徒方の鈴木伴治郎（のちの政右衛門）がいる。

そして、この初代・鈴木伴治郎（のちの政右衛門）から数えて三代目の鈴木伴治郎（初名小伴治）重強が、吉田奥丞の師匠である。この重強の父である二代目伴治郎重斯は、七歳の時に加藤有慶に入門したが、ほどなく有慶が没したため、父政右衛門に就いて修業した。重斯は、技も気性も有慶の風をよく受け継いでいたといわれる。

また、伴治郎重斯は、泰平に慣れきって惰弱な風におぼれていた文政の世に警鐘を鳴らした〝松平外記刃傷事件〟※のおり、皆見苦しく逃げ散ったなかで、「ただ一人武士らしくあった」と、史実として伝えられている、まさにその人である。

『起倒流柔術先師方之噺聞書』には多くの伴治郎重斯のエピソードが載っているが、ここでは、いかにも有慶の気風を受け継いだ純粋な心根を示す逸話をひとつだけ紹介して、この章を閉じることにしたい。

○伴治郎、百姓の子を助ける

「ある時、伴治郎先生が本所立川筋を通っていると、十三歳ぐらいの子が四歳ぐらいの子をおぶったまま川へ落ち、水を飲んで溺れかかっているところに行き遭った。周りでは多くの人がうろたえるばかりであった。先生はこれを見て袴の股立を取り、雪駄を後ろの帯に挟んで川に飛び込み、二人の子供を助け上げた。

親たちは大喜びして、すぐにお礼を言いにやって来た。百姓なので季節の茄子や瓜、西瓜などを大籠に入れて持って来て、「今日は先生のおかげで二人とも命が助かり、これほどありがたいことはありません。追って御礼に参りますが、とりあえずこんな物でもお納めください」と、厚く礼を言った。

これに対して伴治郎先生は「ていねいな挨拶をかたじけない」と返事をしてから、「このような礼の品は受け取れない」と言い、返そうとした。

そこで百姓は、「たしかに、こんな粗末な物ではお気を悪くされるのもごもっともです」とうなだれるのを先生はとどめて、「いや、そうではない。今日、子どもたちを助けたが、あの助け方がはなはだ良くなかったと思うので、礼を受け取れないのだ。助ける時に準備をしてから飛び込んだが、あれが我が子であったら、きっとそのまま飛び込んだだろう。それが他人の子だというので、差別してしまった。そのことを深く恥じ、礼を受け取る気にならなかったのだが、せっかくの志を無下にするのも気の毒なので、茄子を少々もらっておこう」と言って、残りの物を返した。百姓たちは、すっかり感心して帰っていった」

ここで興味深いのは、鈴木伴治郎が自分は武士であるが、当時の身分制度からいえば明らかに下の者である農民に対して、まったく人として差別をしていないということである。これは、わざわざそのことが書き遺してあるということは珍しいことだったのかもしれないが、こうしたことに関しては、加藤有慶も掏摸を捕らえてから、その掏摸に金を与え一緒に酒を飲んでいたりするので、吉田奥丞の意識のなかにも、このような平等観のある人物を好ましいと見る傾向があったのだろう。このことを見ても当時の日本の身分制度は、もちろん個人差はあっただろうが他の国に比べ緩やかだったのではないかと思う。

（＊）文政六年（一八二三）四月二十二日、謹直で知られた西丸御書院番士松平外記が、当時の頽廃した雰囲気のなかで、日頃なにかにつけて自分に嫌がらせをしていた同僚たちを殺傷した事件。その時いつも外記を嘲笑っていた者たちの醜態は目を覆うばかりであり、外記が刃傷に及んだとの情報に接し、ある者は縁の下に這い入り、またある者は納戸等に隠れ、一人として取り押さえようとした者はいなかったという。

《資料一》

起倒流柔術先師方之噺聞書（抄）

一　加藤忠蔵有慶長正先生ハ生國丹波人ニテ遊軒先生ノ高弟ニテ遊軒ノ出府（シッフ）ヲ聞（キヽ）テ跡ヲシタイ江戸ヱ來リ下谷和泉橋居住ス此先生ハ元來正直（セイチョク）イチガイ無欲（ムヨク）ノ先生也技（ワサ）術ハ遊軒先生ニ抜群（バックン）増（マサ）リテ離（ハナ）レ業ノ名人也遊軒先生モモテアマシテ居ラル所有ル時有慶先生方ヱ遊軒ノ弟子ニ何某ト申人被（ラレ）ㇾ参（マイ）野子（ヤシ）事昨日（サクジツ）何流ノ劔術免許（　ンキョ）傳授ノ由（ヨシ）風為（フイ）聴（チフ）（※吹聴）申サル有慶祝儀（シウキ）ヲ申述ル彼ノ人被（ル）ㇾ申ハ何ニト先生ニ劔術免許濟ノ人ニテモ無（ム）刀（トフ）取（トリ）ハ出（デ）來（キ）ルモノカト尋（タツヌ）ル有慶ハ正（ショフ）シキ成ル人故何ノ思慮（シリョ）モ無ク夫ハ同事ト申サル彼ノ人申シケルハ素（シロ）人（ト）ハ兎（ト）モ角（カク）モ免許濟ヲ無（ム）刀（トフ）取リトハ少シ緩怠（クハンタイ）也ト申如何（イカヽ）致（シ）シテ被（レル）ㇾ取（トラ）ヤト尋（タツ子）ケレハ有慶先生唯ヤト云テ手（テ）ヲ廣（ヒロ）ゲレハ取ルモノト申ス彼ノ人去（サラ）ハ私ヲ取リテ貰（モライ）度（タ）ク由（ヨシ）申有慶先生夫ハ入（イ

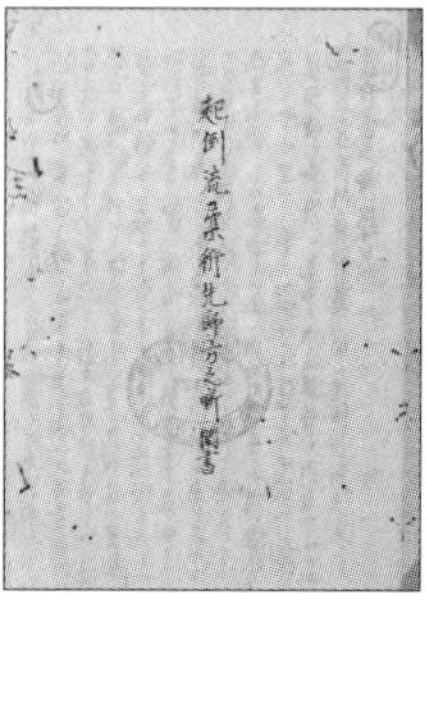

『起倒流柔術先師方之噺聞書』
著：吉田有恒
年代：文政 11 年（1828）
富山県立図書館蔵

ラ）ヌ事ト色々ナダメケル共少シモ聞（キヽ）不（ス）レ入レ是非々取テ貫度シト申有慶先生無（ク）レ拠更（サラバ）トテ彼人ニ韜（シナイ）ヲ為レ持向フヨリ打處ヲ先（セン）ニ申タ通（トヲ）リヤアト云ッテ手ヲ廣（ヒロ）ケモキ取（ト）ル彼人今（マ）一度ト申又同シ手ニテモキ取ル以上三度也彼人殊ノ外恐レテ平伏スル夫ヨリ此子細（シサイ）ヲ遊軒先生ヱ噺（ハナ）シ併是ハ不二相済一有慶ハ格別ノ修行ニテ妙ヲ得（ヱ）ル故尤也此事ヲ弟子共宜事ト存シ間似（マ子）致則（トキ）ハ起倒流名（ナ）ヲレトナル中々並々ノ手際（キハ）ニテ取レ不（ヘス）レ申事（コト）ト云（イヽ）ケレバ遊軒先生尤也是ハ不二相済一トテ是ヨリ有慶ノ稽古出席ヲ断（コトハリ）足留（アシトメ）ニ成ル元來有慶先生ハ自分（ン）ニ増リテ業（ワサ）モノ故邪磨（シヤマ）ニ成ル幸岌ニテ手切（テキ）レト成ル其後ニ遊軒先生勝掛（カチカケ）ト申ス物ヲ拵（コシラ）ヱ是ハ有慶ニハ未タ傳授不レ致トテ跡ノ弟子中ヱ傳ヱル有慶先生ハ先師ノ傳（ン）計ニテ勝掛ヲ不レ用自分ニテ起倒流師範也

一　有慶先生ノ稽古場ヱ有ル時加州ノヲテコノ何某ト申ス大力（ダイリキ）ノ大男來リ何卒弟子入リ仕リ度ク由（ヨシ）申シ込ム先生承知ニテ五六席（キ）モ稽古仕リ何卒先生□御手際（テキハ）拝見（ン）

仕リ度ク由（ヨシ）申テ胸クラヲ持ツ彼是（カレコレ）スル内ニヲテコ投（ナゲ）ラレテ稽古場ノ腰板破レテ外（ソト）ヱ顔（カヲ）ヲ出（イダ）スヲテコ恐レテ平（　イ）伏（　ク）スル有慶申サルハ中々此方ノ力（チカラ）ニテハ腰板不レ破矢張（ヤハリ）貴殿（キテン）ノ力（チカラ）也ト申スヲテコ悉ク随（スイ）心シテ修行致（イタス）ト也

一　アル時有慶両國邉（ヘン）ニテ繪（ヱ）屋（ヤ）ノ見世（ミセ）先（サキ）ニ立錦（ニシキ）繪（ヱ）ヲ見（　ン）物（　ツ）致シ居處摺（スリ）ノ賊（ソク）來リ有慶先生ノ懐中（クハイチウ）ヱ手ヲ入レ紙入ヲ取ントスル處右ノ手ニテチョイト手首ヲ持テ一向ニ不（ラス）レ拘（カヽハ）見物シテ居ル賊ハ色々手ヲモカントスレ共一向不（ス）レ取（トレ）良（ヤヤ）有リテ摺（スリ）ノ顔ヲ見テ汝（ナンシ）ハ憎（ニク）キ者也我レ上方ヨリ参（マイ）リ當地馴（ナレ）ヌ者也夫ヲ摺ラントハ憎（ニク）キ者也是非私宅ヱ迄参レトテ其（　ノ）儘（マヽ）引（ヒ）クニ唯小兒（シヤウニ）ヲ引ク如ク摺リ色々スレ共術（ジユツ）計（バカリ）故（ユヱ）不レ叶シテ何ノ苦（ク）モナク住宅ヱ引込（ン）テ夫ヨリ段（タン）ヽト摺（スリ）ノ業ヲ悉ク教訓（キヨクン）シテ誡（イマシ）メテ併（シカシ）我カ懐中ヲ心掛タル故懐中ノ金子ハ不レ残呉（クレ）ル也トテ一歩二朱有リ合（ヤイ）タリ被（ラレ）レ

呉（クレ）其上ニ汝ハ酒ヲ呑カト尋ラルレハ少々被（サル）レ下（　タ）由申故向フノ酒屋ヱ摺リニ通（カヨイ）ヲ為レ持酒ヲ取寄セ自分モ呑ミ摺ニモ為レ呑返サレケル

一　有慶先生ノ門人ニ八木宗安相弟子三四人申談（ダン）シ何卒先生ヲ呼（ヨヒ）寄（ヨ）セ入リ口ノ戸ヲ入ル處ニテ韜（シナイ）ヲ以頭ヲ一ツ打テ見（ミ）ントテ申合（アハセ）ル併此先生ハ無類（ムルイ）ノ名達一向ニ手ニ不（ス）レ合（アハ）八畳（チヤウ）間（マ）ニテ廻リヲ建（タテ）切リ三四人シテトラヱントスルニ手ニ不（ス）レ合（アハ）色々外（ハツ）レテ稲妻（イナツマ）蜻蛉（カケロフ）ノ如ク適（タマ々）トラヱレハ存外（ゾンクハイ）ニ投（ナケ）ラレテ手ニ不レ合又宗安居宅ノ入口ノ溝（ミソ）ニ厚（アッサ）サ三寸ノ小橋有リ先生前ヲ通（トフ）ル節（セツ）宗安居（イ）ルカト申シテ橋（ハシ）ヲ竹杖（タケツヱ）ニテ突（ツカ）レルニカン々々ト音（子）出（イツ）ル其間似（マ子）シテ人々突（ツキ）見（ミ）ルニトン々々ト申スケ様ノ先生故中々六ツケ敷（シク）乍（ナガラ）レ去（サリ）先生呼（ヨヒ）ニ可（　シ）レ参ルトテ罷越シ先生今（　ン）晩（バン）宗安宅ニテ御酒一ツ差（サシ）上（　ケ）度（　ク）何卒御出（　テ）可（　ク）レ被レ下ト申シ上ル忝（カタシケナシ）トテ承知也人（ヒト）々申（　シ）

合（アハセ）シ入口ノクヽリ戸ノ内ニ韜（シナイ）ヲ構（カマヱ）テ待（マチ）居ル先生杖（ツヱ）ヲツキテ來（ク）ル戸ヲ明（ア）ケテ入ル處ヲ打ケレハ先生外（ソト）ニテ笑（ワロフ）テ我ヲ打（ウタ）ントテスウ々ト息（イキ）ヲ込（コム）テ居（イル）音（ヲト）三丁先（サキ）ヨリ聞（キコ）ユルト被ㇾ申ケル何（イツレ）モ驚（オトロイ）テ打タル物ヲ見レハ杖（ツヱ）ノ先（　キ）ニ頭（ズ）巾（キン）ヲ掛（カケ）テ入ラレシト也夫ヨリ笑（ワロフ）テ内ニ入リ酒宴（シウヱン）シテ物語ト也

一　有慶先生下野壬生（ミフ）之城主鳥井丹州侯御師範ニ罷出イツモ藁草履（ワラソフリ）ヲ玄関（ゲンクハ）ノ真（　ン）中（　カ）ヨリ上リシト也夏ノ頃（コロ）サイミノ帷子（カタヒラ）ヲ着（チヤク）サレ沸（アセ）シミテ句ヒ殊（コト）ノ外（　カ）悪（ア）シヽ鳥井公ノ近臣（シン）ヨリ申シ上縮（チヽミ）ノ御紋付帷子一重御廣蓋ニ入レテ被（サル）ㇾ下處難（　ク）ㇾ有旨御請申上次ノ間ヱ下（サカ）リ右帷子一ツ着シ下着（シタギ）ハ御預（アツケ）申上ルトテ御近臣ヱ渡ス先（セン）ノ着（チヤク）ノサイミノ帷子ヲマルケテ屏風ノ間（タ）ヱ押（オシ）込テ置（　キ）又御前ヱ出色々申上テ歸（カヘ）ル翌日鳥井公ニテ屏風ノ間（　タ）ヨリサイミノ帷子出ル故是ハ先生ノ

着物（キモノ）成リトテ洗（セン）ダクシテ先生方ヱ使ニ為レ持被（サル）レ遣（ツカハ）先生是ハ御丁寧（テイネイ）ト挨拶（アイサツ）シ御（ヲ）中間（チウケン）ヱデモ被（サレテ）レ遣（ツカハ）宜敷（ヨロシキ）ニト申シ折節（オリフシ）物（ノ）貰（モライ）参ル故御使ノ目前ニテ遣（ツカハ）ス誠ニ無欲（ムヨク）ノ先生也生涯（シヨフカイ）着（キ）物（モノ）ハ折々鳥井公ヨリ被レ下シト也

一　有時有慶先生筑後久留米（クルメ）ノ太守（タイシユ）有馬玄蕃公ヱ被（サル）レ召（メ）故（ユヱ）罷出ル時（キ）御取（リ）次（キ）ノ人（ト）先（キ）立（ダチ）シテ行ク其跡ニ附（ツイテ）行ク御間（マ）境（サカイ）ニテ唐紙（カラカミ）ノ陰ヨリ大（ダイ）力（キ）ノ大男左右ヨリ組附（クミツク）ヲ左ノ人ヲ右ヱ投右ノ人ヲ左ヱ投テ下ニ居テ何（イツ）レヱ通（トフ）リ□ス事ト申ス大守御（ン）透（スキ）見（ミ）ニテ御感（カン）心（ン）ニテ五百石□御抅（カ、イ）被（レ）レ成度（ク）段（ン）被（サル）二仰（オ、セ）出（イタ）一有慶申シケルハ業（ワサ）ヲ御覧（ゴラン）前（ヱ）ナラ五百石ニテ御請仕ル御覧（ラン）ノ上（ウヱ）ハ千石ナラ兎（ト）モ角（カク）モ御免（ン）ノ由（ヨシ）申上ル故御抅（カ、イ）ニ不レ成

一　有慶先生ノ相弟子ニ小野（オノ）澤（サワ）勘助トテ大器（キ）用ノ先生有リ此人住（テ）器用（ニ）起倒流ヲ取リ崩（クッシ）花ヤカナル事共仕出（シダ）シ今（イマ）ニ其ノ除（ヨ）フウ少（シ）殘ルト也子此先生ノ弟子三人申談シ何卒人ヲ投（ナゲ）テ見（ミ）度（タク）トテ吉原邉（ヘン）ヱ參（マイ）リ色々人物（ジンブツ）ヲ見立（ミタテ）レ共或（アルイハ）尖（スルト）クテ危（アヤウ）ク故虚敷（ムナシク）カヱリケル其ノ道上野山下車坂邉ニ老人一人小田原提灯ヲ持（モチ）堀（ホリ）ヱ小便（ン）ヲ致居ル故是（レ）社（コソ）ト存（ゾン）シ後（ウシロ）ヨリ掛（カヽ）ル處ヲ彼（カノ）老人小便シナガラ身ヲヒ子リケレバ堀（ホリ）ヱ真逆（マッサカサ）ニ彼（レ）投（ナケ）込（コマ）跡（ト）二人（ン）同ク掛（カヽ）ルト身ヲヒ子リ二人（ン）共堀（ホリ）ヱ被投込彼（ノ）老人小便（ン）ヲ仕（シ）舞（マイ）提灯ヲアケテ短刀（タントフ）ヲ抜（ヌ）キ汝等（ナンシラ）ハ悪（ニク）キ者也老人（ン）ヲ堀（ホリ）ヱ投（ナケ）込（コ）モフトハ返（カエス）々悪（ニクキ）者也命（イノチ）ヲ取（ト）ロフカ助（タスケ）ヨフカト申テ提灯ニテ顔（カオ）ヲ見（ミ）ント申ス三人（ン）ノ者共恐テ水中（ウ）ニ蟄（チツ）シテ居ル老人先（マ）ス此度（ヒ）ハ命ヲ助ケ遣（ツカワ）スト申テ返リケル翌日（ヨクジツ）有慶先生小野澤勘助方ヱ參リ勘助ヲリヤ

ルカ昨夜（サクヤ）爰（コヽ）ノ弟子デアツタロフ車坂ニテ小便ヲ致居ル處ヲ後（ウシロ）ヨリ無（ム）闇（ヤミ）ニ掛（カヽツ）テヒトリデ二三人（　ン）共堀ヱコケ落（オチ）タ悪（ニク）キ者也大方（ヲヽカタ）爰（コヽ）ノ弟子デアツタロフト申ス三人（　ン）者（モノ）顔（カヲ）ヲ見（ミ）合（アハセ）荒ヲソロシヤ有慶先生デアツタモノト恐ケリ

一　アル時有慶先生神田明神下ヲ通ル節人（ト）々夫レ御隠居（インキヨ）病犬（ヒヨウゲン）ト申声（コヱ）諸共（モロトモ）ニ左ノ方ヨリワツト云（イヽ）テ食（クイ）付（ツク）ヲイツノ間（マ）ニカ左ノ足ヲ上ケ右ノ杖（ツヱ）ヲ左ヱ廻（マワ）シ犬（イヌ）ヲ余（ヨケ）右ノ手ニテ扇子抜（ヌキ）持（モチ）テ犬ノ口（クチ）ヱ突込（ツキコミ）ケル是ハ人（ヒト）々ノ為（タメ）トテグツト突込（ツキコミ）ケレハ犬ハ死（シ）ス奇妙ノ術也

一　有慶先生及（ヒ）二老年ニ一段々耳（ミヽ）モ遠（トフク）成ルアル時牛込神楽坂ニテ後（ウシロ）ヨリ御旗（ハタ）本被（ラレ）レ参（マイ）先徒（サキガチ）ホフ々ト声ヲ掛（カケ）レ共耳（ミヽ）遠（トフ）クテ不（エス）レ聞（キコ）故不（ス）レ除（ヨケ）先徒タマリ兼テ後（ウ

シロ）ヨリ突（ツキ）放（ハナス）ト有慶先生身ヲグルリト廻（マワ）ルト先徒ハ坂下（サカジタ）ヱ真（ツ）逆ニ倒レル有慶ヲ、アフノゴサルト申ス

一　有慶先生ハ誠ニ無欲（ムヨク）ノ人ニテ少モ邪氣（シヤギ）ナシアル時弟子ノ内ニ三千石取リノ御旗本何某ト申人稽古ニ被（レ）参先生食（ショク）事（シ）ヲ致シ被（ル）居ヌカ味噌（ミソ）漬（ツケ）ノ茄子（ナス）ヲタベテ被（ラ）居（イ）レシガ御旗本取（トリ）合（アワセ）被（サル）申（モフ）先生誠ニヌカ味噌漬ハ結構（ケツコウ）ト私モ好物（コウブツ）ノ由被（ル）申先生御好物ナラ可（ベシ）被（ラル）召（メシ）上（アケ）ト申テ香物鉢ヲ御旗本ノ前ヱ差（サス）出ス是非ト申故御旗本先生ノ邪氣（シヤギ）無キ由ヲ能存居故更（サラ）ハトテクハレケル是ハ結構（ケツコウ）ト挨拶（アイサツ）被（サル）致（イタ）先生宜（ヨロシク）ハ臺（ダイ）所（ロ）ノ桶（ヲケ）ニ澤（タク）山ニ漬（ツケ）込（コ）ンテ仍（ヨッテ）有（アル）ニ取（トリ）出（イタ）シ可（ベシ）被（ラル）召（メシ）上（アケ）ト強テ被（ル）申故先生ノ意（イ）ヲ難（カタク）破（ヤフリ）無據三千石取ノ御旗本ヌカ味噌桶ヱ手ヲ入レテ取（リ）出シタベラレケル是（レ）先生ノ徳（ク）也

一　有慶先生段々及（ヲヨヒ）二老年一ニ有ル時門弟中ヱ被（レ）レ申ケルハ私病（ヒヨフ）死（シ）仕（ツカマツリ）ナバ御一流（トフ）追（イ）善（ン）可レ被レ下哉ト被（サル）レ申一度ニ夫ハ急度仕ル由申ス更（サラハ）死（シヽ）テヨリハ今ニ存（ン）命ノ内ニ何卒駒込吉詳寺ニテ追善可（ク）レ被レ下ト頼ミ故皆一度ニ申合（セ）於二吉詳寺一追善有リ先生仏段ノ前ニ居テ僧数多（アマタ）寄（ヨ）テ経（キフ）ヲヨミ終（ヲハ）リテ弟子中順（ン）ヲ正（タヽ）シリテ焼香シ菓子抔ヲ出シ終（ヲワル）世話人ヨリ先生ヱ此度之御追善門弟中ヨリ寄（ヨリ）集（アツマ）リノ金子諸入用仕リ跡五両余（アマ）リ此金子先ツ先生御持参可レ被レ成ト申ス先生請（ケ）取（トリ）彼是（カレコレ）スル内ニ不レ見ヤアレ先生ハ早（ヤ）御歸（カヘ）リト人々跡ヨリ出ル處向フノ料理茶屋ヨリ呼（ヨヒ）掛（カ）ケ唯今先生金子五両ヲ置キテ跡ヨリ追々弟子中参ル間（アイタ）何ニテモタベサセテ可レ被レ下ト申テ御歸リ也夫故御料理ノ手當仕ル由申ス何（イツレ）茂無レ攄食（ショク）事（シ）シテ歸（カヘ）リケリ

一　有慶先生ハ無（ム）類（ルイ）ノ人ニテ誠無（ム）貪（トン）着（シヤク）也住宅ノ南ノ方ノ壁（カベ）ヲ夏ハ棒（ホフ）ニテ突（ツキ）落（ヲト）ス弟子中先生是ハ如何ト尋ヌレハ風入リ悪敷故ト申サレ又

冬ニ成ルト寒（サムク）故（ユヱ）弟子中ヱヲマイ方カヽテ此壁ヲ付テ呉レト申サレケルケ様ノ事毎年也八十二才ニテ死去也男ハ中男中肉ニテ無類ノ先生也噺モ数多（アマタ）有レ共先ツ略ス

一　鈴木政右衛門潜（ヱン）龍（リユウ）齊重（シケ）峯（ミ子）若（ワカ）名（ナ）ハ伴蔵ト申ス此先生ハ公儀ノ御徒方ニテ有慶先生ノ弟子ニテ別ニ師範也此先生ハ元（　ン）來力（リキ）料（リヨウ）モ有リ大（　イ）丈夫ノ人ニテ目形（カタ）モ二拾貫目有リ中男ニテ太（フト）リ勝ノ方殘（ノコリ）合（ヤイ）ノ時ハ躰ノ目形四拾貫目計ニシテ取ルト申サレル至テ氣ヲ強ク遣（ツコ）フ事ニ妙ヲ得タリ少シ強（ゴフ）勇ノ方也

一　町ニテ稽古場拵（コシラヱ）弟子中ヲ集メ稽古被レ致シカトナリハ仕事（シコト）師（シ）ノ頭（カシラ）ニテ弟子中ノ内（　チ）子共□ガワルサヲ致シタトテトナリノ頭（カシラ）氣（キ）追（ヲイ）掛（カヽ）リテ参リ先生ヲ相（　イ）手ニシテ無（ム）闇（ヤミ）ニ組（クミ）掛（カヽ）ル故先生被レ投ル處境ノ壁（カベ）破（ヤブ）レテ自分（ン）ノ宅ノ水タメ桶ノ中ヱアヲノキニ落ル夫（ソレ）ヨリ仕（シ）事（ゴト）師（シ）共百人（　ン）計モ集（アツマ）リ先生方ヱ飛（トヒ）

口（クチ）ヲ以一事（イチジ）ニ押（オシ）込（コム）先生刀（カタナ）ノ柄（ツカ）ニ手ヲ掛ケニラミ留（トメ）タルト申ス夫ヨリ町内ノ者共中（ナカ）挨拶（アイサツ）シテ事（コト）濟（スミ）仕ル

一　アル時政右衛門先生本所金（キン）シ堀（ホリ）住宅ノ近邉ヲ夜（ヨル）着（キ）流（ナカシ）一刀（イットフ）ニテ豆蔵（マメソウ）頭巾（ズキン）ヲカムリ小田原提灯ヲ手ニ持被（レル）㆑行（ユカ）處跡ヨリ士三人連ニテ來リ先生ノ提灯明（アカ）リヲ借（カリ）テキナガラ色々ジヨタンヲ申ス我（ワレ）等（ラ）ノ行（ユキ）方ヱ参ル宜敷（ヨロシキ）提灯持（　チ）抔（ナド）ト申テ色々ト餘（アマ）リ緩怠（クハンタイ）ヲヲ申故四五丁モ行キテ手ヲ振リ上テ振（フリ）歸（カヱ）レハ三人共不（ス）㆑思（ヲモワ）二三間（ケン）下（サカ）リテアオノキニ倒レケル中ニ一人豆府屋ノ見（ミ）世（セ）ヱ倒（タヲレ）込（コミ）豆府桶ノ中ヱ倒レテ桶コワレテ水ハ流レ中ノ豆府ハ皆損（ソン）シテ豆府屋殊（コト）ノ外怒（イカツ）テ是非桶ト豆府ト弁（ワキマ）ヱト申ス無㆑據右ノ價（アタイ）ヲ置キ三人ノ面（メン）々我々ハ柔術ヲ知ヌ故ヒドキメニ合（アイ）困タ何卒鈴木政右衛門方ヱ弟子入致度トテ政右衛門先生ヱ申込（コム）先生承知ニテ度々稽古ニ参ル後（ノチ）ニ噺（ハナシ）ケル□我々ハ先生此邉ニテコワキメニ合（アイ）五尺

余（アマ）リノ親父（ヲヤジ）豆蔵頭巾ヲカブリ着流ニテ帯刀（タイトフ）モ不（ス）レ分（ワカラ）小田原提灯ニテ先キヱ行ク故ニ其提灯ヲ借リナカラ色々トジフタン申處豆府屋ノ前ニテ振リ歸（カヱ）リタル時其丈（タケ）一丈余（アマ）リニ成リテ白眼（ニラミ）付ラレテ不レ思三間（ケン）計下（サカ）リテ倒レタリアノ手ニテ打タレタラ氣（キ）絶（セツ）可（ベシ）レ仕（ル）天狗カト怪（アヤ）シム計也ト申ス

（中略）

一　伴治郎先子アル時本所立川筋ヲ通リシ時十三才計ノ子ガ四才計ノ子ヲ背（セナ）ニヲブテ川ヱ落テ水ヲ呑ミダブ々ト苦（クルシ）ミ居ル人々アレヨ々ト申シタ計（バカリ）先生是ヲ見テ股（モヽ）立（タチ）ヲ高ク挟ミテ雪駄（セッタ）ヲ後ノ帯ニ挟ミテ飛込彼子共両人ヲ引上ケ助（タス）ケ遣（ツカワ）ス親（オヤ）共大（タイ）悦（エツ）艮（ソツ）刻（コク）御禮ニ参ル百（ヒヤ）姓（シヨウ）ノ事故時ノ茄子（ナス）瓜（ウリ）西瓜（スイクハ）等大籠ニ入レテ持参（ジユサン）仕リ誠ニ今日ハ先生ノ御顗（カケ）ヲ以子共両人ノ命助（タスカリ）重々難レ有仕合是ハ餘リ軽（　イ）少ノ品ナレ共取アヱス進献仕ル又追ツ而

御禮可レ仕ト申テ厚ク禮ヲ申ス伴治郎先生逢（アフ）對（タイ）シテ懇（ネンコロノ）段（タン）忝（カタシケナ）ク由申テ併此（ノ）禮ノ品物（シナモノ）ハ難（カタク）レ請（ウケ）トテ返サレシガ百姓申ハ余リノ軽少故左様（ヨフ）ニ被二仰（ヲヽ　）下一ハ御尤也ト申ス先生申ハ非レ左ニ今日ノ子共ノ助（タスケ）方甚タマズシ苦（クルシミ）ヲ見テ股立ヲ取リ雪駄ヲ挟ミスル事川深クシテ皆（ミナ）濡（ヌ）レタレ共イツタイマズシ我ガ子ナラハ其（ソノ）儘（マヽ）飛（トヒ）込（コム）ニ人ノ子ト我（ガ）子ト隔（ヘタテ）ル事甚タ耻（ハヂ）ガハシク存ル依テ禮ハ難（　シ）レ請（　ケ）乍（ナカラ）レ去（サリ）折（セツ）角（カク）ノ志（コヽロサシ）故茄子（ナス）ヲ少々貰ヒ跡彼レ返ケル百姓甚恐レ入テ歸リケリ

第三章

松野女之助

一七?? ―不明

弓術・手裏剣術

小山宇八郎

一七?? ―不明

弓術・無住心剣術

松野女之助、小山宇八郎兄弟

日本の武術史のなかで一般に広く知られている武術の名人、達人以外に、思いがけない遣い手が隠れているものである。駿州田中藩（現在の静岡県藤枝市）は、かつて「東海道の文武の関所」と言われたほど、学問においても武術においても高名な人物が輩出したということだが、本章で紹介するのは、兄弟で弓術や剣術に飛び抜けた才能を発揮した松野女之助《まつのめのすけ》源直方と、小山宇八郎《こやまうはちろう》源重之の兄弟である。

この松野女之助と小山宇八郎の兄弟はともに弓の名人であったようで、駿州の田中藩と、藩士などの逸話をまとめた『田中葵真澄鏡』※にも、その息を呑むような逸話がいくつか収められている。

ではまず、兄の松野女之助直方の旅のエピソードから紹介しよう。

安永二年（一七七三）の五月、女之助が江戸から本国である田中藩に戻る旅の途中、虚無僧の姿で日本坂を通り過ぎたときのことだ。

徳川幕府は基本的に武士以外が武術を学ぶことを禁止していたが、家康のお膝元であった駿州、遠江、三河などは農民町人に至るまで弓を引くことを許されており、「三河の張弓・遠江の裸弓・駿河の帒弓（袋弓）」と言われるほど盛んだった。これは何を意味するかというと、「三河では庶民でも弦を張ったままの弓を持ち歩くことができ、遠江では弦を張ることは許されなかったが、むき出しの弓を持っていても咎められず、駿河では袋に入れていれば弓を持ち歩けた」ということのようだ。

そうした土地柄もあったのだろう、女之助は数十人が集まって弓で的を射ることを試みているところに出くわした。そこで女之助は、しばらく休憩してこの様子を眺めながら旅の疲れをとることにした。

暫くすると、その集まりの頭らしい者がやって来て、

「旅のお方、弓矢の道にかなりの関心をお持ちとお見受けいたしました。せっかくですので、一矢、お慰みにはなってみてはいただけませんでしょうか」と声をかけてきた。

女之助は少し微笑んで、

「私は幼い頃、ほんの少し手ほどきを受けただけです。とても恥ずかしくて、お見せできるものではありません。しかし、折角お申し出いただいたので、一矢、拝借します」

と答えて、弓を引き絞り、矢を放った。すると矢は、矢止めの垜《あずち》（土手のこと）も外れて、遠くの竹藪のなかへ飛び込んでしまった。

女之助は、

「これは面目ない。どうか、御矢を探しに行かれてください」

とその場を足に任せて急ぎ立ち去った。

後に残された人々の間で、「あの弓の勢いはただ者ではない」と各自とりどりの噂になり、若者達が薮のなかへ入って探してみると、

「その矢八九寸もまわる破竹を五本射抜き、次の竹に篦《の》深く射込まれたり」

と原文にあるから、なんと周囲が八、九寸（24〜27センチ、直径がおよそ三寸・約9センチ）もある破竹（真竹に似た竹の一種、淡竹とも書く）を五本も貫通し、六本目の竹に深く突き刺さって止まっていたのである。

『田中葵真澄鏡』では、この強弓振りから、後にちょうどその頃田中藩で屈指の弓の名手と言われた松野女之助であったことが知られるようになったと記された上で、

「げにや、徳田代七より弓術、竹林の秘訣を授かりたる一人なれば、さもあるべし」

つまり「誠に徳田代七から　弓術竹林派の秘訣を授かった一人であるから、このようなこともあるだろう」とある。ここからも女之助が、弟の小山宇八郎と同じく徳田代七に日置《へき》流竹林派弓術の秘伝を授かった一人であったことが分かる。

ところで、この逸話にはいささか奇異に感じるところがある。

それは女之助がれっきとした田中藩の藩士でありながら、虚無僧姿でいたことである。

当時、虚無僧というのは、特殊な身分であり特典もいろいろあって、それだけに、みだりに虚無僧の姿をすることはかなり厳しく禁じられていたはずである。また、一矢勧められたことに対して微笑したというが、虚無僧は、よほどのことがなければ天蓋《てんがい》という、あの被り物をとってはならないはずだから、笑顔が見えるというのは、あまり納得がいかない。ただ、江戸時代は場所により、状況によってかなり差があり、他の場所ではきつく罰せられることも、地域によっては見逃されていたようだから、こういうこともあったのかもしれない。

また、昭和六年に刊行された『田中藩史譚』を現代語に訳した池谷盈進著『現代語訳田中藩史譚』(一九九四年刊)によれば、女之助がこの日本坂で矢を竹薮のなかに射込んだ際に「人々は笑いながら彼を見送り……」とあるから、『田中葵真澄鏡』にある「あとにてその弓勢ただ者にあらず」という雰囲気とかなり違っている。

※以下、特に記載のある場合を除き、ここで紹介するエピソードはすべて同書に拠る。

旗本の武士との矢ためし

同じ年の秋、女之助がある弓作り職人の許へ弓を作りに出かけたところ、ちょうどその頃、徳川家直参の旗本と思われる武士が、この弓作り職人に強い弓を作らせに来ていた。話の流れで、

「ともに打ち合い、矢ためしにせんと」

と矢試しをすることになり、厚さ六寸（約18センチ）の槻《つき》（つまり欅《けやき》）の厚板を的に立ち向うこととなった。これほど分厚い欅板であるから、とんでもない頑丈さであったはずだ。以下その様子を書いた原文から見ていこう。

「ここにおいて、双方礼儀終りて、先客先きに進み、寸弓をひきしぼり、一矢あやまたず発しけるが裏かかず。女之助、その弓勢を感賞して、張りの弱き六分に足らざるに弦はりかけ、切ってはなつに違いなく厚板を射ぬきたり。弓工、大いに感じて双方に酒肴を振り舞いける」

意訳をすると、お互いに一礼し、まずは旗本が進み出て寸弓というから、弓の握りの辺りの厚さが一寸（約3センチ）の強弓を引き絞り、矢を放った。その矢は見事的に当たったが、板を突き抜けることはなかった。

女之助は、その弓の勢いを褒め讃え、次に自分は旗本の弓よりずっと薄い、厚さ六分（約1・8センチ）に足りないくらいの弱い弓を持ち、矢を放った。すると今度は、その矢が分厚い槻の板を突き抜けた。それを見た弓作りの職人は大変喜んで、二人に酒と肴を振る舞ったという。

現代で多少なりとも弓を嗜む者は、これを読んだらとても本気で信じることはできないだろう。まあ二寸、特別に考えても三寸の厚みなら鏃《やじり》が板を貫くことがあるかも知れないが、六寸（約18センチ）とはあまりにも常識破りな厚さである。

これだけでも女之助の弓の技前が恐るべきものであったことが分かるが、次に紹介するエピソードは生身の体から発する手裏剣のものであるだけに、その内容は驚嘆に値するものだ。

他に例を見ない手裏剣の貫通力

この話はどこかの山中で女之助が木樵と諍《いさか》いを起こしたことから始まる。

「さてまた、その以前、いづれの山中にや、杣の者といささかの争い大いに募のり、松野も今は堪忍いたされず、杣人の背負いたる板の四寸厚なる後より心して打ちたる手裏剣。いささか裏をかかせけるに、元々下人の事とて、恐れ震い平伏す」

意訳すると、先に紹介した弓による驚くべきエピソードが知られる以前、どこかの山中で女之助が恐らくは些細なことから木樵と言い争いになったのだろう。そして、その木樵が強情で、謝りもせず立ち去ろうとしたのに怒った女之助が、木樵の背負っていた四寸の厚さの板に向かって手裏剣を打ち込んだのである。

すると、とても現代の常識では信じられないが、女之助の打った手裏剣は、その厚板を貫いて切先が少しばかり裏まで抜け、おそらくは木樵の背中をチクリと刺したのだろう。そのあまりの威力に木樵は恐れ慄《おのの》いて、土下座して謝ったようである。

これが四分（1・2センチ）であれば当たり前だろうが、その十倍の約12センチの厚さといえば、現在の民家に使われている三寸の柱よりもまだ厚みがある。材質は杉か檜であったのだろうとは思うが、弓ではなく直接身体から打ち出される手裏剣で、四寸の厚みがある板を貫くというのは常識をはるかに越えた技術である。

なにしろ短刀形の鎧通しのような丈夫な手裏剣であったとしても、これを厚板に打ち込むには一貫目（3・75センチ）の鍛冶屋用の大槌で釘を打つように打ち込んでも、一撃で貫くのは難しいほどだからである。

しかし、ここで驚くのはまだ早いようだ。この先を読むとさらに驚かされる。

「女之助、打ち笑い勘弁して、杣の背より下ろしたる板に、また手裏剣打ちつけ見せけるに、裏をかくこと三四寸。最初かくの如く打ちなば、空しく一命を失わんに、心あって打ちたる女之助の手並天晴れともいうべし」

女之助は驚いて平伏、土下座した木樵を見て心が晴れたのか笑って許してやり、木樵が背から下ろしていたその板に向かっていま一度手裏剣を打ちつけて見せると、今度はその四寸の厚板を剣が貫いて切先が三、四寸も裏に抜けてしまったというのだ。

もし、女之助が最初からその勢いをもって打てば、木樵はそこで一命を失なっていただろう。

最初は木樵に殺さぬよう、ただ木樵のド胆を抜くようわずかに切先が出る程度に威力を調節して手裏剣を打ったということであろう、この女之助の手並はまことに驚かされる。

厚板までの距離はおそらくは二間（3・6メートル以内）程度であったと思われるし、手裏剣も近世に発達した針型、釘型といった飛行に適した形のものではなく、近間で貫通力のある短刀型か、短刀そのものであったと思われるが、それにしてもあまりにも凄まじい威力である。

武人としては粋な松野女之助

さて『田中葵真澄鏡』の女之助の項には、武人としては粋な女之助のエピソードが伝えられている。

それによれば安永六年（一七七七）の秋、八月（旧暦であるから、現在の九月か十月の初め）、ある九州の大名がその姫を高楼に上らせて、月が明るく照りわたるなか、琴を弾かせた。その音色の妙なること、まさに天女が降りてこられたと思うほどであったらしい。その琴の音に武勇で知られた女之助の心のなかの手綱も緩み、弓のことも忘れてしまうほど心を奪われてしまったようだ。そして、心の赴くまま、その音色に合わせて尺八を吹き始めた。

その様子を『田中葵真澄鏡』では、

「勇猛の直方、心の駒の手綱もゆるみ、弓を忘するるにいたる折こそ。何心なく尺八をもって音色を合わせけるに、同心とも再再制すれども聞き入れず。後には二十人の同勢、手に手に六尺棒を携え、取ってかかるを、直方、尺八を以って数十本の六尺棒を打ち落して、その場を去りける」

と伝えている。

なんと女之助は何度も尺八を吹くことを止めさせようとした警護の役人の制止に従わず、ついには手に六尺棒を持ち取り押さえようと打ちかかってきた二十人の同心を相手に、尺八一本で立ち向かい、この同心達のすべての棒を打ち落としその場を去ってしまったというのだ。

ここまで紹介してきた『田中葵真澄鏡』の松野女之助のエピソードは弓と手裏剣であったが、このエピソードの様子から見て、剣術の方も傑出していたと思われる。

後述するが弟の小山宇八郎が無住心剣術を小出切一雲の高弟・矢橋助六に学んで、桁外れた技が使えたようであるから、女之助も剣術の心得がないほうが不自然だろう。

しかし、このことは流石に問題となり、田中藩にも漏れ伝えられるところとなり、女之助は暇を出されることとなったという。女之助はすべて承知の上で、その処置に従ったようだ。

その辺りの事情を『田中葵真澄鏡』では、

「やがて尺八の罪を訴へ出て、九州へ送られけるとなん。その余は知らず」


と、女之助が後に九州へ送られ、消息を絶ったことが記されている。

じつに粋な話であり、主持ちの武士とは思えない行動に、私にとっても、いままで読んださまざまな剣客の武勇伝のなかでも特に印象深いもののひとつである。

松野女之助は虚無僧姿を好むなど、もともと世間の規範とは外れた価値観の持ち主だったと思われるだけに、詳しい伝記が遺っていないことは残念である。

小山宇八は、小山宇八郎

松野女之助の弟にあたる小山宇八郎の名前を私が初めて知ったのは、本書第四章に登場する白井亨義謙が、無住心剣術の影響を強く受けて書いた『天真録』（第四章で詳しく述べるが、この本の内容は小出切一雲が書いた『天真独露』をそのまま引用したものである）の巻末で、流祖夕雲について、さまざまに調査した結果を記した記録を読んだときであった。

以下、文章を引用すると、

「夕雲子は、本所牛嶋奥福寺にて寛文二卯年に卒し、虎伯和尚引導にて方寺に墓有と云、右二代目小山宇八物語なれども誤なるべし。奥福寺は黄蘗宗なり。虎伯は曹洞宗なれば、渋谷正雲寺の後の東福寺なるべし」

ここで初めて私は、小山宇八郎（『天真録』のなかでは宇八と書いている）の名前を目にしたのである。

ここでは、白井亨は夕雲の墓所について宇八郎の間違いを指摘しているのだが、それはともかくとして、文章からは宇八郎（宇八）が夕雲の高弟、あるいは夕雲に近い人物であったことが推察できる。しかし、『天真録』からはそれ以上のことは分からず、長くこの小山宇八という名前は私にとって謎の人物であった。

その宇八郎の正体が俄に判明したのは、拙著『剣の精神誌』の読者で、後にこの本が筑摩書房から文庫化される時に協力していただいた宇田川敦氏が、独自にさまざまな文献を調べられ『田中葵真澄鏡』を入手されたことから、「この小山宇八とは、駿州田中藩の小山宇八のことではないかと思われます」という情報を寄せて頂いたおかげであった。

『剣の精神誌』を出して驚いたのは、宇田川氏以外にもO氏やK氏という驚くほど古文献に詳しい読者が存在しているということである。特にO氏は武術史の専門家でも、これほどの人は稀と思うほど詳しい情報を持たれていて、その後協力を得たいと連絡をとったが、なぜか所在不明になってしまった。もし今回の本を読まれたらぜひご連絡いただきたい。

さて、この小山宇八郎とは如何なる人物であったかというと、冒頭に述べたように松野女之助の弟であり、剣は矢橋助六より無住心剣術の奥義を授かり、弓は徳田代七より日置《へき》流竹林派弓術の秘伝を得た人物であった。

その卓抜した技の様子は、松野女之助と同じく、田中藩の歴代の武術の達人を記録した『田中葵真澄鏡』に紹介されている。

『田中葵真澄鏡』自体は、明治になってから書かれたもののため、「剣術・弓術」を「剣道・弓道」としていたり、小出切空鈍を空純とするなど錯誤も見られるが、本書に記されていることは興味が尽きず、宇八郎の人となりと技術を窺い知ることができる。

その傑出した剣術の技倆

『田中葵真澄鏡』によると、宇八郎の高名に惹かれて、試合を申し込みにくる者が後を絶たなかったようだ。ただ宇八郎にとっては、それらの相手は木刀や鎗をもって相手をするほどのことではなく、その辺りにあった扇を手に取って立ち会い、すぐ様、相手の背後に回り込んで髷を掴んでトントンと打ったり、また、茣蓙《ござ》などでくるくると巻いてしまって手ぬぐいや帯で、その茣蓙の上を結んでしまって部屋を出て行ったりしていたようだ。相手は刀を振り下ろす暇もなく、ただただあっけにとられるばかりであったという。

原文ではこの様子を、

「重之、木刀または鐺など取って立ち向うまでもなく、そこにあり合う扇を以って立ち向い、すぐ様、敵の後に廻わり髪をつかみ、ほとほと打ち、また呉ざなどにて、くるくると押し巻き、手拭または帯にて引き結び、そこを退ぞく。敵は太刀を下すまもただあきれたるばかりなり」

と伝え、これを側で見ていても、宇八郎は俊敏に動いているわけではなく、ただ静々と歩み寄って相手しているだけだったという。また試合相手に尋ねてみると、

「旭光眼を射るごとく、その形を見る間もなく、かくはもてなされたりという」

つまり、朝日が目に入って眩しさの余り周りが見えなくなるように、宇八郎の姿を見る間もなく、そのように扱われてしまったということである。

この「旭光眼を射るがごとく」という宇八郎の様子については、無住心剣術の三代目真里谷円四郎の立ち会いの様子を、門人の川村弥五兵衛秀東が円四郎の言行録を伝書としてまとめた著書『中集』で、次のように説いている場面と重なり、興味深い。

「陽発の気生を見よ。朝日の出る所、陽発気生のあらはる々所なり、朝日の光りは、山に移るか、水に移るか見留めんとすれば、眼くらみて見る事なるべからず、吾流の敵に対して太刀を引上る所、陽発気生天理と等しくあらはる々所なれば、何ぞ我が面を見る事のなるべき、汎んや、太刀の下り落る所をや、他流の諸藝古今名人と云し人に、爰を見付たる語をいまだ聞かず、漸々月の光の水に移ろを見付たるや、諸流に水月と云ふ数の名あり月は陰光なれば見留る事、成り易し、其影の水に移ると云は、跡の事なり形の上を以て論ぜば、止水に移る月と、流水に移る月とは、先と後と有て同じかるべからず」

すなわち、

「陽から出る時の気の様子を見るが良い。朝日の出るところが即ち陽の気が現れるところである。朝日の光は、山に反射しているのか、水に反射しているのかを見極めようとして目を凝らしていると、光に目がくらんで、観ることができなくなってしまう。我々の流派（無住心剣術）において、敵に対して太刀を引き上げるところは、陽の気が自然の理と同じように発生するところであるから、どうしてそれを目を凝らしてみることができようか。太刀を下ろすところはなおさらである。他の流派で昔も今も名人と言われる人のなかで、このことを見つけたという話は未だ聞いたことがない。せいぜい、月の光が水面に映っているのを見つけているぐらいだろう。様々な流派に水月というような技の名前があるが、月の光は陰の光であるので、見つめることは簡単である。その月影が水に映るというのは、その後のことである。形の上でいえば、動かない（池や沼などの）水面に映った月と、川などの流れる水に映った月とでは、先と後があって、同じものとは言えないのである」

こう書き記した川村は、『中集』に先だってまとめた『前集』のなかで円四郎の兄弟弟子であり、小山宇八郎の師にあたる旗本の矢橋助六についても書いている。それによると、

「矢橋助六殿にも空鈍伝法之御沙汰なれ共、覚束無し」

すなわち、「矢橋助六殿にも空鈍から伝法の御沙汰を受けているはずであるが、なかなかおぼつかない」とかなり手厳しい評価を下している。ただし、『前集』において川村は、円四郎以外の一雲の門人はすべて「あまり使えない」と述べているから、この評価をそのまま鵜呑みにはできないだろう。なにしろ次の章で登場する幕末近くに出た天真兵法開祖白井亨は自著『天真録』のなかで、一雲の四人の高弟として、戸川内膳、阿部伊織、万里谷（真里谷）円四郎と共に矢橋助六の名を「元赤坂御門内、今番町、高六百石」とあげているので、矢橋が相当な遣い手ではあったことは間違いないと思われる。しかし、この後に続く『田中葵真澄鏡』のエピソードを読むと、小山宇八郎は師の矢橋助六よりも剣術の腕は上だったような気がする。

不意打ちにも余裕の対応

小山宇八郎は、弟子達は言うに及ばず、家族、下男、下女にいたるまで、

「何時にても木刀あるいは竹刀・杖・鉄・鞭の類を論ぜず、我が面体を打ちたる者へは、

相応の褒美とらすべしと、申し置けるにぞ」

と宣言していたという。つまり、夢想願立の開祖松林左馬助と同じように、「いついかなるときでも、木刀や竹刀、杖、鉄、鞭など道具は問わないので、私の面、身体を打てた者には、それ相応の褒美を取らせよう」ということだ。

この宇八郎の言葉に、何人もの者が宇八郎の隙を付けねらって様々な方法で挑んだが、何年もの間宇八郎は不覚をとることはなかったという。

そうした、〝なんとか宇八郎への不意打ちを成功させよう〟と隙を窺っていたなかの一人に、宇八郎の主君・普現公（本多正供、一七四六〜一七七七）もいたようだ。本多公は宇八郎の武技と人柄を喜びつつも度々宇八郎に挑戦したようで、その記録が遺っている。

ある時、本多公の呼び出しに応じた宇八郎が広間へ進み、「参上いたしました」と平伏し申し上げると、本多公は次の間の襖を近習に少し開けさせて、さらに宇八郎を招き寄せた。

宇八郎はその意に応えて頭を下げたまま進み出て首が襖の敷居にかかったところ、本多公がかねてから命じておいた近習が急に襖を閉めて宇八郎の首を挟もうとした。ところが、宇八郎に抜かりはなく敷居の溝に鉄扇を置いて、その鉄扇に手をついていたので、襖は鉄扇で止まり、首を挟まれることはなかった。本多公は笑って、「この計画は失敗だった」と仰ったという。

しかし本多公はなかなか諦めない性格だったようで、これ以外にも宇八郎に挑戦している。庭に作られた池のカキツバタが大変美しく咲き始めた頃、本多公は芝生に花見の席を作らせ、宇八郎もそこへ同席していた。そこで突然、本多公が宇八郎を池に突き落としたところ、流石の宇八郎も池に落ちた。

満願を果たして「どうだ」と得意の本多公に宇八郎は「恐れ入りました」と応えながら、「しかしながら、袴の裾を御覧ください」と言う。

この様子を原文では、

「またある時、御泉水の杜若、いと美しく咲き出てたる折柄、芝生に御座を設けさせ、重之もその場に伺候しける。公、突然重之を水中へ突き落し給いて、いかに、と仰せらるる。その時、重之、恐れ入り奉り候。さりながら御袴の裾をと申すにぞ。公、見給へば、コハいかに、小柄縫い付けありたり」

と伝えており、本田公が自分の袴の裾を見てみると、どうしたことか、そこには小柄が袴に刺さって地面に縫い付ける形になっていたのである。周りにいた人達は一様に、「いまに始まったことではない小山殿の早技ではあるが、今日はまた一段と凄まじく、驚いた」と語り合ったという。

この宇八郎の対応は、主君が練りに練って機会を狙って行ったであろう突然の仕掛けに対しても、十分余裕があり、躱せば躱し得たのだろう。しかし宇八郎は自分が身を躱すと主君が勢いあまって池に落ちる恐れがあったので、家臣の身として主君をそのような目に遭わせるわけにはいかないので、自分が池に落ち、その代わり、主君の不意打ちに「むざむざ落とされたわけではありません」という証拠に、主君の袴の裾に小柄を刺しておいたのだろう。

この宇八郎のエピソードとよく似たものが先の章で登場した夢想願立の開祖松林左馬助にもあり、あるいは武術の世界にはやはり昔から何かそうしたエピソードの型のようなものがあったのかもしれない。実際に明治以降の武術の達人と言われた人にも似たような話が見られる。

ただこれも松林の章で書いたように無住心剣術の二代目小出切一雲は、こうした妙技を『先師《せんし》夕雲《せきうん》并《ならびに》自分《じぶん》平法《へいほう》得悟《とくご》條々《じょうじょう》目録《もくろく》』のなかで「芸者之名ヲ取ル事元来武士の恥辱也ト云事ヲ知ベシ」と酷く嫌っている。

以下、やや長いがいかにも小出切一雲（空鈍）の性格を表している文章なのでここに紹介しておこう。こちらは章末の資料編に原文を載せてあるので、そちらも目を通していただきたい。

「芸者として行う代表的な技として、扇子や竹の一片をもって物陰から不意に打ちかかってくるのを、上手く外してみせることを兵法者の精妙な技として評価されることが昔も今も通例となっている。しかし、こうしたことはみな、名利に関わった心で行う、放下師（奇術師）や魔法を使う者となった証拠である。このような兵法者の日常の何気ないどうでもいいようなことでも、物に当たるを恥としてこれを外すことを自慢するため、天下（世の中）の人の心は「何とかして悪戯でも仕掛けて恥をかかせ、慢心しているところを失敗させてやろう」としたくなるものである。これはすなわち人の心根が天理に背いて暗くなっているので天下の人は皆僅かな時間でも己に向かうときは（自分を意識する時は）天狗になってしまうということである。これらは、ことごとく邪法であって、実理（実戦の理合）に遠いことである。親しい友人との会席の場などで冗談半分に不意打ちを躱してみせる、などということをやってみせる必要はない。たとえ百回狙われて、百回とも外すことができず、打たれたとしても、当流では恥ではない。

元来、当流では、そのような不意打ちを外すというようなことを心掛け、そうしたことができることを嗜みとしている訳ではない。もしも真剣で実際に自分を傷つけ、あるいは殺そうという思いを持った敵が現れたならば、どのような物陰から狙ってこようとも打たれる理はない。このようなことが自然と備わってくる修行の工夫が大切である。これが出来てくると、例えば自分を斬りつけようという心が敵に生じたならば、（襲われる）三日前から、それを感じ取る妙感も自然と備わってくるようになるものである。

寂然として動かない心のなかから天地を照らす明智を開き、すべての現象を脚下に見下ろし、八面玲瓏（どこもかしこも透き通って心に曇りやわだかまりがない状態）とした心となっていれば、目の前に来た物の真偽は直に見分けることができる。しかし、自分の真の心をどこかにやってしまい、実際に対応しなければならないことではない戯れごとに、その対応に追われてしまうことは、真実が分かっていない。うろたえた心で、たとえ不意打ちから身を躱すことができようと、褒められたことではまったくないのだ。

古今の名人達は、さまざまな神変不可思議な働きをみせて人々を驚かせているが、このような輩は実際に命を狙ってくる敵に会って、真剣でこられた時は、打ち殺されて、あたら犬死をした人が多いものである。これらは皆、邪道をもっぱら尊んで勤めてきたからで、正しい理を欺き、失ったところの罰が当たった印である。

当流の極意は「相打」でもない。もし私と同じようなところまできた者がいたのならば、皆々それは「相ヌケ」となるのである。「相ヌケ」とは、水と月とも「相ヌケ」である（月はただ水に映るだけで、水を害することはなく、水もただ月を映すだけで月を害することがない）。また、鏡同士を向き合わせても互いに互いを映し合うだけで「相ヌケ」である。総じて達人というのは天地の間にある森羅万象と、すべて「相ヌケ」をしているものである。「物は自然と物」「我は我」、この間にすべての先をとって、自然と勝つことが備わること、これが当流の意味である」

これを読めば明らかだだが、一雲は口をきわめて「不意打ちなど躱し得ても大したことではないし、そのような奇術めいたことができても意味はないのだ」と言っている。しかし、その一雲の孫弟子である小山宇八郎に、このような逸話があることは興味深いことである。この『先師夕雲并自分平法得悟條々目録』は、章末に抜粋して載せてあるので関心のある方はお読みいただきたい。

兜も射抜く宇八郎の弓勢

宇八郎は、剣術はもとより弓術も入神の域に達していたようだ。ここではその弓術に関するその神技的エピソードを紹介しよう。

宇八郎の弓の師・徳田代七の許へは新しい兜の矢試しが色々なところから持ち込まれてきていた。往時の弓術は射当てることはもちろん重要だが、その矢が貫通する威力があることが射当てることと同等に評価されていた。そうしたこともあり、それに対応する兜にも、それを防ぐ能力が必要であるとして盛んに矢試しが行われていたようで、弓の道場にはしばしばこうした依頼があったらしい。

矢の貫通力を重視する流派のなかでも、宇八郎が師徳田代七に就いて学んだ日置流は、実戦弓術としてよく知られ、「よく飛び、よく貫き、よく中《あた》る」ことを旨とする流派として名を馳せていた。

徳田は誰かから矢試しの依頼を受けると、必ず宇八郎を呼んで、その試しものの矢を射ることを命じていた。その際に宇八郎は、次に原文を紹介するように、いわゆる強弓を使わなかった。

「重之いうよう弓の分厚なるをもって射る時は、弓の力を借るなり。かかる試めし等の時は、一際弱きがよしとて、六分半にたらざるを用い、これを射るに兜の裏をかくこと、鉢付の外へ矢尻出てたり」

つまり、

「分厚い弓を使って射ると、これは弓の力を使って射ることになる。したがって、このような試しを行うときは、一段階弱い弓を使うのがよい」

と話し、実際に六分半に足りない（おそらく、厚さが2センチくらい）弓を使って矢を射ったという。これは、まず常識的な強さの弓というところだろう。

ところが、「これを射るに兜の裏をかくこと、鉢付の外へ矢尻出てたり」とあるように、宇八郎がこのたいして強くない弓で矢を射ると、その矢が兜の裏まで貫通して鉢付（錣《しころ》の一枚目）の外まで矢尻が飛び出していたというから、その凄まじい威力のほどが分かる。

こうしたことから、兜を作る甲冑師の間では大変恐れられていたようで、あちこちの武家から注文を受けた甲冑師が兜を造って納める時、「どちらかにこの兜の矢試しを依頼されるおつもりでしょうか」と尋ね、注文主に「徳田氏に頼むつもりだ」と言われると、震え上がって、「徳田先生の門人に、本田侯の御家来で小山宇八郎という人がいます。この人が一度矢を射るといかなる鉄で作ってあっても裏まで深く突き刺さらないことはなく、これを防ごうとすれば、鉄を相当分厚くしなければなりません。ただそうなると、今度はあまりに重く、頭にかぶるものとしては使えなくなってしまいます。ですから徳田様へは決して頼まないでください」と言ったという。

その後、宇八郎の年老いた母親が、長の病を患った際に、家の近くの竹薮の大竹が、昨年の大雪でたわむ癖がついており、それが夜風で擦れ合う音が大変物悲しく、気が滅入ってしまう。そのため母は、宇八郎を呼び寄せ「宇八よ、これをなんとかする方法はないものか」と訴えた（ここで母が宇八郎を「宇八」と略して呼んでいるところをみても、『天真録』にある小山宇八は小山宇八郎だと思う）。

すると宇八郎は、すぐに半弓（長弓の長さの四分の三程度の短い弓）を取り出し、竹藪へ一矢放つと、その音はぴたりと止んだという。夜が明けてからその矢を探してみると、ちょうど竹が擦れ合っているその間へ矢が深く刺さり、音が出ないようにしていたという。

このエピソードも夜中音を頼りに矢を射て、目的を果たすというところが、有名な源頼政の鵺《ヌエ》退治を思い起こさせて興味深い。

鉄の如き気丈な宇八郎の母

ここで宇八郎の母が登場しているが、流石は名人兄弟の母だけあって、ただ者ではなかったようだ。

ある時、宇八郎ほどの弓の名人がどうしたことか早気の癖が生じてしまった。早気《はやけ》とは、弓術で弓を引絞って、矢尺まで十分に引いて、ピタリと止まる「会」に入った時、自分の意志に反して本来、矢を射離すべき時期に至る以前に、手が弦を引いて保っていられなくなり、勝手に離してしまうことで、弓術の代表的な病癖のひとつである。古来から射手がこの病にかかって、何とかこれを抜け出そうとして苦労した話は色々と知られている。

例えば殿様から拝領した着物に向かって弓を引き、これを矢で傷つけることは恐れ多いので、何とか弓を引いたまま保っていられるだろうと思ったが、射離してしまい、最後には我が子の頭に的を載せ、もし我が子を殺してしまったら、その場で自分も自害する覚悟で行い、ようやくこの早気の病から抜けたという話などがある。ここで紹介する宇八郎のエピソードもこれに似ていて興味深い。

宇八郎の母はこの事の重大さに大変心を痛め、神仏に願をかけて一心に祈っていたが、なかなかその霊験は現れない。そこで、「それでは」と一計を案じた。

ある日、母は宇八郎の弓の稽古場の外にこっそりと近寄った。そうとは知らない宇八郎は、弓を引き絞って今まさに射放そうとするその矢の前に、老母は両手を広げて飛び出した。ハッと驚いた宇八郎は、矢を射放さないように弦をぐっと抱え込んだ。そして、この母の捨身の行動がきっかけで早気の病から解放されたのである。

以来、宇八郎の弓の腕前は、夢から覚めたように元に戻り、母親の喜びも大変大きかった。

この宇八郎の弓の前に飛び出した時の母の姿がまた凄い。結い上げた髪を下ろして乱髪にし、白衣を纏った死に装束であったというのだ。これは万が一、宇八郎が母を射殺した際に、「早気の癖を病んだ乱心によるものだ」と世間に誤解されることを恐れての配慮であり、その女傑ぶりがよく分かる。

これだけでも凄まじい気概を持った母であることが分かるが、さらに凄いのはその後日談だ。

宇八郎の早気の癖が治まってしばらくすると、母は宇八郎を呼び出して、

「いかにそも、かばかりのやさしき事にて治るならば、なぜにとく鎮めさせぬ。その愚なる根性にて戦場に臨み、君の馬前において高名は仕られまじ」

と、つまり、

「これほど簡単なことで早気の癖が治るなら、なぜもっと早くこの癖を鎮めさせなかったのですか。そのような愚かな根性で戦場に出て行ったなら、主君の馬前で目覚ましい働きなどできないでしょう」と叱ったというのだ。

その鉄のような母の覚悟に、流石の宇八郎もただただ恐れ入ってしまい、言葉もなかったという。

『田中葵真澄鏡』はこのように宇八郎の名人ぶりを伝えるエピソードと、その母の姿を伝え、「この心がけを後世に伝えて亀鑑《きかん》（生き方の手本）とせよ。この親子の美名はいまに至るまで人々の口に膾炙して失われてはいない」と最後を結んでいる。

現代ではまったく考えられないことだが、江戸期は武士の母には凄まじい覚悟の決まった女性がいたようだ。例えば幕末の土佐藩士、山地元治（忠七）は、後に日清戦争で第一師団の師団長を務めた人物だが、子どもの頃、友達と遊んでいて転び、竹が目に刺さって片目を失って泣いて家に帰ったところ、母から「男の子が目を一つなくしたからといって、いつまでも泣いているものではない」と一喝され、泣き止んだという。また、西南戦争の時、西郷軍に味方して熊本協同隊を組織して戦死した宮崎八郎の母は、「男は畳の上で死ぬものではありません」（つまり「志に殉じて命を捨てよ」ということだろう）と、常に八郎に言い聞かせていたという。

《資料一》

『田中葵真澄鏡』より　松野女之助 源直方

子は、多芸の人にして、その頃東西に武名かくれなき一個の武士なり。

安永二年の秋、弓工にいたる。おりから徳川麾下の士、強弓を制作させ、ともに打ち合い、矢ためしにせんと、槻板の六寸厚を目当に立ち向う。松野も矢だめしの弓弦をしめしける。ここにおいて、双方礼儀終りて、先客先きに進み、寸弓をひきしぼり、一矢あやまたず発しけるが裏かかず。女之助、その弓勢を感賞して、張りの弱き六分に足らざるに弦はりかけ、切ってはなつに違いなく厚板を射ぬきたり。弓工、大いに感じて双方に酒肴を振り舞いける。

また、同年五月、本国田中へ下だる旅中、虚無僧に身をかえて、安倍川尻を経、日本坂を過ぎける。さすが駿地の事とて、数十人射的を試み居たれば、女之助、しばらく此所に憩い、旅の労れを休めける。折柄頭立ちたる者、言うよう。旅の方、弓矢の道、余程御執心と見受け申したり。一矢御慰み候へと。女之助、少しほほえみ、我等幼年の頃、

『田中葵真澄鏡』
著：富田忠謹
年代：明治15年（1882）稿、明治36年（1903）刊
『田中藩叢書 第一編』（藤枝市郷土博物館発行）

少し心がけ候のみにて、手前恥ずかしく候。さりながら、折角御所望につき一矢拝借と、鏑高くひきつめ、射垜をひきはずし、遠くの竹藪に射こみたり。女之助、面目なしとて、いで御矢探し参らんと、その場、足に任せ急ぎ行く。あとにてその弓勢ただ者にあらずと、とりどりの噂。若者ども藪中にいたり検するに、その矢八九寸もまわる破竹を五本射抜き、次の竹に篦（の）深く射込まれたり。のちに当国田中にて、その頃屈指のひき手松野女之助としられたるとぞ。げにや、徳田代七より弓術竹林の秘訣を授かりたる一人なれば、さもあるべけれ。

同六年の秋八月、ある九州の大守、その姫君を高楼に登らせて、月の明らけく照り渡る折柄、弾き給う糸竹の妙音、げにや天女の降り給うかとばかりなり。勇猛の直方、心の駒の手綱もゆるみ、弓を忘するるにいたる折こそ。何心なく尺八をもって音色を合わせけるに、同心とも再再制すれども聞き入れず。後には二十人の同勢、手に手に六尺棒を携え、取ってかかるを、直方、尺八を以って数十本の六尺棒を打ち落して、その場を去りける。この事の早く当家へもれ聞えければ暇をつかわしける。女之助も萬事承知あって、浪々の身となりける。やがて尺八の罪を訴へ出て、九州へ送られけるとなん。その余は知らず。

さてまた、その以前、いづれの山中にや、杣の者といささかの争い大いに募のり、松野も今は堪忍いたされず、杣人の背負いたる板の四寸厚なる後より心して打ちたる手裏剣。いささか裏をかかせけるに、元々下人の事とて、恐れ震い平伏す。女之助、打ち笑い勘弁して、杣の背より下ろしたる板に、また手裏剣打ちつけ見せけるに、裏をかくこと三四寸。最初かくの如く打ちなば、空しく一命を失わんに、心あって打ちたる女之助の手並天晴れともいうべし。

《資料二》
『田中葵真澄鏡』より　小山宇八郎 源重之

子は、松野女之助の舎弟にて、剣道弓道の達人にして、この伝、熊沢伯熊が編集する口碑録にあるなれども、今その文をさらに中段より記す。

剣道弓道の達人にして、矢橋助六より空純（原文ママ）の奥義を授かり、徳田代七より弓術竹林の秘術を得たり。当世の武人、その名を慕い、比試せんと来たるもの少なからず。重之、木刀または鎗など取って立ち向うまでもなく、そこにあり合う扇を以って立ち向い、すぐ様、敵の後に廻わり髪をつかみ、ほとほと打ち、また呉ざなどにて、くるくると押し巻き、手拭または帯にて引き結び、そこを退ぞく。敵は太刀を下すまもただあきれたるばかりなり。かたわらよりこれを見るに、立ち走り向うにもあらず、ただしずしずと歩みて、彼の者に敵す。相手たる人にこれをきけば、旭光眼を射るごとく、その形を見る間もなく、かくはもてなされたりという。

さてまた徳田が方へ兜の矢だめし、諸家より頼まるる時、徳田老、重之を呼びて、これをためすべき由を命ず。重之いうよう。弓の分厚なるをもって射る時は、弓の力を借るなり。かかる試めし等の時は、一際弱きがよしとて、六分半にたらざるを用い、これを射るに兜の裏をかくこと、鉢付の外へ矢尻出てたり。兜師、諸家御誂兜を作り奉る時、矢だめしの旨を承わりていうよう。何れの方に仰付られ候やという。徳田氏試みたりと申せば、兜師、舌振いして、徳田先生の門人本多侯の御内、小山宇八郎という者あり、この人一度矢を発する時はいかなるくろがねにても裏深くかかざる事なし。これを防がんとすれば、鉄厚く重き事、言わん方なく、頭に置く用にたたず。徳田氏へは決して仰付けらる事御無用と言いしとなり。文かくのごとし。

それのみならず、この重之、門人は申すまでもなく、家族・下男・下婢までに申しつけ置かるるよう。何時にても木刀あるいは竹刀・杖・鉄・鞭の類を論ぜず、我が面体を打らたる者へは、相応の褒美とらすべしと、申し置けるにぞ。幾人すきをつけねらうといへども、重之、多年不覚を取らず。時に普現公（正供）、俄かの御召しに、重之、広間へ伺候し、参上仕候と申し上げしかば、公は御次の襖を少し明けさせ給いて、重之、これへの御意に謹しみ進み出て、頭を下げらる。かねて御近習に命じ置き給いし通り、襖にて首をはさまんとなさせ給う。ぬからぬ重之、敷居の溝に鉄扇を置いて、これに両手を突いていたれば、襖は鉄扇に止まって首締められず、君笑わせ給いて、謀計はずれたり。とのたまいぬ。

またある時、御泉水の杜若、いと美しく咲き出てたる折柄、芝生に御座を設けさせ、重之もその場に伺候しける。公、突然重之を水中へ突き落し給いて、いかに、と仰せらるる。その時、重之、恐れ入り奉り候。さりながら御袴の裾をと申すにぞ。公、見給へば、コハいかに、小柄縫い付けありたり。衆人一同、今に始めぬ小山殿の早技、きょうはまた一入驚き候とぞ申しける。

その後、老母長がの病に犯されぬ。薮の大竹去年の大雪より撓む癖付いて、夜風にすれ合う音、物淋しとや思いけん。宇八、これを何れにかいたす工夫はなきかという。重之、やがて半弓携へ、一矢発しけるに、その音のひしと止まりける。夜明けて見れば、竹の擦れ合う間へかっとなって、篦深く射通り居たればなり。

その後、かかる名人もいかなる故にや。早気を生じ、その癖の治らざれば、母はこの事大きに歎き、神仏に祈誓をかけ、一心をこらしけれども、その験も顕われざれば、忽ち一計を案じ出しぬ。ある日、射垜の外面に忍び寄る。かくとも知らず、重之、鏑高くひきつめ、切ってはなたんとする矢先へ老母、両手を広げ顕われ出ず。ハットばかりに重之、弦を控へ、これよりして早気治りたり。重之、夢のさめたるごとく、母の悦び大方なり。やがて重之を召し、いかにそも、かばかりのやさしき事にて治るならば、なぜにとく鎮めさせぬ。その愚なる根性にて戦場に臨み、君の馬前において高名は仕られまじと。母の鉄心に、重之、ただ恐れ入りたる体、詞なかりける。その時、母は白衣乱髪にてありしは、重之、早気を苦に病み、精神狂い、母射殺せしと世上に謗しられんを恐れ、死装束に出立ちぬ。一心の後世に伝えて亀鑑とせよ。親子の美名、今にいたるまで四方の口碑に残りて失わず。

《資料三》

先師《せんし》夕雲《せきうん》并《ならびに》自分《じぶん》平法《へいほう》得悟《とくご》條々《じょうじょう》目録《もくろく》（抄）

平生之修行

早カラス遅カラス能ホドモツモラズ強カラス弱カラス太刀ヲ取ル手ノ内日々食時ノ箸ヲ取ル手ノ内ニテ無為自然ノ中ヨリ働キ出ル様ニ修行スル事先師傳之

當流之人兵法一座ノ慰物或ハ時ノ奥ニ用ヒ或ハ名ノ為利ノ為ナトニ用ル事ユメユメ在ヘカラス藝者之名ヲ取ル事下未武士ノ恥辱也ト云事ヲ知へし殊更上手メカシキ曲ヲシテ人ヲ驚シ魔法者カ放下師ナドノ類ノ沙汰ニナリ行事武冥加ノ聊本意ニ非ス先師深恩之死生ノ命ニ在リ富貴在天ニト云聖言ヲ自得セハ凡一藝一術ノ本覚ヲ以テ命ヲ転シ天ヲ欺ク事ノナルマシキヲハ知ヘシ武門ニ生ヲ稟ル者ハ臨終マテ武士本意カケヌ様ニ勤励ス事専要也

扇子或ハ竹キレナトニテ物カケヨリ不意ニ打カカルヲ能ハツシナトスルヲ兵法物ノ妙トスル事古今之通例也

ミナ是名利ニカカハリ放下師魔法者ノ様ニ成タル験也　兵法者ノ平生之戯事ニモ物ニアタルヲ恥トシハズルルヲ慢ズル故天下ノ人ノ心何ト

『先師夕雲并自分平法得悟條々目録』
著：空鈍（小出切一雲）、写：吉田奥丞
年代：天保５年（1834）写
富山県立図書館蔵

ソシテ戯ニアシキ恥ヲカカセ慢心ヲ破リ捨タクナル是則手前ノ心性天理ニ背キ暗ク也タル故ニ天下ノ人ミナ暫時ノ間ニモ己ニ向フ時ハ天狗ニナルノ理也　悉ク邪法ニシテ実理ニ遠シ親キ朋友ノ会席ニテ戯事ヲシカクルマテ兵法を顕シ奇術ヲ用ルニハ不可及タトヒ百度窺ハレ百度ナカラハツレストモ當流ノ心入ハ恥トセス元来左様ノ事ヲ心掛嗜ニハアラス自然ニ真剣ニテ実ニ己ヲ害スル心在敵ナラハ如何様ノ物陰ヨリ子ロウトモウタル所ノ実理ナシ此ノ備ハル工夫修行計ヲ専要トスル也タトヘハ己ヲ害セントスル心敵ニ生シタラハ三日以前ヨリ知ル様成妙感モ自然ニ備ル也寂然不動之中ニ天地ヲ照ス明智ヲ開キ萬像ヲ脚下ニ見ヲロシ八面玲瓏タル眼前へ来ル物ヲ真偽モ見分ス手前ノ真ノ心ヲウツシ偽事ニモ所作ヲ顕シ出ス事却テウロタヘタル暗心ニテ聊手柄ニテモナシ褒ヘキ事ハ微塵モナキ受用也古今名人種々ノ神変ラシキ働シテ見聞ヲ驚シタル輩真敵ニ逢真剣ニテハ打殺サレ犬死シタル人多シ是皆邪路ヲ専要ト尊勤正理ヲ欺失フ所ノ冥罰當ルシルシ也、當流ノ極意ニハ相打モナシ我コトクナルモノ来ラハミナミナ相ヌケ也相ヌケトハ水ト月トモ相ヌケ也鏡ノ両面向テ移ル影ナキモ相ヌケ也惣別達人ハ天地ノ間森羅万象ニ相ヌケ成ル可シ物ハ自ラ物我ハ我ナル間ニ万物ノ先ニ立テ自然ノ勝事備ル事當流ノ意地也

兵法者ノ非

我レ勇剛ニ慢ジテ常ニ勝ヲ心ニ持チ人ヲ侮無礼ノ言行在非也生在者ハ命ヲ惜事貴賎同意ナルニ己計全シテ他ノ命ヲ易ク奪ハント思ハ非也諸人同意成ニ己計先ヲ為ント思フハ敵ヲ愚鈍ナルニ落着シテ我ヲサカシキ者ニ心得タル非也

義ノ為ニ即今命ヲ捨テ武士ノ本意ヲ達サスル相手ナルニ敵ト見レバ必怒事以之外非也

生死ヲ思定テ其場ニ出望ム者ノ敵ノ太刀ヲ恐憚ハ非也強ク打タントテ急ニ力ヲ加テリキムハ非也

不意ヲ窮テ打ントスルハ無双ノ臆病第一ノ非也

右之外百千ノ非心在レドモ選ニ出スル先師ノ嫌事此如ク敵ニ在ハ敵ノ非敵ノ負也我ニ在ハ我ガ非我負也歓喜微笑ノ中ヨリ打太刀ハ金輪際ニ徹スヘシ憤怒暴戻中ヨリ打太刀ハ一毛ヲモ破ルベカラズ也

兵法者僅ニ三尺ノ小術ナレドモ其理広大無辺ニシテ微妙也家ヲ守リ国ヲ治メ天下ヲ平ニスルト云トモ理ハ択フベカラズ誠意正心ノ人ニ相伝肝要也芸者ノ心ニテ芸ヲ習フト軽ク心得名利ニカカワル心アラハ一流成就ナキノミニアラス天地神明ノ冥罰悉ク蒙テ武運モ弱ク成ヘシ是先師之口伝也

無住心剣流多年依御修行一巻令進上者也

空鈍

第四章

白井亨

一七八三—一八四三

天真兵法

勝海舟が感嘆した剣客・白井亨

幕末から明治へと時代の橋渡しをした人物のなかで、幕府側で最も重要な活躍をしたのが勝海舟であることは、ほぼ異論のないところであろう。

その勝海舟が自らの人生を振り返り、また当時の世相を評論したものとして『氷川清話』が知られている。そのなかで勝が、

「かつて白井亨といふ剣道の達人があって、オレもたびたび就いて教へを受け、大いに裨益した事があった。この人の剣を使ふやほとんど一種の神通力を具へて居た。その白刃を提げて立つや凛として犯すべからざる神気刀尖より迸《ほとばし》りて向かいなどに立って居られなかった。おれも是非この境涯に達せんと必死に練磨したけれど、たうとう達しなかった」

と書いている部分がある。

ここに出てくる白井亨《しらいとおる》とは天真兵法の開祖白井亨平義謙である。

白井は幕末の日本剣術界にあって、その名を知られた存在であったが、この白井については

一般的に多くの誤解がある。

例えば白井亨に関する資料のほとんどは「白井は岡山藩士であった」と伝えているが、これは、白井が後に岡山藩と親密な関係になったことからの錯誤であろう。白井亨は、生まれてから死ぬまで岡山藩の士籍に入ったことは一度もなく、生涯浪人で過している。

さて、この白井に関しては、加藤有慶の章でも登場した、白井の門人で富山藩士の吉田奥丞有恒が、『天真伝白井流兵法真剣遺方』『天真伝一刀流兵法』『天真白井流兵法譬咄留』など、実に詳しい記録を遺している。ここでは『天真伝白井流兵法遺方』を主に参考として、他の書も交えつつ白井の生涯を辿ってみよう。

白井亨、その生い立ち

白井亨は、天明三年（一七八三）江戸で生まれたが、武家の生まれではない。父親は豊臣秀頼の家臣、大野修理亮の後裔と伝えられている町人で、母は信州中野の郷士出身の白井彦兵衛の娘である。幼名を大治郎といい、祖父にあたる白井彦兵衛の養子となる。旗本稲葉家の公用人を務めていた養父彦兵衛は、〝この子に本格的に武術を仕込みたい〟と思っていたようで、大治郎が仕官をすると稽古をする時間がなくなると考えたのか、「悴は浪人させて武芸に励ますべし」と大治郎の母（つまり自分の娘）に言い渡していたようである。

養父彦兵衛は、大治郎が幼いうちに没してしまうが、この実父の言いつけを忠実に守った母は、大治郎が八歳になった寛政二年（一七九〇）の正月二十二日、大治郎を丹波笹山（篠山）の城主青山下野守の家臣で定府（江戸に定住して藩主に仕えるもの）の依田新八郎秀復の許へ、機迅《きじん》流の剣術を学ばせるため入門させる。

機迅流は、大声を発して相手の気を奪い、猛烈に打ち合うという手荒い剣法と白井は自著『兵法未知志留辺《へいほうみちしるべ》』に書いているが、この書によれば白井は、特に重い木刀や竹刀を作ってこれを振ること七、八〇〇回から千回という修行を行い、十三〜十四歳の頃には同門の高弟達とも互角に打ち合えるようになった。そのため、却って〝この流儀もあまり頼りにならない〟と物足りなく思ったのか、依田の門を去ったという。その後、十五歳となった寛政九年（一七九七）の正月十六日、中西派一刀流の三代目、中西忠太子啓の門人となる。

中西道場へ入門

中西道場は当時竹刀による打合稽古で有名だったが、白井はここで十九歳までの五年間、持ち前の努力家ぶりを発揮して猛稽古を重ねる。昼は皆と稽古し、夜は夜で素振りをくり返す傍らには母がおり、その素振りの回数を数えて、「常に怠ることなかれ」と我が子を励ましたと、白井は自著『兵法未知志留辺』に記している。そうした猛烈な稽古を行ううちに、同門の門人のなかでも白井に匹敵する者がいなくなり、それどころか師の甥中西子正をも凌ぐほどとなる。吉田はその修行ぶりを「筆紙の及ぶところではない」と述べており、同じく同門で後に北辰一刀流を開く千葉周作も「その日の出席者が何十人いようとも、その人たちと二度ずつは稽古していた」と、白井の猛烈な修行ぶりを自著『千葉周作遺稿』などに書き記している。

ここで少し書いておきたいのは、しばしば「自分の木刀の先から火が出る」と言った寺田五右衛門と、「自分の木刀の先から輪が出る」と言った白井の二人を並び称して、その凄さを伝える文章を目にするが、これも『千葉周作遺稿』に拠るものだろう。ただ寺田が「自分の木刀の先から火が出る」と言ったのは、自分が見性悟徳した自覚があったからであろうが、この千葉の著作で白井が「自分の木刀から輪が出る」と言っていたというのは、猛稽古による自信と、その頃行っていた〝八寸ノ伸曲尺《のびかね》〟（自分の持っている、太刀や木刀、竹刀の切先が実際より八寸伸びていると想念して使うという、いわば心理的技術）という独自の心法的工夫から出た自覚と自信を、その当時の言葉で言ったものであろう。従って後に寺田から学んだことをきっかけに白井独自の道を進み、「赫機《のび》」や「真空」などと言うようになってからの言葉ではないことを知っておく必要があるだろう。

当時の白井と、後に師の礼をとる寺田五右衛門とは先輩・後輩の間柄で、ともに中西道場にあった。しかし当時はすでに臨済禅中興の祖といわれる白隠の高弟東嶺に就いて、禅の立場から剣術を研究していたと思われる寺田は、稽古では一切竹刀を取らず、もっぱら木刀による組太刀を研究していたため、白井とはあまり肌が合わなかったようで、寺田と白井はかなり距離があったらしい。白井は自著『兵法未知志留辺』で、当時の様子を、「先師（寺田）は、禅の立場から師（中西子啓）と論争していたが、先師も模索中であったため、その証としての力量もまだ十分ではなかった。したがって、先師と師のどちらが正しいのか、自分には判断できず、そのため誤った道にますます深入りしてしまった」と述べている。

そして、白井が入門して四年が過ぎた享和元年（一八〇一）二月十七日、師の中西子啓が没してしまう。

諸国修行の旅へ

師を喪った白井は、この時から二十三歳までの五年間、広く世に出て、自らの剣の実力を試そうと旅に出る。上総、房州、下総、常陸、あるいは上州、信州、甲州の関東甲信越地方を遍歴し、その当時自らが発明した〝八寸ノ伸曲尺〟をもって所々で他流と試合すると、皆が恐れてどこに行っても相手になる者がいない状態であった。

ただ、稽古場で角力を取ると時々負けたため、努力家の白井は、玉垣という相撲の親方の弟子となり、後には勢見山という幕内力士とも互角に相撲が取れるようになった。こうなると、稽古場で素人に負けることはなくなったようだ。

向学心の強い白井は長沼流兵学を江戸の浪人・清水俊蔵という者に就いて皆伝を得、そのうえ弓、馬、柔術もそれなりに心得、さらに宝蔵院流の槍術も多少稽古した。

他流試合は、神道無念流の岡田十松の道場（記録には何流かぼかしてあるが、岡田十松といえば練兵館の斉藤弥九郎の師であり神道無念流以外に考えられない）などにも出向き、居合わせた門人を肘打に打っている。また上州の馬庭では名高い念流の道場に赴いた折試合を申し込んだところ、「此方は素面ゆえ、先生にも素面で」と申し出られたのを大胆にも受けて立ち、樋口十郎兵衛の門人を皆打ち込んだという。そのほか、甲州では、妙安寺という虚無僧寺で信州小諸の家中の者と名乗って試合し、そこにいた二十人あまりをすべて制したので、ここの師匠が、「小諸の家中にこれほど腕の立つ者はいない。生国素性を名乗れ、そうでなければ生きて帰さぬ」と気色ばんだため、「一刀流の中西忠太の門人の白井大治郎」と名乗り、夜食事に招かれて話をして帰ったという。

信州では岩村田一万五千石内藤豊後守の領地野沢村で、後に白井の剣の術理に大きな影響を与える老荘思想を、これに詳しい者に就いて学んだようだ。また白井はこの地で、生涯の自慢の差料《さしりょう》となった越中郷の則重二尺五寸の刀を掘り出している。

この刀と出会ったのは何かの市のようで、よく素性の分からない刀が二十本ばかり縄で一括りにして縛ってあったなかから無銘で錆身の二尺五寸の刀を見つけ出し、代金金三百疋で買い求め、江戸へ帰ってから研ぎ上げて本阿弥家に鑑定を依頼したところ、〝則重の極め〟であったという。ちなみに三百疋というと、当時は百疋が一分で、三百疋といえば三分となる。四分で一両だから、三百疋は四分の三両ということになり、古銘刀といわれる「越中則重」を、その価格で手に入れられたということは大変な掘り出し物をしたといえると思う。

則重は刀の鍛目が独特で目立ち、〝則重肌〟とか〝ひじき肌〟などと呼ばれる古刀期の名刀匠で、かの正宗の門人との説もある。

吉田奥丞が師の白井の差料について、その代金や入手の経緯まで詳しく記録して、「これが師の生涯手離さなかった差料である」と、わざわざ書いているところをみると、白井はこの刀を非常に気に入っていて、折々弟子に手に入れた時の話をしていたのであろう。

こうして白井は各地を他流試合をして廻り、乞われれば教えを説いたようだ。

吉田の記録によれば、信州追分宿本陣では槌屋市左衛門という者をはじめ数人を弟子とし、小諸でも長沼理十郎、山本仙太夫などが弟子になり、「他にもいたがその名は知れない」と書いている。その他、榊、善光寺、松本、諏訪、真田、須坂、中野といろいろ廻っているのは、やはり自分の先祖の土地という思いがあったのだろう。

その後、いったん江戸へ帰った白井は、文化二年（一八〇五）九月、再び江戸を後にして今度は京、大阪、播州、備前、備中、備後、安芸といった関西中国地方を遊歴して、備前岡山でしばらく滞在することになる。

備前岡山での白井亨

白井が岡山を訪ねたのと同じ頃、大変強いと評判の武者修行者が岡山に来ていて、岡山藩士との試合を望んでいた。しかし家中の者が負ければ藩の恥となる。そこで、ちょうど江戸から来ていた白井をそうした修行者と戦わせ、勝てば、「岡山藩の者である」と言い、負ければ、「あれは江戸の者だ」と、うまく白井を使おうとしたようだ。

白井は何百人もの者達が見守る試合で、この評判の剣客に何の苦もなく勝ったので、岡山家中の者も皆感心して、改めて本格的に師範として厚遇し始めたようだ。結局、岡山に七年間滞在することになり、白井は昼は岡山藩家中の面々に稽古をつけ、夜は備前、備中一帯の百姓町人を教え、その稽古はしばしば深夜に及んだという。

道場は岡山藩で建ててくれたうえ、白井の住居もそのかたわらにあり、食事は門人が交代して作ったという。

白井は情が深く誠実な人で、身持ちも固く、岡山にいた七年間一度も女性と関わることはなかった。それゆえ、岡山での白井の評判はことのほか高かったようである。そうしたこともあり、この七年の間に、弟子の数は合わせて三百人ばかりに及んでいる。

白井は岡山の地でも怠りなく自身の修行を進め、種田流の槍術を修行している。もっともこれは江戸にいた頃にも多少修行していたが、その時は皆伝には至っていなかったようだ。さらに岡山藩藩主池田家の兵法である宇佐美流の兵学を瀧川万五郎俊章に師事し、皆伝まで得ている。

またある時、岡山藩の家中の者数人とともに白井が稽古をするところを、池田公が御覧になる機会があった。池田公は家中の者の実力が格段に上がっていることを大変喜び、白井は褒美として雁一羽を賜っている。そうこうするうちに、岡山藩で、「白井を三百石で召し抱えよう」という話が持ち上がる。そこで白井は江戸に住む母親へ手紙を書いて相談をしたところ、母親は「定府としてのお勤めならありがたくお受けするが、国許岡山でのお勤めなら御免被る」と頑として聞き入れなかったので、仕方なく白井はこの話を辞退することとなった。

寺田門下となる

順風満帆に見える白井だが、二十八歳の頃、ある悩みに突き当たっていた。

その悩みについて自著『兵法未知志留辺』を引くと、

「余幼より兵法を学び精練刻苦多少の艱辛を蓋し聊か雑技（八寸の伸曲尺）を得たるの外、挙動疾齊軽足便捷みな躯心を労するのみ、従容として敵を制するの術を知らず。熟ら考るに、余兵法を学ぶ事廿年、東都師家に学の士、各英豪の材を懐き膽勇長健俊秀の好漢鍛練慣熟し、其技衆に越るも、年四十以上に至れば忽ち衰ふ。是何が故ぞや。今を以て此を思ふに、壮年便捷身體手足未だ硬からざる者は跪伏委曲蛇行亀息伸縮周旋神出鬼没其慣熟するに従って其の活機を成すと雖、五十上下の老成身體堅實手足既に硬きに至れば、如上に相反して其活用を為す事能はず。天下の剣客皆斯の如し。古に曰、灼々園中花早発還先萎と。余幼にして此技を学び未だ壮ならずして是を行ひ、衰弱已に身に迫らんとすれども、施すべき術を知らず、懺悔容るに所なし、覚えず啼泣す、生涯を錯れりと。斯に於て兵法を見る事土芥の如し。是余二十八歳の時なり」

とある。意訳すれば、

「私は幼い頃より剣術を学び、苦練を経験し、いささかの雑技、八寸の伸曲尺などを会得した外は、ただすばやく敏捷に動くことのみしか知らず、従容《しょうよう》として（ゆったりと落ち着いて）敵を制することを知らなかった。いまつらつら考えるに、私が剣術を学ぶこと二十年。江戸の有名な剣術の師に学ぶ者達もそれぞれ素晴らしい素質で鍛錬して抜きんでた腕になっても、年齢が四十以上になると皆衰えてしまう。いま考えるに壮年で敏捷に身体が硬くなっていないうちはよく動くが、五十歳を超え老いが身に迫ってくるとこのように身体を自在には使えなくなる。天下の剣客は皆このようになってしまう。古語にも綺麗に咲く花は早く萎んでしまうという。私は幼くしてこの道を学び、まだ技が細部にいかないうちに身体の衰えは既に我が身に迫ってきているのを感じるのに、どのようにこれに対処するか、その術を知らない。口惜しさの為に思わず声を上げて泣いてしまいそうである。生涯を誤った。ここから兵法を考えるとそれは土芥《どかい》のようにとるに足らないものとしか思えない。これは私が二十八歳の時である」

といったところだろう。

その思いをより強くさせたのは、久しぶりに訪ねた江戸・中西道場で見た、かつての同門門人の姿だった。白井は文化八年（一八一一）、二十九歳の時、「江戸にいる母親が大病をした」との知らせを聞き、岡山の道場を高弟の岩井源治郎、笹谷竹治郎に預けて江戸に戻っている。幸いなことに、久々に会った母親はほどなく全快した。そこで「この機会に」と、長らく岡山に留まっていたため七年ぶりとなる中西道場を訪ねた。そこで白井が目にしたのは、かつては試合巧者だった面々も既に四十歳、五十歳となり、往事の半分も力を出せなくなっている姿だった。

白井の悩みはますます深まっていく。

そんな折、かつてはあまり親しくなかった兄弟子、寺田五右衛門を訪ねた。

白井の悩みを微笑を含んで聞いていた寺田は、白井に立ち合いを促す。

木刀を手にして相対した白井は、まずまっすぐに進み、急に切っ先に八寸ノ伸曲尺を用い、寺田の身体、肺、肝を狙った。しかし、寺田はゆったりとしてこれに対応せず、木刀を頭上に構えて白井の全身をその気で包んだ。すると、白井の全身は縮み上がり、手足の場所も分からぬようになり、全身に汗を流し、夢のなかにいるような感覚になっていった。

そして、

「従前の苦修尺寸の功を立ざる者に似たり。驚き感じて膝の屈するを知らず、再拝作禮して師が術精妙何を収めてか技の斯に到れる所以を問ふ」

つまり、

「苦しい修行を積んでもいささかも効果の上がっていない者と同様であり、あまりの驚きに、いつ自分が膝を屈していたのかも分からなかった。改めて寺田に深く礼をして、寺田先生のその精妙な術は、何を修行して、どのようにそこに至ったのかと尋ねた」

と、『兵法未知志留辺』に書き遺している。

すると寺田は白井のこの問いに、「見性得悟の一念あるのみである」と答え、さらに、

「あなたは昔のままの技をもって諸国を巡り、雑な剣撃ばかりで試合し、邪道を修行して邪念を増してきた。そのようなことではたとえロバ年がやってくるほどの間研鑽を積んだとしても（無論ロバ年など十二支のなかにはないが、その来るはずのないロバ年が来るような、あり得ないことがあったとしても）、なんにもならない。私は日頃から大変哀れんでいる。一般の見かけだけ勇ましげな師匠は自分で邪なこと、曲がったこと、荒々しく道理に適わないことを説いて、人間本来の大変明るく聡く善良な知恵を汚し、誤らせる。また、見かけは強そうに見え

る侍が、竹刀、面、篭手を担いで肩を鳶《とび》の如くいからせ、町中を闊歩して民衆を脅かしている。そのような人は、道を極めればすべてが澄み渡ってくることを知らず、妄想や邪念を蓄積して犬や馬のようにただ老いてゆく者である」

と、さんざんな毒舌で、白井のこれまでの修行、あるいは面や篭手を着けた竹刀での打ち合い稽古を、ほとんど全面的に否定した。

白井が学んだ、灌水の法と練丹の法

以前の白井であれば、こうした寺田の意見に反感を持ったろうが、実際に寺田の凄さをまざまざと見せられたことと、折からの自分の悩みへの答えがここにあると思い、寺田の門弟となる。

寺田は白井に、

「あなたは、幼い時から二十余年の間、間違った修行を重ね、間違った理論を学び、妄念が胸に満ち、邪念が体中に凝り固まっている。まずは、この邪念を取り除くことを心掛けなければならない」

と促し、白井がこの邪念の断ち方を尋ねたところ、練丹の法はここでは示さず、

「酒と肉食を断ち、一日に水を浴びること百回すれば邪念は消え去る」

と灌水の法を勧めた。

そこで、生来の努力家である白井はこれに邁進し、酒と肉を断ち水行すること一日に百回を超え、遂には二、三百回に達するようになる。終いには井戸の水も濁ってしまうので、両国橋の川というから隅田川であろうか、ここへ入り、水行を三百回行うようになったという。

猛暑の日も厳寒の朝も、旅先であっても灌水の法を行わない日はなく、この猛烈な修業は五年間続いた。その間に、七日間断食しながら灌水の法を行うこと二回。一度は備陽の瑜伽山（現在の岡山県倉敷市児島由加）で、もう一度は自宅で行った。

しかし、なかなか効果が現れない。それどころか、段々と元気を失い、難病にかかってしまった。

鍼灸をやってみたり、薬を飲んでみても一向に効かず、母親はもちろん親族一同で水浴びをやめるように説得した。流石の白井も、誰よりも気がかりな母親の嘆き悲しむ姿を見ては逆らえず、これにはやめざるを得なかったようだ。

ここに至って白井は、灌水の法をやめて練丹の法に切り替える。文化十二年（一八一五）一月十八日、白井が三十三歳の時である。

もともと白井は鵠林《こくりん》先師（白隠禅師）の遺書をいくらか読んでおり、寺田からも練丹の法というものがあるということは聞いて知っていたが、それまでは灌水の法の効果を信じて、練丹の法についてはほとんど修行を行っていなかった。

そこで白井は、灌水の法に向かった時と同じく、猛烈な勢いで練丹の法の修業に邁進する。その猛烈さは、鵠林先師が煩わしい雑務や儀礼の席においても、片時も練丹の法をやめなかったのと同じ様子だったという。修行を続けるうちに自然に臍下丹田が充実し、腹が新品の鞠のようになり、患っていた病気はいつの間にか消えてなくなるとともに、天真へ繋がるいささかの自覚と能力を得たという。

この練丹の法は、日本あるいは東洋で大変有名な健康法、鍛練法で、いわゆる「下っ腹に力を入れろ」といった表現で広く普及していたものだ。ただ、どんなに良い健康法・鍛練法であったとしても、出合い方ひとつでその人にとって効果があったりなかったりするものである。白井の場合は長年にわたる灌水の法で心身ともに疲れ切っていたところに練丹の法と再発見的に出合い、これがぴったりと白井の心と体にともに納得がいったのだろう。

白井には〝灌水の法〟より〝練丹の法〟が体に合ったのだろうが、だからといって練丹の法が万人向きということはないと思う。ただ練丹の法は、話としては説得力があり、白井に心服している者は灌水の法より練丹の法を勧める白井の意見をそのまま受け入れたのだろう。

ところが、白井に心底惚れ込んでいたと思われる吉田奥丞は、自分の師である白井の師匠、寺田に対しかなり辛辣で、次のように述べている。

「寺田先生は弟子に天真を教える方法を知らなかったので、〝邪念を断て〟などと言って、その方法として灌水の法を勧められたが、実は寺田先生は天真への入口をご存じなかったため、自分に合っていた灌水の法を勧められたのである。但し、灌水の法には向き不向きがあり、白井先生だからこそ五年もの間努力を重ねて大病に至るまでの修行ができたのである。その証拠に、寺田先生には沢山の弟子がいるが、天真を受け継いだのは白井先生ただ一人である。それで、寺田先生の流れは絶えてしまった。灌水や断食では天真の法にたどり着けないことは、白井先生が度々仰っていた。白井先生もまた、天真の修行法を寺田先生に教わったのではない。白井先生は寺田先生の天真の様子を見て、ご自身で体得なさったのである。それゆえ、寺田先生の道場へは、依田道場や中西道場へ通ったほどには出席なされなかった。二十九歳から三十三歳までの間、時々出席されただけである」

前段の部分についてはどうして吉田がこれほど寺田に冷たいかは後に述べるが、後段の白井が寺田の道場にあまり顔を出さなかった理由については、この頃の白井は身分としては浪人であり、従ってどうしても剣術を教えて収入を得る必要があり、寺田の道場に入り浸っているわけにはいかなかったのだろう。たまに道場に行けた時に寺田に指導を受けるのみなので、必然的に自分で修行を押し進めていくしかなかったと思われる。また、中西道場時代に両人とも実力の抜きん出た兄弟弟子であったので、寺田の道場でも別格に扱われていたのかもしれない。

白井は寺田に師事した五年の間にも信州、甲州などを遊歴している。また、美濃の国にも赴いており、そこで鉄棒を得意とする者を訪ね、試合を申し込んだエピソードも遺されている。

それによると、この鉄棒遣いは「まずは使ってみせましょう」と、傍にあった六尺と四尺の鉄棒を取って振り回してみせた。これまで試合を申し込んできた者は皆、この手際を見て恐れをなし試合をせずに帰ったのだが、白井は一向に意に介さず、「どうか一本立ち合って頂きたい」と言って試合をすることになった。但し、鉄棒相手であるので白井は木刀でということで先方も納得し試合をしたところ、白井は相手の臂（肘）を打ち、鉄棒は脇へ飛んでいってこれを破ってしまったという。

ただいずれにせよ、白井が寺田によって進むべき方向を示され、その後、自分自身の気づきで道を切り開いていったのは事実だろう。

白井が教示を受けた、徳本行者

白井は白隠和尚の練丹の法によって修行が進んでいるという自覚があった。その白隠の遺書と老荘思想、さらには小出切一雲（無住心剣術、白井はなぜか常に小田切と書く）の伝書、山内蓮心（蓮真とも）八流斎（平常無敵流）の伝書、金子夢幻（法心流）の伝書『梅華集』などをあわせて考察を深めていたようだ。こうした古伝の教え以外に注目すべきは、浄土宗の高僧徳本《とくほん》行者を訪ね、そこで大きな影響を受けていることだ。

ところが白井の自著『兵法未知志留辺』には、この徳本行者の名は出てこない。

白井側の資料で徳本行者との交流を示す記載があるのは、白井の門人で後に白井が天真一刀流の道統を譲った津田明馨の著述のなかと、本稿のなかで主な資料としている吉田奥丞の書いた『天真伝白井流兵法遺方』においてである。津田の著述とは、中西派一刀流の四代目中西是助が著わし、津田明馨が出版した『一刀流兵法韜袍起源』のなかで津田自身が書いた跋文《ばつぶん》（後書き）のことである。これによれば、

「寺田先生が勧めにより大坂へ出発する日、白井氏は残された後の修行をどのように行えばよいかを尋ねた。寺田翁は、「徳本行者の許へ行き、仏の名を唱えなさい。それ以外に道はない」と仰った。白井氏はその教えに従い、徳本行者の道場を訪ねた。一日中、徳本行者が鉦叩《たたきがね》を撞木《しゅもく》で打つ身体を見ていたところ、手を動かしているのではなく、天機と一体となり、自然と動いている妙技がそこにあった。白井氏は突然心に感じるものがあり、家に戻って木刀を手に、徳本行者の撞木の打ち方を試してみたところ、思いのほか不思議な感覚を得た。まさしく、この法と、切っ先の赫機を磨く法、それから四躰（全身）を柔らかく保つ法の三つの法は、氏の自ら会得したものであり、これ以前にはだれも説いていない奥義である」

ということである。

しかし、吉田奥丞の『天真伝白井流兵法遺方』には、寺田が白井に徳本を師匠として紹介したという記述はなく、「いつの頃からか徳本上人の念仏に参詣した」とある。

では白井はいつ徳本行者の許を訪れたのであろうか。徳本側の資料『徳本行者全集　第六巻』に所収されている『徳本行者の禅的生活』を引くと以下のようにある。


「また文化のはじめ、白井亨という剣客が勝尾寺で説法中の徳本上人を訪ね、その〝何となく巍然として処すべからざるの気象〟を見て、翌日謁見を願い、「私は剣客である。高僧に逢った時には、剣法の教えを願えと、我が師にいわれ、遙々お訪ねした。願くばぜひともお教え願いたい」と問うと、徳本はただ微笑んで、「私は念仏の行者です。武術に関しては与り知るところではありません。ただ知っているのは、念仏して極楽に往生することだけです。あなたも後世のために念仏をしてはいかがか」と言いつつ鉦を打ち敲いて念仏した。それを見て白井は豁然《かつぜん》として剣の妙処を悟り、後に人に、「私はかつて行者の念仏しておられる様子を見た時、分毫《ぶんごう》のすきもなく、一握の樟木をもって千万の敵にも対処できるように見えた」と語っている」

ここでは「文化のはじめ」とあるが、そもそも岡山から江戸へ帰ってきた白井が寺田の弟子となったのは文化八年であり、十五年までしかない文化の年号において、この記述をそのまま認めるのは、『一刀流兵法韜袍起源』の記述を正しいとする側から見れば、誰も納得できないと思う。なにしろ白井が灌水の法から練丹の法へ切り替えたのが文化十二年であり、『一刀流兵法韜袍起源』の記述によれば寺田は藩主に従い大阪へ向かった際に、徳本行者を白井に紹介したとあるが、この寺田の大阪行きは文化十二年八月でとても文化のはじめとは言えないと思う。このことは既に『剣の精神誌』でも述べたことだが、この寺田の大阪行きに際し寺田は白井と立合い、その技を認め天真一刀流の皆伝を許している。これは吉田の著した『天真伝白井流兵法遺方』と白井自身が著した『兵法未知志留辺』にも記されていることから、まず間違いのないところだろう。

そうした事情から考えると『一刀流兵法韜袍起源』の記述には反するが、白井が徳本行者の許を訪れたのは、師の寺田の教えに従って一心不乱に灌水の法を行い始めた頃ではなかったかと考えられる。つまり白井が文化十二年の二月頃、練丹の法によっていささかの感覚を自得するより何年も前のことではないだろうか。

そこで今度は『徳本行者全集　第五巻』を詳しく読み返してみると、所収されている『徳本行者伝』に、徳本行者が江戸小石川の伝通院内にある鸞州《らんしゅう》上人の寮に寓居していた時、寺田が徳本を訪れたという次のような記述がある。

「文化のはしめ、鸞州寮に寓せられしころ。高崎侯の藩に。寺田五右衛門といへる剣道の達人あり。師の名を聞。来たりて十念を乞。舟は楫。扇は要と。師の詠せられたる歌を。殊の外に感佩《かんぱい》して。多くの人に語しとぞ。其門人に。白井亨といへる人あり。後にはならびきなき剣道家となりとて。世には称しあへり。この人。諸国を経めぐりて。帰府したりし時。五右衛門殊の外不興にて。汝が修行未精にいたらずと呵しければいかさまに修行すべきかと問ければ。よき高僧なとに承問《じょうもん》すべしと示しけり。亨。思らく。今の世に高僧と称んものは。徳本行者なるべし。いかなる事かあらんいでこころ見んものをとて取りあへず出たちぬ。師はこの頃。摂州勝尾にいましまして。亨の訪ひたる日は。十五日にてぞ有りける」

この文章からは、寺田と徳本行者が出会ったのは確かに〝文化のはじめ〟だろうが、白井が徳本行者を訪ねたのはそこから数年を経た後、文化八年に白井が寺田と立ち合ってその剣に驚き、寺田に手厳しく批判され、改めて師として寺田を仰ぐようになってすぐのように思われる。

徳本行者は文化七年に江戸より摂州勝尾に帰り、文化九年には紀州候より庵室を給わっているので、白井が岡山より江戸に帰った文化八年にはすでに勝尾にあり、だからこそ、「いかなる事かあらんいでこころ見んものをとて取りあへず出たちぬ。師はこの頃。摂州勝尾にいまして。亨の訪ひたる日は。十五日にてぞ有りける」と、つまり、白井は寺田に徳本行者のことを聞くと、どんなものかすぐに試みようと、江戸より勝尾に駆けつけ徳本行者に会ったのだろう。

しかし、徳本行者の「桁違いな人としての力量」に感嘆はしたが、この時には具体的な修行の道筋が見つかったわけではなく、そのことを深く心のなかに仕舞い込んでいたのではないだろうか。それから月日を経て自らの境地が進んだ時にこの徳本行者の様子を思い合わせ、改めて深く納得がいったので、徳本行者の教えについて語るようになったのではないかと思う。したがって先に挙げた、『一刀流兵法韜袍起源』の跋文にある、「其初浪華に祗役する日、白井子後来の修法を問ふ。翁（寺田）曰、徳本行者に参じ、佛名を唱ふべし。此外余法なしと……」勧められて徳本の許に赴いたように書かれているのは誤りだと思うが、あるいはこれは一度会っている徳本の許に、再度赴いて教えを乞うことを勧めたのかもしれない。

また『徳本行者の禅的生活』の記述は、文化のはじめに寺田が江戸の鸞州寮に寓する徳本行者を訪ねたことと、白井が摂州勝尾の行者を訪れたのでは時期的なズレがあるのを省略して書いたために起きた錯誤ではないだろうか。

白井自身が書いた『兵法未知志留辺』には徳本行者の名は出てこないが、寺田と会って「灌水の行」を勧められ、これで身体を壊し練丹の法に専念するようになってからの記述に「神を凝らし、或は称名練丹し或は誦経練丹し……」とあることからも、この時点（文化十二年）で念仏を唱えることはすでに知っていたと見るべきで、白井が念仏を唱え始めたのはかなり早い時期、つまり文化八年から九年の間に徳本行者を訪ねていたと考えられる。徳本行者は文化十一年には再び江戸に来ているのだが、ここで会ったとすると、先の「取りあえず出たちぬ」という文言が合わなくなる。そうしたことからも、白井が徳本と初めて出会ったのは寺田と会った直後の文化八年と考えるのが妥当だろう。

ただ、そう何度も会ったとは思えない徳本から白井が得た影響は、意外に大きかったようだ。

私がそう考える理由は、禅宗の考え方に傾倒している寺田の教えを受けているにも関わらず、白井の教えは生活に密着した道具である釜龍や蒸しものをする甑《こしき》などを譬えに使い、たいへん馴染みやすいものになっており、こうした説き方は、一般民衆にも慕われた徳本の影響ではないかと考えるからである。

ここで、改めて徳本行者の生い立ちを簡単に紹介しておきたい。

徳本行者は俗姓を田伏といい、源平合戦の折、その勇敢さで知られている源氏の畠山重忠の末裔であるといわれている。宝暦八年（一七五八）六月二十二日、紀伊国日高郡志賀谷久志村に生まれる。四歳の時、隣に住む子供の死を目の当たりにし、そこに無常を感じ、誰に教わるでも無く念仏を唱え始めた。九歳の時に出家を望んだが、その時は叶えられず、二十七歳でやっと出家することができた。浄土宗のなかで捨世派といわれる僧侶となり、自分の庵をもたず、どこにも留まらずに念仏三昧の修行を行った。いつの頃からか法力が備わり、農村で乞われるままに雨乞いしたり、畑の虫退治をするなど、その特殊な力を発揮したという。また徳本行者は、法然の「念仏以外の行を捨てて念仏を立てよ」という教えを守り、念仏を核とした修行を一心に行いながらも、南無阿弥陀仏の名号がもつ功徳を上手く組み合わせながら、二世安楽の道を説いたといわれ、上は紀州藩主から下は民衆に至るまで、非常に幅広い人たちから尊敬されていたようだ。そして、文政元年（一八一八）の夏に病に患い、同年十月六日に遷化、享年六十一歳である。

寺田と共に四国芸州の旅へ

さて、練丹の法によって天真への第一歩を踏み出した白井は、寺田にとっては対等に話すことができる数少ない相手へと成長していた。その白井を、寺田が自分の後継者にしたいと思うようになったとしても何の不思議もないだろう。白井の難病もすっかり癒え、そのうえ一種の道力が備わってきたと思われる文化十二年三月二十一日、寺田は白井を伴って、はるばる四国の象頭山《ぞうずさん》、芸州の厳島へ参詣の旅に出た。この間、寺田はずっと歩き通しであったようで、これをもってしても、とても七十一歳とは思えない寺田の壮健さがしのばれる。この旅で寺田は、道々さまざまな話をしながら白井の力量や人間性を確かめていったのだろう。

この時には、すでに見性得悟の一端を掴んだ確信のある白井は、師との問答に自信をもって淀みなく答えられたことだろう。白井にとってこの旅は、辛い修業の旅という趣きはほとんどなく、むしろ自分の掴んだ感覚がますます深まってゆくような楽しさがあったと思われる。

この旅にどれほどの日数が費やされたのかは、はっきりとした記録が遺っていないので詳しいところは分からない。しかし、主君を持っている寺田はそうそう長い間、主君の許を離れているわけにもいかなかったはずである。旅の最後の目的地、おそらくは厳島神社を参拝した後、寺田はすぐに江戸へ戻らなければならなかった。それに対して、白井は取り立てて急ぎ江戸へ戻る理由はない。そこで白井は途中で寺田と別れ、かつて七年にわたって剣術を指導していた懐かしい備前岡山藩に立ち寄っている。母の大病のため、急に岡山を離れてからすでに四、五年が経っている。その岡山の道場へ帰ってみると、後を託した世話人によって道場はしっかり守られていた。また、稽古の謝礼などもしっかりと管理され、さらにはそのお金を運用し、貸し付けて得た利息など、その額は合わせて二百五十両に及んでいた。

白井は、岡山に約二ヵ月留まり、岡山藩の家中に稽古をつけ、世話人の手による二百五十両の大金を持って江戸へ戻った。そして、この金で下谷仲御徒町に住居を建て、あわせて道場も造り、ここで一刀流を教えはじめた。

白井亨、天真一刀流を受け継ぐ

この象頭山、厳島、そして岡山への長旅から帰ってからしばらく後の八月中旬のこと、先にも記したように寺田の主君、松平右京太夫輝延が浪花大城総督府の任を受け、浪花に赴任することとなる。そのため、寺田も女君（夫人か姫）護衛の職を賜り、付き従って大阪へ行くこととなり、八月十五日に江戸を立つこととなった。そこで寺田は白井に後を継いでもらうことを考えたのであろう、白井を呼び出して立ち合いをすることとなった。この時白井は、真空に身体を同調させ、丹田を充実させ、さらに自らの体をも忘れ、十分にその実力を発揮した。この様子を見た寺田は「白井は既に我が技を受け継いでいる。これで私が浪花で死んだとしても、この道統が絶えることはない」と喜んだ。ここで白井は天真一刀流の免許皆伝となったのである。

ただ、ここで僅かながら疑問が残る。それは、寺田が白井に免許を与えた日についてである。白井の自著『兵法未知志留辺』では、その免許を得た日が文化十二年八月十五日であり、その直後「日あらずして」ということであるので、一日か二日後に寺田は大阪へ向けて出発した、と読みとることができる。一方、吉田奥丞が書いた『天真伝白井流兵法遺方』では、寺田の大坂への出発の日が八月十五日その日であり、これでは白井はその少し前に寺田から皆伝を受けたと考えられる。

これらの記述のうち、どちらの記述が正しいのか、あるいは『兵法未知志留辺』の「日あらずして」という言葉が、文字どおり「一日もなく」即日にということで、寺田は白井に皆伝を与えたその日に江戸を立ったのか、本当のところは分からない。

「練丹の法」と寺田の教えの矛盾に悩む

細かい日付に関してはともかく、寺田が大坂へ行き、白井が皆伝を受けたこの時を境として、白井はますます独自の修行に入ってゆくこととなる。寺田と離れ、一人自由に天真の道を追求し始めた白井。しかし、すぐに大きな問題にぶつかることになるのである。

その問題とは、寺田が常々、「練丹は真に純真な心〝天真〟をもって行わなければならないが、武術は詭道《きどう》、つまり相手を騙して、陥《おとし》いれる方法でもある。悪人が現れた際は、聖者であってさえも、やむを得ないこととして詭道を用いる。当然、技もそうであり、敵には虚を見せて騙し、また利をみせて誘い込むのである」と白井に説いていたことである。

たしかに戦略は騙しが入り、武術の世界ではこれを用いることは常識であり何の不思議もない。例えば、剣聖といわれた新陰流の開祖上泉伊勢守の有名なエピソードに、子供を人質にして立て籠もった凶悪犯を騙して捕らえるというものがある。この話は子供を救うために、伊勢守自ら僧侶に変装し、握り飯を投げ与え、これを受け取ろうと刀を手から放した隙に、この凶悪犯を捕らえたというものである。

主君に仕える寺田にとって、この伊勢守のエピソードのような行動は至極当然であり、理想だけでこの世は過ごせないと思っていたであろう。したがって、寺田の剣術の実技は、相手を誘ったり騙したりする一般的剣術の技法とあまり変わらなかったと思う。このことは、当時の剣術界では最も合理的な感覚の持ち主であったという北辰一刀流を開いた千葉周作が、寺田から組太刀を学んでいたことを考えても十分に納得できる。つまり、天真一刀流として寺田が伝えた組太刀は、当然のことながらそれ以前から伝わっていた相手の太刀を受けたり払ったりする一刀流の所作が遺されていたであろうことが、ここから推察できるのである。

しかし、このような相手の出方に応じてそれに対応する剣術は、白井が憧れた無住心剣術の術理とは根本的に相容れないものである。

本書第一章でも無住心剣術について主に小出切一雲（空鈍）の著書をもってその剣理を紹介しているが、始祖針谷夕雲の没年（一六六二年）から数えること約一五〇年の時を経て、白井亨が最終的に目指した境地は、無住心剣術であったように思う。

それは後に白井が著す伝書『天真録』の内容が、ほぼそのまま無住心剣術の二代目、小出切一雲の書いた『天真独露』（『無住心剣伝』としていわゆる『夕雲流剣術書』とひとつにまとめられている場合もある。なお『夕雲流剣術書』は『剣法夕雲先生相伝』、『無住心剣伝法書』などいくつもの異称があるが内容はほとんど同じものである）を全文引用していることからも明かだ。

白井がいつ無住心剣術を知ったのか、定かなところは分かっていないが、おそらく練丹の法を修し始めた頃と考えられる。

そして皮肉なことに、この無住心剣術の存在を白井に教えたのは寺田であった。典型的な心法の剣術である無住心剣術の教えは、相手がどう攻めてこようとも受けず躱さず、ただ自らの太刀を眉間まで引き上げて落とす以外、一切の術技を排しているのである。白井は〝この剣術こそ日本の剣術史上最高峰に位置する〟と信じたものである。しかし、主君を守ることが第一義である寺田は、自分に向かってこないで、主君に向かう敵こそ何よりも倒さなければならず、したがってその場合騙しも脅しも時に用いなければならない。そういう剣術と無住心剣術とは相容れるはずがない。あるいはここに、もともと主君に仕える武士の家に生まれた寺田と、町人出身で幼い頃より純粋に、ただ、ひたすら剣術を追求してきた白井の差があるのかもしれない。

もっとも白井も当初は実際に敵を目の前にして、持ち前の競争心の激しさから、心がけ始めた真空もたちまち失ってしまい、以前のような雑撃を嫌っているのに、実際の技はその雑撃に戻ろうとしてしまいそうだったようである。

このような試合を繰り返してしまうと、せっかく断ち切ったはずの邪念がたちまち戻り、相手の木刀をはじき飛ばして打ち倒したいという邪な勢いが出てきてしまい、その悪業邪念を消すことのできない自分を一人恥じていたようだ。

この辺りのところを、白井は自著『兵法未知志留辺』で次のように述べている。

「是よりして、余獨り練丹して真空を凝さんとすれども、其真空いまだ実せず。師常に示教するに、練丹天真を以てし、又兵は詭道なり、賊起るときは聖者も已む事を得ずして是を行ふ。技も亦然りとて、敵に示すに虚を以てし、敵を誘くに利を以てす。余此れに膠固して其技を行んと欲し、敵に対し其争競の気熾んなるを見て忽ち真空を失ひ、心に雑撃暴戻を嫌ひ、技は雑撃暴戻に至らんとす。

故に実の亂撃暴戻の為に蔽はれんとする者数次、時に至て、余幼より嗜むの邪念忽ち競ひ起って、已に木剣を飛して打斃せんとするの邪勢を発す。人其悪念を察して其技を止む。余退て獨り其悪業邪念の滅せざる者と、彼の戚子が謂ゆる『到テ二厮打ノ時ニ一忘レ二了ル拿法ヲ一』の言に合する事を慚づ」

この白井の述懐を意訳すると、

「この時より自分は一人で練丹して、真空を凝らそうとしたけれども、まだその頃は未熟で真空を充実させることができなかった。師の寺田先生は常に人を教える時、練丹するのは天真をもって行うが、兵法は騙し討ちもあるので、賊が何か悪事を働くような時は聖者もやむを得ず騙し討ちを行うものであり、剣術の技もまたこれと同じで、敵に対し虚を突いたり、敵を有利と思わせて、その裏をかいたりするものである。自分もこの考えに固執して、そうした技を行おうとし、敵に対し相手が闘争心の盛んな様子を見ると、たちどころに自分が理想とする真空を失って、心では雑で乱暴な動きを嫌いながら、技はそうした闘争心むき出しの荒いものになっていた。そのため、乱暴な者を相手にすると、自分が幼い時より嗜んでいた剣術の邪念がたちまち立ち上がってきて、木剣をもって叩き伏せようとする邪な勢いが生まれてきてしまう。相手はその邪悪な勢いに技を行うことを止める。そこで自分は退いて我に返り、その悪業邪念のなくならないことを、あの戚子の「厮打（喧嘩）のときに至って、手之内を忘れてしまう」という言葉どおりであることを恥ずかしく思うのであった」

といったところだろう。

独自の道への模索を始める

無住心剣術を理想として求めつつ、またも自分の剣術が荒れていくことを深く恥じた白井は、『兵法未知志留辺』で次のように記している。

「此に於て又慙愧懺悔して神を凝し、練丹自強し参し参して終に聊か真空の実する事を得。余蒙迷にして先師道統の書を講ずる事能はず。故に弟子の為に此明道論及び神妙録、天真録を記せり。僭踰の罪逃るる事能はず、余獨り其罪を負て、後学の士の惑はざらん事を要す。老子曰、『知者不レ言、言者不レ知』と。『多言数窮、不レ如レ守レ中』の言に拘泥して獨り其道を楽み、人口の喧しきを厭て、何ぞ此道の絶するを待たんや。假令師英豪の材を具すとも、鵠林先師、東嶺が如きの名師に学ばずんば、何ぞ此道を得て兵法に加へん。
空鈍兵法の所得を讃するときは、古今兵法なきに似たりといえど、練丹の術をしらざれば、古今鵠林先師の如くなるを聞かず。老子曰、『聖人為レ腹不レ為レ目』と、又、『虚二其心一実二其腹一』と云の言に合す。兵法に於て此を修して其奇功を得る事、勝て云ふべからず」

「さらに懺悔を深くなし、精神を集中し、練丹の法によって自身を強め、修行に修行をかさねて、ついにはいささかの真空を実現することができるようになった。しかし、私は蒙昧であるので先師が伝えてきた道を講ずる能力がない。そのため、弟子のためにこの明道論及び神妙録、天真録を記した。これは極めて分不相応な越権行為であり、その罪を逃れられることはできない。私一人がその罪を負って後学の士が迷わないようにしたい。老子曰く、『知る者は言わず、言う者は知らず』『多言ならば数々《しばしば》窮す、中を守るに如かず』との言葉にこだわって一人でその道を楽しみ、人の口が喧しいことを嫌ってこの道が絶えるのを待っていてよいものだろうか。たとえ師の寺田翁には、すぐれ抜きんでた能力が生まれつき具わっていたとしても、鵠林（白隠）先師、東嶺（円慈）のような名高い師匠に学ばなければ、どうしてこの道を得て兵法に加えることができようか。

空鈍兵法の優れたところを讃えるに、これに較べれば古今の兵法にほとんどないに等しいものであるが、練丹の術を知らなければ、今も昔も鵠林先師のようになったものはいなかっただろう。老子曰く、『是を以って聖人は、腹を為して目を為さず』、また、『その心を虚しくし、その腹を満たす』との言葉に合致する。兵法においてこれを修行してそのたぐいまれな力を得ることは、あえて言うまでもないことだろう」

　これを読むと、白井は、やはり詭道は捨てさるべきだという考えにだんだんと傾いていったようである。ただ、この『兵法未知志留辺』では、あからさまに師匠である寺田を批判することはまったくなく、それどころか寺田を褒め讃えている白井であるが、ここに独自の剣術の道を歩み始めた白井の覚悟が読み取れるのではないだろうか。

　寺田の教えを受け、ついには天真一刀流の皆伝も許され、後継者として後を託された白井であったが、真に自分自身が納得のいく道を模索するため、師匠寺田とは違った道を歩み始めたことが、ここからも分かる。

心法化へと進む白井の剣術

　寺田が大坂へ旅立ち、白井が江戸で独自の工夫を重ねるようになって六年が過ぎた。その間には、白井は五千石の旗本、本郷御弓町富士見坂の松平美作守に出入扶持、三人扶持を貰うようになり、さらに用人なみとなった。他にも「備前へ江戸お抱えで定府につくように」との通知があったが、よくよく聞いてみると、定府にて召し抱えるが、その後備前へ引っ越す様子であったので、またも辞退することとなった。

自らの伝書、『明道論』、『神妙録』、『天真録』を著したのは、ちょうどこの頃、文政元年（一八一八）三十六歳の時のことである。

師の寺田は大阪城代を務める主君の松平右京太夫につき従うかたちで大坂に滞在していたが、文政四年（一八二一）、務めが明けて江戸に戻ってくることになった。喜寿に達した師を江戸で迎えた白井は、自著のなかで

「時に師、浪花に止る事八年にして、文政四辛巳年九月東都に還る。其居に到りて其技を比するに、益進み愈妙にして、余が及べき所にあらず。此時、師年七十七歳、古今希有の老翁と云べし」

意訳すると、

「寺田先生は浪花に八年留まり（実際は六年）、文政四年九月江戸に戻ってこられた。その時に、その技を受けさせていただいたが、以前と較べると、ますます進みいよいよ妙にして私の及ぶ

ところではなかった。この時、先生七十七歳、古今にも稀な老翁と言えるだろう」

と大いに寺田を讃えている。

この文章から、当時の白井は師の寺田には未だ遥かに及ばないと自覚していたと読み取ることもできるだろう。しかし、この寺田と離れて独りで修行していた年月の間に、前述のように詭道をも辞さない寺田の考え方に疑問を強くしていた白井の剣術はいっそう心法化し、無住心剣術的になっていたと考えるほうが自然なのではないだろうか。

白井の技が師匠の寺田のものとは異なっていたということは、白井の弟子である吉田奥丞、津田明馨の著述のなかに現れている。白井はこの津田明馨を自分の後に天真一刀流の三代目を継がせているのだが、それも白井自身がだんだんと寺田の剣術から離れていっていることを自覚し、その道統が重荷になってきていたので、ふさわしい人物にその道は早く譲り、自分は独自の道を歩みたいという思いが段々と強くなったためであると考えられる。そこには無住心剣術の二代目小出切一雲に特に惹かれていながら、その一雲が「練丹の法」を説かなかったことが何とも合点がいかぬという思いがあったのではないだろうか。

なぜ白井がそう感じたかといえば、師の寺田が勧めた「灌水の法」にその効用を認めず、半ば自分で見つけた「練丹の法」に強い愛着を感じていたからだろう。白井としては、この「練丹の法」こそ、多くの人たちが達人となるべき可能性の大きい鍛錬法であり、自らそれを伝えてゆきたいと思ったのだろう。

寺田と白井の師弟関係

大阪から江戸へ戻った寺田に対して、白井は自著『明道論』『神妙録』そして『天真録』を見せ、今後自分はこの著作に述べてある方針で弟子を導きたい旨を伝えた。

先にも触れたように、この三冊の書物のうちの一冊『天真録』は、無住心剣術の二代目小出切一雲の書いた『天真独露』をほぼ全文引用したもので、その後に、無住心剣術開祖針谷夕雲と、この二代目一雲に関するプロフィール的事項を書き込んでいる。この結果、『天真録』は、無住心剣術の伝書ともいうべきものになっている。これを見ると白井は自らが無住心剣術を再興した（あるいは再興したい）という自覚があったことに疑いはない。

これを見せられた寺田が、内心どのように思ったかは知る由もない。しかし、もともと自分自身の修行にのみ関心が深かった寺田としては、白井が目指した道に対してとやかく言うつもりはなく、〝やりたいのならそれはそれで問題はないだろう〟と、あまり気にしなかったようである。その証拠に、白井に対してなんらかの意見や助言を与えた様子はなく、免許皆伝を与えた後継者としての立場を変えることもしていない。

よく武術の世界では「伝統を重んじ、勝手な教え方は厳しく戒められている」などと説かれるが、そうした師弟関係の厳しさから見れば、寺田五右衛門宗有と白井亨義謙との師弟関係は、ずいぶんと風通しが良いというか、それぞれがそれぞれの世界で自分なりの剣の在り方を追求していたような観がある。

もちろん、白井が二十九歳の時、改めて寺田に関心を持って会いに行った際には、寺田は激しく白井の剣術を罵倒したが、それは白井個人というより、防具を着けて打ち合っている剣術の修行者すべてに対する寺田の拒否反応であり、特に白井を今後育てようとして厳しいことを言ったということではなかったと思う。また、寺田が白井を育てたいと思ったとしても、寺田には教師としての能力があったとはあまり思えない。なぜかと言えば、白井が寺田の奨励した「灌水の法」つまり水行を熱心に行い、ひどく体調を狂わせてもなんの助言も行った様子はみられない。

もしそこで白井が後々まで感謝するようなアドバイスを寺田がしていたら、おそらく白井はそのことを深く恩に思ったことであろう。白井は板行され、広く読まれた『兵法未知志留辺』などには、寺田を讃えてまったく批判がましいことは書いていないし、白井の忠実な門人であった吉田奥丞などには、寺田がこうした一般の剣術とは質の異なった、歳をとっても、その実力が衰えない剣術が現にこの世にあることを示し、自分がその世界を志すキッカケをつくってもらった恩人としては有難い存在であったことは話していたようだ。しかし、それ以上の評価はしていない。それはつまり、白井が天真兵法の開祖として多くの人たちから認められるほどの実力を持つようになったのは、寺田のような存在があることを実感し、「人間はこんなところまでいけるのだ」という「生きた実例を見た」ということがその原点ではあるが、白井のなかでは、寺田に対してそれ以上の感謝の思いが育つことはなかったと思われるからである。

そうでなければ、白井に心服していた吉田が『天真伝白井流兵法遣方』に「寺田先生は本当は天真に入る道にはあまり詳しくなかったのだ」などと書くはずがないだろう。白井に心酔している吉田にとって、白井が時々漏らす師の寺田に対するちょっとした不満や批判は決して不愉快なものではなく、「私の師である白井先生は、先代の寺田先生よりもさらに上をいっていたのだ」と思わせるものだったのだろう。

このように寺田とは違った道を歩いていた白井だが、もし白井が自分の門人のなかで、自分の教え方に対して不満を抱いている者がいたとしたら、恐らくそのことを感じとり、良い師弟関係を続けることはできなかったと考える。それは白井が寺田の教えていた高崎藩の古い門人たちに寺田の後継者として教えようとしたが上手くゆかず、そのことに対して、かなり露骨にその不快感を吉田に語っていたことからも推察することができるからだ。

しかし寺田は白井とは違い、真にマイペースな人であったと思われる。それはその剣術修行の足跡からも推察することができる。寺田はまず最初に一刀流を学んだが、その中西派一刀流が防具を着け竹刀で打ち合いをすることに疑問を持ち、平常無敵流に改流した。ところが主君の高崎藩主が一刀流を藩の流儀にしていたので、その主君の命を受けて再び一刀流に復帰したわけだが、当時一刀流に入ったら誰もが行っていたであろう、防具を着けての打ち合いは行わず、もっぱら組太刀を稽古したという。

おそらく寺田にすれば、一刀流の型を借りて自分のなかの世界を展開しようとしただけであり、型を借りるだけなら何流でもよかったのではないかと思う。（もっとも、寺田の性格からいって、新陰流系統の流儀よりも一刀流の方が寺田には適っていたような気はする）

竹刀打ち合いが売り物であった中西派一刀流の道場に入りながら、この道場の主旨とは別のことを行うという特殊な立場にいた寺田なだけに、竹刀と防具による打ち合い稽古で名を馳せながら、それを止めて自分に教えを乞うという新しい道に踏み込んできた白井は、寺田にとっては他にほとんどいない〝同志〟と感じていたかもしれない。そして白井の進歩が著しくなり、寺田にとっても後継者として後を託すに足る人物と思えるようになったので、自分が開いた天真一刀流は、この白井に継いでもらおうと思ったのであろう。

従って、一刀流とはまるで違う無住心剣術の伝書を、白井が教える剣術の極意の書『天真録』としてそのまま使い「門人を導いてゆきたい」という話しを聞いても、寺田は別に反対する気もなかったのだろう。

臨済宗中興の祖といわれる白隠慧鶴の高弟・東嶺円慈に参禅し、剣術の本質は「見性得悟」であり、それは〝自らが実地で悟るものだ〟と考える寺田にとって、確かにひとつの心法の世界を開いた白井が、その後どのような方法でこれから先の道を拓いていこうと、「それはそれで白井に任せよう」と思ったのだろう。こうしたことを考えてみると、寺田はやはり生まれついての天才型の人物で、他人の思惑などあまり気にならなかったのだと思う。しかし、白井は『兵法未知志留辺』などを読めば分かるが、かなりいろいろと思い悩んだり、さまざまに考えをめぐらすタイプだったのだろう。

いずれにしても、このまったくタイプの違った二人は、組合せとしては良かったのではないかと思う。ただ、そのどちらのタイプも冷静に見ることのできる「独自の才能を持つ第三の人物」がいれば、寺田と白井によって開かれた剣術も後世に伝えられたかもしれないが、残念ながらそうした人物は現われず、天真一刀流開祖寺田五右衛門宗有と、天真兵法開祖白井亨義謙は、伝説となって日本の剣術史に遺るだけとなってしまった。

寺田の死去と自流へと邁進する白井

寺田は最晩年に至っても、白井が体調を崩してしまった灌水の法を行い続け、文政八年（一八二五）、八十一歳で没する。白井はそのことを自著のなかで、

「文政八乙酉年八月朔日、天然を以て終る。行年八十一歳。駒込光源寺に葬。死に至る迄、灌水専修怠る事なし。衆人其健壮を称す」

「文政八年（一八二五）八月の一日、天寿を全うされる。享年八十一歳。駒込の光源寺に葬られる。死ぬ直前まで、灌水の法を修行することを怠った日は一日たりとなかった。誰もがその壮健さをほめたたえた」

と称賛している。

寺田の死後、当然、誰かがその後を継がねばならない。その資格のある者、すなわち皆伝を得た者は、『天真伝白井流兵法遺方』には、「参州吉田（現在の愛知県豊橋市）の城主松平伊豆守殿と白井の二人だ」と書いてある。しかし、白井の自著には松平伊豆守の記述はなく、次のようになっている。

「師慈孫を養ひて子とす（喜三太と云）。其技精敏、余が及ぶべきにあらずといえども、師没して後、期年にして又死す（文政九丙戌年九月二十九日）。嗚呼命なるかな、其道統巳に絶なんとす。幸にして、余、師が道の一毫を存す。今、師が弟子（高崎侯の藩数人）、余が技を以て、師の道に違ふと云ふ（斯の如く謂に至り、師が道統を其藩に絶す）者ありと。此れ其道を知らざるなり。天道一なりといえども、其氣稟に因て、僅に其畔を異にす」

「寺田先生は、喜三太という孫を養子に迎えていた。その技は、精緻で俊敏であり、私（白井）の及ぶところではなかった。しかし、寺田先生の没後、一年余りでこの者も亡くなってしまった。文政九年九月二十九日のことである。ああ、これが運命というものか、寺田先生の道統は既に絶えようとしている。幸いなことに、私が師匠の道を髪の毛一本ほどではあるが受け継いでいる。いま、寺田先生の弟子で高崎藩士の数人が、私の技を見て寺田先生の道とは違っている、と言っている。これはその道を知らないから、そのようなことを言うのである。このようなことを言うに至っては、寺田先生の道統はその藩では絶えてしまうだろう。天然自然の理、つまり天真はひとつであるが、各人が生まれつき持っている気質によって、（その表現に）わずかに違いが出るものである」

このような事情もあり、高崎藩の寺田門下生への配慮もあったのだろうか、寺田の没後すぐ、白井は寺田の道統を受け継いだ者として、まずその流派の名前を〝一刀流別伝天真伝兵法〟と名づけた。この時、白井は四十三歳であった。一刀流別伝とは、一刀流に伝わる伝書、『十二ヶ条目録』『仮字目録』『本目録』などを用いないためである。但し、白井の書いた誓紙の始めには〝一刀流兵法〟とある。これは流派の名前を変える以前に書いたものなので、そのままのようである。伝書はすべて白井の制作したものであり、寺田は「先師」とだけ記されている。

このような記述を遺している吉田奥丞の文章には、端々に寺田に対するある種冷ややかな雰囲気が漂っている。先にも述べたように寺田に対し一定の敬意を払ってはいるものの、自分の最も尊敬する師・白井の日頃の物言いから、白井が寺田を全面的には評価していないことを肌で感じていたからだろう。

白井が抱く寺田へのある種、冷めた感情を示すものとして、吉田が書いた『天真伝一刀流兵法』に次の様なエピソードがある。

「白井先生に対して高崎藩士の小澤東四郎という者が言うには、「先生の木刀の使い方は大変素晴らしい。又、刃引の使い方ならなおさらだろうと思ったので、それを見せて頂いた。しかし、先生が使われるところを見ても一向に良いとは思えない」と言う。先生がよくよく考えてみると、木刀は日々修行しているのでのびも自由である。しかし、刃引はたまたまなので、故寺田先師の形にこだわっていると考え、先師の形を外して使ってみると、のびが格別に出、東四郎はトンボ返りするほどにびっくり仰天して、態度を急変させて恐れ入っていた」

ここで吉田は、白井が寺田の形のとおりに刃引を使ったところ、寺田の形にこだわってしまい、白井の独自の工夫である赫機《のび》が出なかったと書いている。しかも、先師の形を外してみると、この赫機が格別に出たというのである。この辺り、白井自身が「自分の剣術と寺田先生の剣術とは違うものである」ということを、吉田にもかなりはっきりと語っていたことが推察される。

さて、この吉田奥丞が白井の許に入門したのが白井四十九歳の時、天保二年（一八三一）十二月十四日である。それからも伝書の文言は少しずつ段々と変わっていった。そして、天保四年（一八三三）、五十一歳の時に白井は自著としては最も有名な『兵法未知志留辺』を記した。吉田の書いた『天真伝白井流兵法遺方』によると、

「序文は此方様であり、その代筆は並河庄之助真信という一橋公の御家人である。二の序の代筆は小栗庄治郎という二千五百石の旗本小栗又一殿の弟である。また跋文を書いたのは、これも五千石の旗本本郷御弓町富士見坂の松平周蔵殿である。上袋を書いたのも旗本で五千四百石御船手頭向井将監の嫡子源次郎である」

とあり、当時としては、そうそうたる人たちが序文や跋文を書いている。ここに出てくる序文

を著したという「此方様」という人物は、吉田奥丞の主君であり、後に富山藩藩主となる前田利保である。

前述の吉田の書物によれば、この『兵法未知志留辺』が完成した時に、『明道論』と『真劔拂捨刀之巻』は書き改められ、その後は改められていないという。吉田が伝授されて持っていた伝書は、この書き改められる前のものであったようだ。

また、稽古方法も変わっていったようである。吉田が入門してすぐの頃は、切りの稽古のときの打太刀は皮の篭手をつけて、それで受けていた。そして、篭手を強く打つような指導であったので、ポンポンと音がしていたが、それがだんだんと柔らかく打つことを良しとするようになっていき、吉田が入門してから七年ほど経つと、切りは木刀を下ろすのみとなり、篭手を使うこともなくなったという。

吉田の遺した記録によれば、白井の剣術は年々進化を遂げ、ますます空機の徳、赫機の徳が開けて、体を忘れたところに現れる自然と繰り出される技も非常に精妙になっていき、それはもう筆舌に尽くしがたいものとなっていったらしい。

次第に大名で弟子になるものが出始め、自然と白井の名前も広まっていく。しかし、高崎藩主の松平右京亮の屋敷に出向くことはなかったという。理由は以前、その屋敷で稽古をした際に、高崎藩家中の寺田の弟子が白井に対し大変な失礼を働いたことがあり、それに怒った白井が稽古を断ったためである。これが寺田亡き後、高崎藩にその道統が伝わらなかった理由だという。

寺田が持っていた数々の伝書、書物は、すべて白井が管理することとなり、天保十二年（一八四一）頃、白井は嫡子大治郎のために公儀御徒方の株を買い求め、名前を大野大治郎と名乗らせ、父方大野の家名を継がせている。また天保十三年（一八四二）十一月七日には既に富山藩第十代目藩主となっていた吉田の主君前田利保が弟子入りし、白井の流派はますます賑わうこととなる。

白井亨の最後

天保十四年（一八四三）、それまで名乗っていた流派の名前〝一刀流別伝天真伝兵法〟から、一刀流別伝と、さらに天真伝の伝の字も抜き、ただ〝天真兵法〟と名乗るようになった。これは前田利保より御前で直接申し付けられたという。

これによってさらに寺田の開いた天真一刀流と、白井が行う剣術とは違ったものになっていったと思う。また、四十二本の型の使い方についても詳しく書き記した伝書を前田利保により板行することとなり、今日にも遺されている『未知志留辺拾遺』や『神妙録』の注解書である『兵法至途宇乃千利』もだんだんと出来上がってきて、これも版木を彫るばかりとなっていた。

これだけでも白井が富山藩主前田利保に厚遇されていたことが分かるが、それだけではなく、天保十四年（一八四三）の夏には、当時大野大治郎の拝領地であった和泉橋通りの御徒町山下寄に家と道場を建て、稽古初めも無事に行った様子が『天真伝白井流兵法真剣遺方』に記されている。

しかし、世に「満つれば欠けるの理にて」と『天真伝白井流兵法遺方』に表現されているように、天保十四年十一月十四日の夕刻七つ時（だいだい四時前後）、「天命だろうか」と吉田が天を仰ぐような思いで書いているように白井は急死する。六十一歳であり、当時としては決して短命ではないが、「先生の技と、その型はなんともいえず精妙を極めていたが、あまりに満ちすぎたか」との文面から、吉田の無念が読む人間にも十分に伝わってくる気がする。

法名を顕名院栄誉徳昌秋水居士と贈られた白井は、江戸浅草の新堀端松平西福寺の寺中、源崇院に葬られた。浄土宗であった白井家も大野家も菩提寺は同じ寺であり、白井家の紋所は井桁、大野家は離梅輪知である。子供は嫡男大治郎の他に次男の白井民部と娘が一人いた。また白井の妻は松平右京亮の家来、横山庄作の伯母であった。

残念だったのは、出版目前であった『兵法未知志留辺拾遺』と『兵法至途宇乃千利』である。新居や道場を建てていたため時間が取れず、完成する前に白井が他界してしまったのだ。

吉田は最後に、「又跡は弟子中寄合稽古なり」と書き記し、筆を置いている。このことから察するに、おそらく白井が急逝した後、中心となるべき弟子がいなかったのであろう。


こうして幕末に登場した希有な剣の達人、白井亨はその生涯を閉じた。

寺田により歳をとっても衰えない世界を知らされ、無住心剣術の針谷夕雲や小出切一雲、法心流の金子夢幻、平常無敵流の山内蓮心などに深く憧れ、特に一雲を「史上最高の遣い手」と尊崇した白井。その一方で、そうした境地へ至る方法論として、練丹の法を説かなかったことに対して、「これでは上達の手掛かりがない！　練丹こそが、その手がかりであるのに」との思いがあったようで、それは自著『兵法未知志留辺』のなかにも現れている。


「又昔年針ヶ谷夕雲（初め五郎左衛門と云小笠原玄信弟子無住心剣術の祖）小田切一雲（初め恕庵と云後一雲と改夕雲弟子六十歳にて出家し空鈍と号す筆剣の二芸を生涯の楽しみと

す）金子夢幻（高田侯の臣弥次右衛門と云法心流の祖）山内蓮心（八流斎と云平常無敵流の祖）等の遺書あり、各兵法に於て微妙を得て其の所得を述べたるは天下人なきが如しと雖、其書各練丹の事を論ぜず（右四人各名人なりと雖殊に一雲を古今独歩とす一雲死して後五年を経て宝永七庚寅白隠禅師始て練丹の術を城州白川の白幽仙人に学ぶ此れ近世へ伝るの創めなり）此れ其の人敏にして、暗に其の妙を得し者なり。其書真理に通ずと雖、練丹の法莫くして階梯莫きが故に空理に均し」

大凡のところを記せば、

「針谷夕雲、小出切一雲、金子夢幻、山内蓮心の遺した遺書があるが、それらは剣術の真理を得てそれを述べているところは、他の誰にもそれに代われないほどであるが、練丹のことは書いていない（この四人はいずれも名人であるが、なかでも一雲は古今独歩の名人である。一雲の死後、五年が経った頃、白隠禅師が白川の白幽仙人に練丹の法を学んだのが始まりで今日に伝わっている）。各名人の述べたことはその名人の感覚が特に敏感でその書いたものは真理に通じているが、練丹の法がないのは上達のための階段がないのにも等しく、空論に過ぎない」

と、古名人たちが練丹法を述べていないことについて、残念というか遺憾なことだと強調している。おそらく白井としては、自らが学び実践した練丹の法を用い、〝自分こそが達人への道筋を打ち立てよう〟と思ったのだろう。しかし残念ながらその白井も道半ばで倒れ、これという後継者を育てるに至らず、逆に「階梯がない」と批判した一雲の方にはかなり使える者が何人も出たというのは何とも皮肉なことである。

思うに練丹の法は、これに嵌った者には大層具体的で魅力的なものに感じられるのだろうが、その丹田への揺るぎない自覚が、深い実感を伴って得られない者にとっては、丹田は観念的な憧れの対象でしかないため「これさえ得られれば他は自然と備わってくる」とその感覚を得た者（ここでは白井亨）がそのことを強調すればするほど、周囲はその師を尊敬し、憧れて、師の教えに従おうとしつつ、自らが本当に実感することはできないので、結局は「練丹法もどき」を行うしかなく、当然のことながら、それでは実際の力は得られないので、白井の門下からは他流から称賛されるような剣客が出なかったのだろう。

その点、一雲は他流に驚かれるような門人が三十人中四〜五人も出たというから、教師としての才能があり、その教え方にも優れたものがあったと思われる。その辺りを白井がどう思っていたかはよく分からない。ただ後世にもその名を遺した高名な医師で、白井の熱心な門人であったらしい医師の平野元亮などからの要請には応えて、天真白井流の剣術の〝型〟を作り直したりしている。その解説を読むと、無住心剣術の影響か動きとしては極めて簡素なものとなっていて、これはまさに丹田が充実していなければ使えなかっただろうという印象である。そうしたことからも、白井は剣術というより結果として剣術に活きる〝練丹法〟を追求していきたいと考えていたようにも見える。したがってまず自分自身が納得のいくところまで達したら、本格的に指導法も考えようと思っていたのかもしれない。とはいえ白井は自分の技と境地が進むことに何よりも関心があり、白井自身が真に納得のいく完成に至る前に没したようだ。

白井亨と小出切一雲

さて、白井亨は寺田五右衛門に出会って心法の剣術への眼を開き、その後、師と仰いだ寺田とも別れて独自の剣術〝天真兵法〟を開くが、そこに至るにはどのような経過があったのだろうか。白井は寺田に会って無住心剣術を知るが、なかでも最も関心を持ったのは、既に述べたように無住心剣術の開祖針ケ谷夕雲ではなく、同流二代目の小出切一雲である。そのことは白井の自著『兵法未知志留辺』のなかで、夕雲と一雲の他に平常無敵流の開祖・山内蓮心と法心流の開祖・金子夢幻の二人を加え、この四人の剣客を日本剣術史上最高の名人たちと評し、そのなかでも小出切一雲を最も高く評価している。

なにしろ白井はこの四人を紹介したあと、「右四人各名人なりと雖、殊に一雲を古今独歩とす……」とわざわざ『兵法未知志留辺』のなかで注を入れているのである。

私はかつて無住心剣術や天真兵法を調べて、それを『剣の精神誌』にまとめたときから、白井亨がなぜこれほどまで一雲にこだわるのか考えつづけた。月日を経て次第に腑に落ちてきたのは、白井が一雲のなかに自分とよく似た点を見出したためだろうということであった。

一雲はその著『夕雲流剣術書』によれば、二十八歳で初めて夕雲に会い、五年後の三十三歳の時、印可を受けたと述べている。白井も二十八歳の時、自らの剣術に深い疑問を抱き、二十九歳でかつての兄弟子寺田五右衛門宗有に会い、その精神そのものを押し潰すような剣に圧倒されて門人となり、猛烈な修行をしてその技と境地を認められたのがやはり五年後である。

その他、両者は性格的にもどこか似通ったところがあり、一雲の著作と白井の著作を比較しながら読んでいくと白井が一雲に強い思い入れを持った理由が肯ける。

白隠の練丹の法に光を見出す

白井は、当初は寺田の指示に従って灌水の法、つまり水行を熱心に行っていたが、これですっかり体を壊し、以後はやはり寺田から教わった禅僧白隠が広めた練丹の法を実行し始める。これは身体的にも精神的にも適っていたのか、この練丹の法で健康も取り戻すのだが、ここで参考までに白隠が説いた練丹の法を載せている白隠の著作『夜船閑話』の一部を引用しておこう。

「我に仙人還丹の秘訣あり、爾が輩がら試みに是を修せよ。奇功を見る事、雲霧を披ひて皎日を見るが如けん。もし此秘要を修せんと欲せば、且らく工夫を抛下し話頭を拈放して先須らく熟睡一覚すべし。其未だ睡りにつかず眼を合せざる以前に向て、長く両脚を展、強よく踏みそろへ、一身の元気をして臍輪気海丹田、腰脚足心の間に充たしめ、時々に此観を成すべし。我この気海丹田、腰脚足心、総に是我が本来の面目、面白何の鼻孔かある。我がこの気海丹田、総に是我が本分の家郷、家郷何の消息かある。我がこの気海丹田、総にこれ我が唯心の浄土、浄土何の荘厳かある。我がこの気海丹田、総に是我が己身の弥陀、弥陀何の法をか説くと、打返し打返し常に斯くの如く妄想すべし。妄想の効果つもらば、一身の元気いつしか腰脚足心の間に充足して、臍下瓠然たる事、いまだ篠打ちせざる鞠の如けん。恁麼に単々に妄想し将ち去て、五日七日乃至二三七日を経たらむに、従来の五積六聚、気虚労役等の諸症底をはらいて平癒せずんば、老僧が頭を切り持ち去れ」

すでに何度か触れたが、白井は師の天真一刀流開祖寺田五右衛門に対して尊敬も恩義も感じてはいたであろう。しかし白井自身は自らが開いた天真兵法（当初は、一刀流別伝天真伝兵法。門弟たちは天真白井流と呼んでいたようだ）の極意の伝書『天真録』の内容が、ほとんどそのまま無住心剣術の極意書である『天真独露』であることからも、寺田の説く天真一刀流の術理よりも、寺田を通して知った無住心剣術の思想と術理の方により強く惹きつけられていたことは明らかである。したがって、白井がもし正直に自分の気持を述べたとしたら、「自分は寺田先生と出会ったお陰で、心法の剣術に眼を開くことができた。そういう意味で寺田先生は大恩人である。しかし、あくまでも心法の剣術への眼を開くきっかけをいただいただけである」というところであろう。

白井は寺田五右衛門よりも剣術を通して宗教的な真理・真実といった世界を希求していたふしがあり、すでに述べたように、寺田の「剣術には詭道、すなわち騙し欺く戦略もときに必要だ」という考えには納得がいかなくなっていたような気がするからである。そういう白井にとって、無住心剣術の二代目小出切一雲には深く共感するところがあったのであろう。ただ一雲が晩年自分が絶対的な自信を持っていたはずの剣術について、「つまらないことに手を出したものだ」と悔いて出家するようなことにはならず急死するまで、ますます自分が行っている道に対して肯定する思いがなくなることはなかったようだ。このことからも、やはり白井は練丹の法というものに非常に確かな手がかりを感じており、「これがあれば一雲もあんなに迷わなかったのに」という思いがあったのではないだろうか。

そうした白井の傾向は、本書の資料編に全文を紹介してある『兵法未知志留辺拾遺』の初めにある次の文章からも明らかであろう。

天真兵法真剣活機論

「蓋シ神霊ノ気宇宙ニ充満シ、万物ヲ化育ス、是ヲ天真ト云、今、此兵法、唯天真ヲ養フヲ要ス、兵ハ兵器ノ惣名ニシテ、是ヲ採ヲ兵士ト云、兵士常ニ修スベキノ法ナレバ、兵法ト号ケシ也、凡ソ人機心僅ニ動ケバ、其真ヲ失フ、況ヤ利ヲ逐ヒ名ヲ求メ、得失ニ心ヲ労シ、是非心頭ニ闘ハンヲヤ、兵士胸中ニ斯ノ如キノ邪念ヲ存セバ、躯心戚々トシテ、支体安然タル事能ハジ、若シ人、其邪念ヲ断ジテ支体ヲ安キニ置ント欲セバ、此天真ヲ養フニシカジ、此天真ヲ養フニ、語黙動静、世事紛然タル間ニ於テ、此修法ヲ真修シ、速ニ其邪念ヲ断ジテ天機ヲ自得セバ、假令危殆ニ臨ムト云ヘドモ、無人ノ廣野ニ立テルガ如ケン、兵士此技ヲ修セザランヤ、活機論ト云ハ、常ニ錬丹シテ神ヲ養ヒ、空機ヲ凝シ、技ニ臨ミ赫機ヲ活動セシムル修法ヲ論ズレバ也」

大意を記すると、

「まさしく神霊の気が宇宙に充満し、万物を生成化育する。これを天真という。いまこの兵法（つまり白井が創始した天真兵法のこと）は、何よりも天真を養うことを必要とする。兵というのは、兵器（武器）の総称で、これを使う者を兵士（武士）という。兵士は常に修行すべきことがあり、これを兵法と名付けている。およそ人の気や心は、僅かでも動けば、その真実を失ってしまうものだ。ましてや、利を追い、また名誉を求めて損得に心を使っていると、そのことで頭と心が葛藤を起こし、いっぱいになってしまう。兵士の胸のなかにこのような邪念があれば、身も心も荒れてしまい、その身体が自然と安らぐことはできない。もし人がこの邪念を断ち、身体を安泰させようとしたならば、この天真を養うことが何よりである。この天真を養うのに、日常のなかでさまざまに喋ったり、動いたり、仕事に忙しくしていながら、この修行法を本当に学び、すみやかにその邪念を断って、天の機を自得できれば、たとえ非常事態に遭っても、何の障害もない無人の荒野にいるのと変わらない。兵士（武士）が、この技を学ばないでおけようか。活機論というのは常に練丹（丹田を鍛えること）し、神を養い、空機を凝らし、技に臨み、赫機を活動させる修行について述べているのである」

それでは白井は具体的にどのような剣術を求めていたのだろうか。次はそこを考察してみたい。

心法の剣術の修行　六つの伝

白井は、まず初心者に教える「六つの伝」というものを定めたようだ。吉田奥丞が書いた『天真伝一刀流兵法』によれば、

「当流初身ニ教ル六ツノ伝アリ、忘レテ捨ル物三ツ、覚テ修ス物三ツ、忘レテ捨テル物三ツハ敵ノ躰ト我躰ト我持タル剣、覚テ修ス物三ツハ真空ト我腹ト太刀ノ先ノ赫機也

敵ノ躰ニ気ヲ附ケ見留ルト気夫切リニテ留リテ事夫切リ也、我躰ヲ覚ルト肩ヘコリ胸ヘコツテ躰堅クナリテ悪キ物顕ル故天真ヲ失フ、我持タル剣ヲ覚ユルト手強クナリテ自然ノ事叶ハズ、兎角我躰ト我ガ剣ヲ覚ト敵是ヲ見当ニスルナリ

（この後、ここに老子や荘子の「坐忘」の話が入り、「是スナハチ敵ノ躰モ我ガ躰モ我ガ剣モ忘テ真空ニ和シテ自然ヲ事トスル譬也」との解説が入って、次に覚えて修する物、三つの解説へと続く）

覚テ修ス物ハ真空ト腹ト太刀ノ先ノ赫機也、真空ヲ養フテ空気一円ニシテ敵ヲ包ム也、腹ヲ修シテ躰ヲ和ラゲ惣身ヲ腹ノ内ヘ入ルル也、太刀ノ先ノ赫機ハ敵ヨリ先ヘ何十丁モ見越テ遣フ長竿ヲ持タル心ニテ遣フノビニテ敵ヲ破ル也」

この大意と、それについて私自身の感想を述べてみたいと思う。

「当流には初心の人びとに教える大切な六つの教えがある。それは忘れて捨てるものが三つと、

覚えて学び修するもの三つである。

まず、忘れて捨てるように努めなければならないもの三つとは、敵の体（姿）と、自分の体と、自分が持っている剣で、この三つを意識しないようにすることが大切である。

覚えて修するもの三つとは、真空と我が腹（丹田）と太刀先の赫機である。

なぜならば、敵の体（姿）を認め意識すると、敵の動きにつられて敵の動きに泥《なず》み、気も、技も束縛されて動きがとれなくなるからである。

また、自分の体を意識していると肩がつまり、胸がつまり、体が硬くなって、天真すなわち本来の自然の働きができなくなってしまう。

そして、自分の持っている剣を意識していると、どうしてもその剣に頼ろうとして、つい手に力が入ってしまい、自然の働きはできなくなる。とかく自分の体と自分の持っている剣を意識すると、敵がこれを打ち込む目当てにするものである。

覚えて学び修するものは真空と腹（丹田）と太刀先の赫機である。真空を養って空気を円相にして、これで敵を包むのである。さらに腹（丹田）を練って体を柔らかに調和させ、全身を腹のなかにいれることが大事である。太刀先の赫気は、敵の背後何十丁（数キロ）も突き貫く長い竿を持ったような心持ちで使い、このノビで敵を破るのである」

この辺りは無住心剣術の影響が強いと思うが、白井のオリジナルもかなり入っている。無住心剣術の伝書である『中集』では、この本の編者の川村弥五兵衛が少し得るところがあったのだろう、師である真里谷円四郎に、「其形を離れ、太刀も持たるばかりにして、何の心もなく、外想にいきをひなく出ればよきと覚へ知て、是れぞと思ひ、先生へ見せ申候へば」つまり、「その体を覚えず、太刀も持っていることを意識せず、余計な思いをなくして出たらいいのだろう」と思って、そのことを師の円四郎に伝えると、円四郎は「それは禅僧の修行と同じで、我が道、つまり剣術の世界の話ではない。剣術は体も入用だし、持っている太刀（剣）も入用だ。体も太刀も性気が満ち満ちるように修行すべきである。禅の方では四大（地、水、火、風）の四元素を捨てて修行するが、（我々は）体も入用である。体とともに成仏せよと仰ったのは、昔から今までの間で一人一休和尚だけである」と、原文では次のように述べている。

「先生云、それは禅僧の修行ぶりにして、我が道にあらず、剣は形も入用なり、持たる太刀も入用なり、形にも太刀にも、先きまで我が性気のみつるやうにして、立たる所より直に敵へとどくやうに修行すべし、禅家は四大を捨て修行せしに、又形も入用なり、形共に成仏せよと被仰候は、古今一休和尚ばかりなりと被仰候」

ここで円四郎は白井の主張とは異なったことを言っているようだが、白井は円四郎が、「体（形）も太刀も、その先まで性気が満ちるように」ということを、白井自身が主張している「腹」に円四郎の説く体を重ね合わせ、「太刀先まで性気が満ちる」ということをまさに白井の説く太刀先の「赫機」と重ね合わせたのだと思う。

心法の剣術の修行　真空

このなかで白井が強調している、「覚えて修するもの三つ」のうちの真空については、同書で、

「又、真空ヲ実シル譬アリ、鬼一法眼ヨリ、源義経公ヘノ伝書ノ中ニ、大ハ身所ニ絶シ、細は微塵ニ入ルト有リ、是広大也、当流へ引当テハ、奇妙也、大キイ事ハ身ヲ無クシテ真空一パイ渉リ、少キ事ハ真空ヲ持チテ微塵トナリテ、惣身ヲ無クシテ腹ノ内へ入也、是空気自在ヲ言フ也」

と述べているが、この真空については、吉田が書いた『天真白井流兵法譬咄留』のなかで、

「当流ノ真空ハ天機地機通フテ万物ノ生ル空機言語ニモ述難キ真実ノ空ト云フ心ニテ真空ト云フ此空機ニ躯心ヲ和シテ其ノ空機ヲ一円ニシテ敵ヲ包ム也」

「当流の真空は天の気・地の気が交流して万物を生ずる空機の働きで、その言葉では表現し尽せない、真実の空（働き）という。この空機（真空）に心身を調和させ、この空な機（働き）を円相にして敵を包み込むのである」

と述べている。また、空気に関しては、

「空気ノ譬アリ、鯛網ヲ引トキ因果ナ平目ヤカレイヤコチヤ何モ彼モ其当リ居ル魚ハ皆網ノ内ヘ入ル也、鯛計ニ限ルべカラズ皆入也、空気ニテ斬掛レバ火事ノトキ風下ニ居レザルガ如シ、是敵ト空ト一躰ニ見ル故也」

「空気（機）の譬えとして次のようなものがある。鯛網を引くとその辺りにいた平目や鰈《かれい》やコチなどの因果な外道魚はみな網にかかって捕られてしまう。鯛網だからといって、なにも鯛だけがかかるわけではない。これと同じで空気をもって敵に斬り込んでゆけば、その威力は凄まじく、ちょうど火事のときは、とても風下にはいられないようなもので、その辺一帯のものは手も足も出ないものだ。これが敵と空（空機）とがひとつになっている（敵を空機が包み込んでいる）というのである」

としている。

そして『天真伝一刀流兵法』によると、白井はさらに次のような譬えを出して、この真空を門人に理解させようとしたようだ。

「又真空ヲ持ツ譬アリ、一筋ノ矢ヲ十度ニ射ルト云フ事アリ、矢一筋ニ成リテ敵ニ追詰ラレ振リ返リ矢ヲ引キ詰ルト敵止ル、其時放サズシテ又引上々ル、又敵追詰ルト又振返リ矢ヲ引詰ル、敵止ルト又引上ル、十度モスル中ニ味方ノ人数ノ内へ入也、放シテハ詮ナシ、放サヌ所ニ味アリ、剣術モ修行中ハ功ヲ急ギデハ味ナシ、空気ヲ持ツ所ニ妙アリ」

「真空を保つ譬えがある。これは一筋の矢を十回、十本分にも射るということだ。戦で矢が残り一筋となって敵に追いつめられたとき、振り返ってその矢を番《つが》えて弓を引き絞ると敵は止まる。その時、射離さず、また引き退いて、敵に追いつかれると振り返って矢を射る仕草で弓を引く。こうして矢を射ずに十回も繰り返しているうちに、味方のなかに追いついて入れば何とかなる。もし射離してはどうしようもない。この射ると見せかけて射ずに我慢するところに妙味があるのだ。剣術の修行も効果をあせって求めないことが大事で、これは空気を保つことと同じである」

としている。

心法の剣術の修行　腹

腹については、この『天真伝一刀流兵法』では少し変わった譬えを使って次のように述べている。

「練丹シテ腹ヲ修シ惣身トモ腹ノ内ヘ入レ顔モ水落ヘ入レテ如何ニモ縮ミテ卑ク驕ラザルヨウニシテ遺フ、是ニ譬アリ

昔シ信長公討死後アヅチニテ柴田勝家ト羽柴秀吉ト会合ノ時勝家謀略ノ為ニ諸大名ノ悪ミ請ル事ヲ知ラズシテ秀吉ヘ非儀非道ヲ振舞フ、秀吉蟄シテ少モ起ラズ誤リ居テ諸大名ノ助ケヲ蒙リ終ヒニ志津ヶ嶽ニテ勝家ヲ亡ス、誇リタル故ニ勝家ハ亡ブ、秀吉ハ蟄シタル故ニ勝利ヲ得ルナリ」

この譬え話の前半の大意は、「練丹して腹を修し、全身を腹のなかに入れ、顔も水落へ入れ、すべて縮めて卑く驕らないように剣を使う」ということであろう。縮めて、というのは、もちろん委縮するという意味ではないだろうが、腹帯を巻いた絵を見ると現在の剣道とはもちろんのこと、当時の他の剣術の稽古風景を描いた『北斎漫画』などに比べても、およそ異なった「しょんぼり」とした姿に見える。もちろん現在の剣道のような胸を張ったいわゆる良い姿勢が、本来の日本の伝統的な剣術の姿勢ではないのは間違いないが、それにしてもこの絵の構えは異質であり、あるいは剣術と練丹法の一致点を求める白井の工夫の様子とも思える。実際、白井の弟子でもあり当時、医師としても有名だった平野元亮の著した『養性訣』には、白井から教わっ

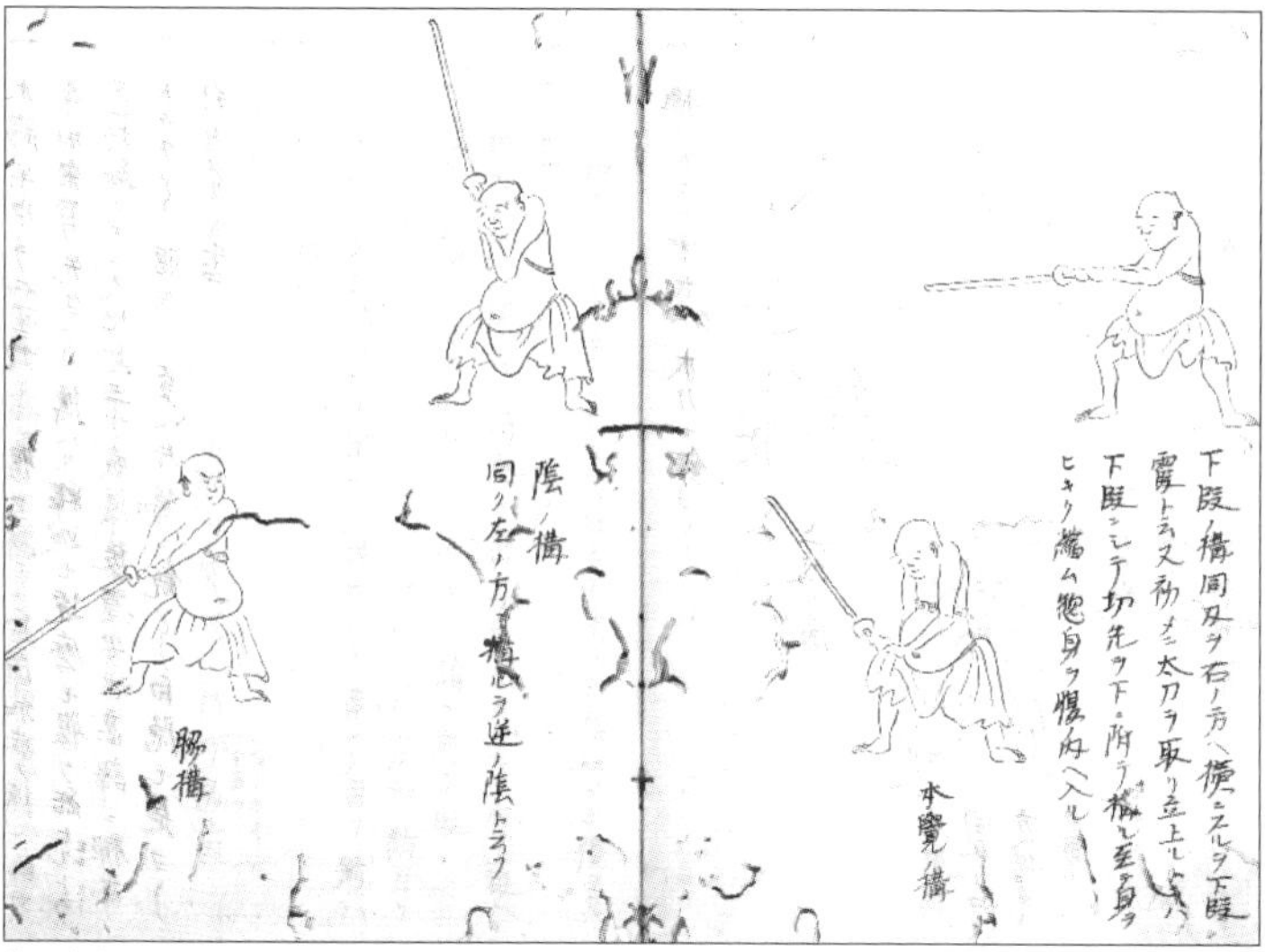

『天真伝一刀流兵法』富山県立図書館蔵

た〝調息法〟として、同様の姿勢と腹帯のことが書かれており興味深い。

　そして後半は、この縮んで卑しく驕らないようにすることについての、かなり飛躍した譬え話が語られている。

「昔、織田信長公が討ち死にした後、安土城で会合があったが、この時柴田勝家は諸大名のにくしみをかうことも知らず、謀をもって羽柴秀吉を非難した。しかし、秀吉はこの非難に対して、身を慎んで（蟄して）反論しなかったため、諸大名を味方にすることができて、その助力で結局賤ヶ岳で勝家を亡ぼすことができた。これは驕った勝家が亡び、蟄して身を慎んでいた秀吉が勝利を得た例である」

心法の剣術の修行　赫機

そして最後の赫機であるが、白井は早駕籠と蒸し器である甑《こしき》、さらに湯桶など身近なものを譬えにして、次のように解説している。

「又赫機ノ譬アリ、早駕カツギノ棒先ヲ我ヨリ三、四尺計モ出シテ行ク也、向フ者自然ニヨケル也、是赫機ニ同ジ

又赫機ノ譬アリ、蒸物スルトキ湯ゲノ強ク立ツハ釜ノ下ノ火ヲ強ク焼ク故也、甑キノ関板ニ少キ穴アリ此少キ穴ヨリ湯ゲ強ク上ル、関板ナシニテハ蒸物ヲソシ、又湯トウ（桶）ノクチヨリ湯ヲツグ時湯ノ強クハゼデルハ中ニ湯ノ沢山アル故也、依テ赫機ノ強クキクハ練丹ノ腹気ノ強キ故太刀ノ先ヨリ何尺トモ先ヘキク也、赫機ノ修行ハ腹ガ元トニテ空ト敵ト一躰ニ見テ遥カ先ノ空ヘ刺撃ヲナス事専一也、マダルクトモ幾度モ幾度モ順ニ修行スル事也、急イデ邪ノ早道スルト湯トウノ蓋ヲ取リ横ニシテ湯ヲアケルガ如シ、故ニノビヲ失フ」

まず、早駕籠の譬えでは、

「早駕籠は、駕籠の棒先を自分より三〜四尺も前へ出して走っているため、向こうから来る者は、誰でも自然と避けるものである。これと赫機の働きは似たところがある」

と述べている。

この辺りは、かつて白井が「八寸の伸曲尺」という、自分が持っている木刀や竹刀の切先が、実際よりも八寸長く伸びていると観念して使うという技法が、この技の基盤になっているように思われる。白井はこの「八寸の伸曲尺」を「雑技」として、自分の眼が開かなかった時代の技のように書いていたが、人間の感覚というものは、そう簡単に何から何まで変わるわけもなく、新しく技を展開する場合も、かつて自分が気づいたことが潜在的にはかなり参考になる場合があったのだと思う。

また、身近にあるものとして、甑を譬えにしては、

「蒸し物をするとき、湯気を強く出すにはまず釜の下の火を盛んに焚くことが必要である。しかし、この蒸し器に小さな穴が開いている関板があることも重要である。この関板がなかった

ら蒸すのに時間がかかってしまう。

また、湯桶の口から湯を注ぐとき、湯が強く跳ね出るのは、なかに湯が沢山あるからである。つまり赫機が強く利くのは、練丹して腹の気が強くなるからで、その練った気が太刀の先から、何尺もほとばしり出るからである。赫機の修行では腹を元として空（空気あるいは真空を指す）と敵とを一体とし、その空気で敵を包み込んで敵のはるか後まで赫機で突き貫くことをもっぱら稽古すべきである。とにかく、手間がかかっても繰り返し繰り返しこれを素直に修行することが大切である。手早く上達することを願ってあせると邪道に踏み込み、湯桶から湯を出すのに、口から注ぐのを待っていられず、蓋をとって湯桶を横にして中の湯を一度にあけるようなことをしてしまう。そんなことをすれば赫機は失われてしまう」

と言っている。つまり、このなかで白井は、練丹で練った気（エネルギー）は甑や湯桶のように出口を絞り込むことで、なかのエネルギーが勢いよく出てくることを説きたかったのであろう。

この真空と腹と赫機は、いずれも白井が新たに解釈をしなおしたり命名したもので、天真白井流（つまり天真兵法）の骨格となったものである。この絞り込むことによって威力を出すというのは、私が近年行っている、動きをロック（急停止）させることによって威力を出すということと共通している感じがして興味深い。また白井の赫機を絞り込むことで威力あるものにするというのは、極めて感覚的な世界のことであるが、それが白井にとっては、非常に実感を伴ったものであったのだと思う。ただ、その実感を伴ったことを白井以外にできる者がおらず、先にも書いたように、多くの弟子達は「そのつもりになって行う」という程度のレベルであったため、「天真兵法」も白井一代で、その幕を閉じてしまったのではないかと思う。

ただ、この練丹を理想とし、それに生涯を傾けていて、その途中でふいに急死した白井は、見方によっては、そのお蔭で一雲とは異なり、晩年になってさまざまに迷うことなく済んだようにも思う。一雲は晩年、どんなに相手が強くても「相ヌケ」以外に決して負けるはずがない無住心剣術の印可を得た者であったのに、門人の円四郎と立ち合って「相ヌケ」になれず敗れてしまい、その円四郎と他の門人とが不仲になって、流儀内が大混乱してしまった。そうしたことから一雲は心に迷いが生じたのか、すっかり剣術にも嫌気がさし、名を「空鈍」と改めて出家してしまう。

その辺りのことは、章末に載せた『空鈍一百韻』の、著者一雲（空鈍）の自序でも明らかだ。なにしろ『空鈍一百韻』によれば、かつて無住心剣術を、この世に比類のない〝聖なる剣術〟とまで強い思い入れを持っていたはずの一雲が、その無住心剣術に対して「自分は若い頃不幸なことに書と剣術の二芸に遊んでしまった」として、その剣術を「鼠のようにつまらない技」とまで書いて、悔いているのだから。

もっとも、その後一雲は、どういう心境の変化があったのか、再び剣術を指導し始めるから、最後はそれなりに納得のいく境地を得られたのかもしれないが、これは何とも分からない。

それにしても、練丹に確かな実感を得た者にとっては、「これこそ心身鍛錬の鍵」と思うのだろうが、この実感というものは極めて伝わりにくく、次代が容易に育たぬように思う。例えば近代になって練丹を強調した傑人としては、肥田式強健術を創始した肥田春充という人物が思い浮かぶが、この肥田式強健術も創始者は「正中心」（聖中心とも）と名づけた丹田の鍛錬法を具体的に詳しく解説し、一時は非常に多くの共鳴者を得たが、この創始者肥田春充の得た世界とほぼ同様な世界を追体験できた者はいなかったと思う。どうも練丹を中心とした心身の鍛錬を経た超人的人物は、なぜか時代を飛んで時折現れるということが、昔から繰り返されてきているような気がしてならない。とはいえ、白井亨、肥田春充はともにその傑出した能力の記録が貴重なものであることは確かであり、その存在自体が「こうした世界があるのだ」という後世に語り継ぐべき重要な身体文化の遺産であろう。

今回、白井亨の剣術を改めて振り返るにあたって、章末の資料に『兵法未知志留辺拾遺』を載せたが、これは『天真兵法真剣活機論』の注解として広く板行される予定だったものが、白井の急死によってそのまま中断してしまったものとされている。

それを吉田奥丞が、白井亨の子息であった亨一郎に熱心に頼み込み、まだ下書きのままであった原稿を貰い受けて、板行したようである。収録にあたっては『天真兵法真剣活機論』をもとのまま漢文に、その注解の部分は漢字ひらがな混じりとして読みやすく直した。

吉田奥丞について

起倒流柔術の名人と謳われた加藤有慶と天真兵法の開祖白井亨について、今回このように紹介できるのは、ここまで何度も本文に登場した富山藩士吉田奥丞有恒の功績による。

吉田奥丞は白井亨と出会い、その技と術理、そしておそらくは、その人柄に深い感銘を受けたようで、白井に願い出て多くの伝書類を借り受けそれを筆写している。そのお陰で、白井が『兵法未知志留辺』のなかで書いている、無住心剣術の針谷夕雲、小出切一雲の伝書はもとより、真里谷円四郎の伝書や法心流の金子夢幻、平常無敵流の山内蓮心などの資料までもを今日読むことができるのである。

　また吉田は、起倒流柔術にも深く心を惹かれたようで、それまで学んでいた四心多久間流柔術から改流して起倒流柔術を学び、持ち前の伝書や資料を集めずにはおれない性質を発揮して、起倒流についてもその伝系から代々の師範のエピソードに至るまで詳しく書き写し、また記録を遺している。

　この吉田奥丞の労作があったお陰で、冒頭にも記したが、現在も日本の剣術史の常識として広く流布されている「白井亨は岡山藩士である」と思われていることは間違いで、実は先祖に大野修理亮治長を持つ町人の子であり、岡山とは縁が深かったが、実は一度も岡山藩士にはなっていなかったことが判明している。また、白井が師の寺田に対して感謝はしていたと思うが、かなり批判的であったことなど、細かな師弟間の機微を知ることができるのも吉田奥丞のお陰である。白井の流儀、天真兵法は、白井が急死したことで、しばらくは教えを受けていた門人達が集まって稽古をしていたようだが、これといった遣える門人がいなかったせいか、その後白井の流儀を受け継いだという者で剣術史に名を遺した者は一人もいない。

　吉田奥丞自身にしても、白井から多くの伝書類を借り受けることができるほど白井からも深く信頼されていたようだが、吉田自身の剣の実力は他の門人達と比べ、際立っていたということはなさそうである。ただくり返しになるが、吉田奥丞という人物がいたからこそ我々は貴重な資料を現在も目にすることができるのであり、その功績は大きなものがあると思う。

今回この本で加藤有慶、白井亨の二人を紹介するにあたって、改めてこの吉田奥丞有恒に感謝する次第である。

《資料一》

『兵法未知志留邊拾遺』（全文）

天真兵法真劔活機論自叙

中古長鎗釵鈀起《ツテ》而騎戦廃《シ》、鳥銃盛《テ》而戦法変《ズ》、是《レ》其《ノ》自然之勢也、蓋《シ》於《ルヤ》二戦闘《ニ》一也、敵軍雖《ドモ》二正々堂々《ト》一而《レドモ》、無《ク》二火砲之設《ケ》一、将卒各々執《リ》二兵刃《ヲ》一、徒《ラニ》勇力自恃《ヲテ》　縦《セントスル》二其《ノ》暴戻《ヲ》一者、雖《ドモ》レ似《タリ》レ可《キニ》レ恐《ル》、而《レドモ》我《ガ》、陣厚《ク》列《シ》二神器《ヲ》一運用、節制、上下一《ニシ》二其《ノ》機《ヲ》一、常《ニ》倚《レバ》二忠誠《ニ》一則至《チルヤ》レ交《ルニ》レ鋒《ヲ》也、我之捷《ツ》レ彼《ニ》固《ヨリ》無《シ》レ論矣、此兵法亦復如《クシ》レ影《ノ》、某性好《ンデ》学《ビ》二劔法《ヲ》一習貫《スル》已《ニ》久《クシテ》而稍（ヤヤ）有《リ》レ所レ得《ル》焉《ニ》、挙《テ》以《テ》示《スニ》二之《ヲ》於衆《ニ》一、通《ズル》二其原《ニ》一者、蓋《シ》少《ナシ》矣、正《ニ》知《ル》、至術之精妙、真《ニ》レ難《キカナ》レ知《リ》焉哉、夫《レ》赫機之妙、非《レバ》下如《キ》三銃弾飛《ブガ》二去空《ヲ》一之機《ニ》上則《チ》何《ヲ》以《テカ》坐《テ》制《セン》レ人《ヲ》、顧《フニ》神器《ノ》之妙、凡《ソ》在《リ》二三者《ニ》一、此技之用《モ》亦《タ》同《ジ》、学者其《レ》勉強《セヨ》焉。

天保癸卯春三月

錬丹舎鳩洲白井義謙誌

『兵法未知志留辺拾遺』
著：白井義謙　写：吉田有恒
年代：天保 14 年（1843）稿　嘉永 7 年（1854）写
富山県立図書館蔵

天真兵法真剣活機論

蓋し神霊の気宇宙に充満し、萬物を化育す、是を天真と云、今、此兵法、唯天真を養を要す、兵は兵器の惣名にして、是を採を兵士と云、兵士常に修すべきの法なれば、兵法と号けし也、凡そ、人機心僅に動けば、其真を失ふ、況や利を逐ひ名を求め、得失に心を労し、是非心頭に闘はんをや、兵士胸中に斯の如きの邪念を存せば、軀心戚々として、支体安然たる事能はじ、若し人、其邪念を断じて支体を安きに置んと欲せば、此天真を養ふにしかじ、此天真を養ふに、語黙動静、世事紛然たる間に於て、此修法を真修し、速に其邪念を断じて天機を自得せば、假令危殆に臨むと云へども、無人の廣野に立てるが如けん、兵士此技を修せざらんや、活機論と云は、常に錬丹して神を養ひ、空機を凝し技に臨み、赫機を活動せしむる修法を論ずれば也、

真劒　長透貫
　真妙劔

夫れ真釼は、天真の利釼にして、兵法学者、錬丹精修を尽し、軀身に空機を會得し、鋒尖に赫機を養ひ、是を尽して其審を得れば、天真の

霊機、此鋒尖に附憑し、無量不測の霊験あつて、其躬単刀真入の中にあれども、胸中は閑暇無事にして、鋒尖に希有の楽を存する者、是を真劔と号くる也、長透貫は、長空を透貫するの機にして、譬ば銃丸長空を透過し貫が如く、更に敵と對する事無を云、真妙劔は至誠真妙の利劔にして、是を修するに、先づ精神を尽し錬丹して、空機を凝し赫機を養ひ、志相邪念妄言虚吏を截断し、智慮を去り耳目を黜け、支体を堕して神丹の中に佚入し、我が採る利劔の真に入る事を旦暮に修して、聊か精微を究るに至らば、邪念たゞちに氷消し、支体飄然として空機に和し、敵の兵刄面前に至ると云へども、心廣く体胖かにして、更に凝滞ある事なからん、凢庸の人、此教を聞けば難しとせんか、然れども此兵法、目前に空機を得せしむるの捷径あつて、学者をして進ましむる事は、衆人偏く自知するところなり、これ又真妙ならざらんや、

閃鋒　遠撃淵
　　獅子飜躍

凢そ人兵刄を採て敵に向へば、敵悉く其形体に符對し、相気となつて尚其苦脳を脱離する事能はじ、此兵法に於るや、先づ常に天機を養を

要す、勉強して此機を得れば、大虚と其術を一にするが如く、有形を包裹するの力鋒尖に有て、手と兵刃を空機に忘れ、赫機を飛して空中に閃滾すれば、一機飄風の如く、忽焉として未だ其一念不起の古を貫き、凶暴残虐の非に当つて破らざる事あることなし、

遠撃淵は、遠きを破るの觀法にして、若し敵嗃鬪を要すれども、其挙動に応ぜず、我が支体渕静なる事、深渕の漣濤なきが如しと云へども、機に丁（アタ）る時は、霹靂大虚を劈き降り搏事、期する処なきが如けん、是れ技を普く天威の無窮に任じて、私しを以てせざれば也、学者此機を得て活動自在をなせば、獅子王の威鋒尖に在て、百獣を脳害するの理備れり、然りと云へども、此兵法何ぞ斯の如きの殺伐を要せんや、今国家治まると云へども、賞罰並び行はる、者にあらずんば、悪（イヅクン）ぞ万民を安撫する事能はん、尚、其意微は篇中に顕はせり、

蓋善《シ》人好《ハ》則《テリ》二天道《ニ》一、不善人偏《ハ》趨《ニル》二人巧《ニ》一焉、今之兵法学者必也《ズヤ》、策励《シテ》而凝《シ》二真空赫機《ヲ》一、任《セ》二技《ヲ》於空機《ニ》一、虚《ニシ》二其支体《ヲ》一、実《ニシ》二其神丹《ヲ》一、以レ得《ルヲ》二天真《ヲ》一為《レバ》二其《ノ》楽《ト》一、則《チ》所二以《ニシテ》養《レフ》一生《ヲ》而、余常所《ニ》レ誨《ル》也、学者不《シテ》レ識《ラ》二空機《ヲ》一而任《セ》二技《ヲ》於其《ノ》私智《ニ》一、恃《ミ》二其臂《ノ》力《ヲ》一、反二戻《シ》天道《ニ》一、以《テ》レ果《スヲ》二於虐暴《ヲ》一為《レバ》レ得《ルト》レ術《ヲ》、則

所二以《ニシテ》害《スル》一レ生而、余常所《ニ》レ戒《ル》也、

夫れ人学ばざれども、性質淳直静真にして善を好み、考弟仁慈忠恕を常とし、残者暴を投ずれども、信を以て是を治して、更に逆ふの心を生ぜず、従容として朴なるに安んずる者、是を善人と云べし、其心、天道の無象に属すれば也、斯の如きの人、此技を学んで、鎮へに此修法を尽し、孳々として懈らざるときは、速に進んで此蘊奥を究むべし、然と云へども学者常に懶惰懈怠を戒めざるか、又叓に臨んで僅に争競の邪念を生ずれば、根本無作の霊験を其軀心に得る事難しとせん、若し人、心術純正ならざれば、学べば漫に偏執を増し、私智を恃み私辨を示し、徃々人巧に矜り、叓に臨しては邪欲争競心頭に浮び、しばしば其義を失んとせん、危かな、斯の如きの凢骨、此真を養の精修なくんば、驅て罟擭陥穽の中に納んとせん、其心地道の有形に着すれば也、凢そ人天地の間に生じ、精神心性これを天象に稟け、血脉骨肉これを地形に稟け、清濁混じて其形体をなすが故に、其躬虚霊の性を具すれども、支体地形の重濁なるに属するが故に、軀心活然として無極の廣野に中立化行するが如き事能はず、譬ば桎梏の中にあつて生を保する者に似たり、兵法学者、其重濁なる支体を轉じて、真空に化するの術を得んと欲せば、煉丹して空機を養ふの外、佗の術を知ず、故に必先づ軀心に策うち励まして、懈怠を戒して煉丹して、支体に充る凝気を堕して神丹に収め、臍下を実にする事、未だ篠打せざる鞠の如くならしめ、支体を虚にし忘れて委蛇にする事、蛇蜕の如くすたらせ去て、真空に任せ余念を断じて、彼の精修を尽し、技に臨て兵を採れども、其兵刃を忘れ技を其空機に任せ、神を玄冥に通じ、七顛八倒の中に在て、乱刀砍ち乗ると云へども、空機是が隔となりて、軀心を脳はす事能はざらん事を勉して、常に斯に従事して、少くとも間断なく其真を参究するを以て、其楽とし、励み進まば、誰か此技を成さゞらん、是即ち生を養ふの術、彼の謂ゆる長生久視の法、余常に弟子に誨ゆるに、此術の外、他の技を以てする事なし、学者若し如上に反し空機を化するを知らず、智巧を以て暴戾の闘をなさば、獣の相食にひとしく、生を害し死地に陥没する者にして、余常に戒る処也、

方《ニ》今所レ傳《ル》真剱・閃鋒者《ハ》、唯以《テ》レ全《キヲ》二天道《ニ》一為レ術而已、古曰《ニ》、得《ル》レ全《キヲ》者昌《ハンニ》、失《フ》レ全《キヲ》者亡《いブト》、

荘子曰《ク》、夫《レ》酔者之墜《ツル》レ車《ヨリ》、雖《ドモ》レ疾《メリト》不レ死《セ》、骨節與レ人同《ケレドモ》而犯害與レ人異《ルコトハ》其神全《ケレバ》也、乗《モ》亦不レ知也、墜《モ》亦不レ知《ラ》也、死生驚懼不レ入《ラ》二乎其胸中《ニ》一、

是《ノ》故《ニ》逆《フテ》物《ニ》而不懼、彼得《レタルモ》全《キヲ》於酒《ニ》而猶《ヲ》若《シ》是《ノ》、而況《ンヤ》得《ヲヤ》全《キヲ》於天《ニ》乎、聖人《ハ》蔵《ル》於天《ニ》故《ニ》莫《シ》之《ヲ》能傷《クルコト》也ト、此章猶能此技に合して一也、余常に弟子に誨ゆるに、唯天真に全きを以てす、今傳る処、真劔・閃鋒は尚天真に主一無適、純一無雑を得るの捷徑にして、初傳と云へども、向上極意を貫通す、我が門の学者をして此技を正に得せしめんが為に、しばしば反復して其真を示す、学者勉めて此機を得れば、其気宇宙に充塞し、其心古今に通徹し、神気乾坤と一にして、彼此の分ある事なく、為す処為さゞるに似て、天機之を為すが如く、求めずして摂生の道に安居し、空機を以て亊業とす、昌んなる者にあらずや、又学者若此天真に全きをしらず、天道に反戻し、有形に符對凝固し、残暴を以て事業とせば、死地に行んとする死亡の徒なり、慎まざるべけんや、

先師宗有翁、終身煉丹勉強而凝《シテ》神機《ヲ》、卓然《トシテ》脱離《シ》生死《ヲ》、雖《ドモ》乃《チ》安《ジ》明静《ニ》得《ルト》天真《ヲ》、其《ノ》教《レバ》弟子《ヲ》則《チ》末《タ》(レ)示《サ》其《ノ》真《ヲ》而僅《カニ》以《スルノミ》技《ヲ》耳、

上宮太子曰《ク》、帰《シ》気《ヲ》於臍元《ニ》以居《テレバ》明静《ニ》則天敏自《ラ》生《ズ》と、諳真なるかな、凡和漢古今、天下の劔客その技巧に於るや、提顛［はねあげ］・斜倒［はすおとし］・纒攔［まきおとし　さえぎり］・詭詐［いつわり］、其事業快なるを良とす、独先師宗有翁は健雄粗壮、力大英豪の機あつて、

危難に臨めど死を怕る、叓をしらず、亦疾病あれども是を憂へず、水浴煉丹終身の務とし、空機を凝して、其真を獲、生死を脱離し、明静に安佚し、天真を得て是を兵法に参ゆ、之れ古今に独立する所以にして、皇太子の所謂天敏自ら生ずる者也と云へども、弟子に傳る叓をなさず、弟子も常に其術を見れども、其真を了悟する事能はざりき、

余幸得授之而又加之、以神丹・赫機・真空三者而以養天真、亦用之以長透貫・遠撃淵二術、修之尽照貫・虚貫・純粋焉、於其技也、直発赫機貫空機透敵之肺肝者、謂之長透貫、支体入神丹故真妙劔在其中矣、縦横揮赫機斬空機割敵之全身者、謂之遠撃淵、軀心化真空故、獅子飜躍在其中矣、無為而八方分身須臾轉化、敵撃我在前忽焉在後、雖所（トコロ）向無不破、所觸無不破、而虚心平易、支体従容、無有凝滞者、依此勝修也、

余八才より好で兵法を学び、寝食を忘れて刻苦する事、斯に五十有四年、今年六十一才、五十余年の非、方に現前して、其愚蒙を懺悔す、昔年漸く神丹・赫機・真空の三者を一にして天真を養ときは、兵法無二の捷徑なるを得て、師に学ぶの術に加へ、是を以て敵を制するに、

照貫・虚貫・長透貫・遠撃淵等を弟子に示すと云へども、今行ふ処は異也、凡そ人六根五尺の形体、天道地道を具足す、夫れ神丹支体の中に在て充実し、確乎として動かざる事地の如くなるときは、其術を利するは地の体也、支体神丹の外に在て、活機運動神妙なる事、空々如として天の如くなるときは、又其術を利するは天の用也、其神丹を充実し、支体を委和し、空機に化するは、余が兵法の常なる処也、其術に於るや、手に劔を採て渕黙すれども、劔鋩の赫機長空を貫て窈冥に至るを観ずる事、深く正に是を自得して、其支体と兵刃を宇宙に忘るゝときは、晃機鋒尖に赫々とし、萬機を照して其原を得、尚勉して養て其力を神にす、此技漸く成れば、白刃頭上に交れども、骨力綿輭毫も殺気争気なくして、忠恕仁慈四支に顕れ、五体に充るが如く、天空海濶真常の精奥を発明し、以て精修の径路とす、時に中つて、敵若し殺伐を要すれば、彼来つて自ら羿が彀中に立が如く、晃暉を以て空機に発てば、敵の肺肝を透過する事、譬ば雷霆雲中を逆るが如く、敵更に禦ぐ叓能はじ、号て是を長透貫と云、長空を透過し貫くの義也、又天機に化する支体を以て、地形に純なる神丹の中に真入、安佚するを勉む、此技既に熟し、更に敵の有形に對する叓を喪するに至れば、即ち潜竜勿用の理にして、陽気下に在て潜屈以て誠徳を養ふの術を得、之れ即ち天地交の理にして、地天泰の象を得るに似たり、古に秘々とする眞妙劔其中に存す、尚足れりとせずして煉丹精修懈らざれば、我が此空機、金剛不壊の霊心と現じ、湛として虚空に徧く、又此文体游気飄揚と與に天真に輭化し、頓に往て處住せざる叓、神行電過と相似たるが如く、兵刄を天機に忘れ、赫機を以て仁慈に化し、無疆無窮を致し、其晃暉縦横に閃震すれば、謂ゆる電光影裏斬春風が如く、求めざれども空機を斬て、敵の全身を破裂す、号けて是を遠撃渕と云、渕は觀にして、懐遠慈撃を觀とするの義也、然りと云へども、学者若し毫も争競の邪念を発せば、直に亡を招の機を得て、其妙を喪ふ、精神霊覚、真術無形、乾坤と與に相化し去て、妙行円満運轉活動至らざる処なし、是即ち古に秘々する獅子飜躍、其中に含蓄す、故に之を修する事易きにあらず、因て余初学の為に此照貫・虚貫の二術を設く、照貫は神器照準點放し、其中を得るを以て名とす、敵の鋒鏑真直なるの純気を砕くに利あり、虚貫は二十八宿、虚星の二象を瞻視、鋒尖に得るを以て名とす、敵の兵刄高上なるの挙動を破るに利あり、学者他に向て此二術の精微を尽さば、鋒尖烈火破竹の威、豈難からんや、此兵法は廣大無量、如々不動なるを術とす、故に敵我に對せんとすれば、為す事なけれども、八方に身を分つて囲が如く、敵の挙動に因て須臾に圓轉変化し、敵我を打んとすれば、我が形体は前にあれども、真空忽焉として敵の後に在て、其進退を遮蔽し、赫機敵の形体を縦横に透過するが故に、向ふ者は必ず破れ、觸る者は必ず砕くれども、更に心気を役するに非ず、三者二術の霊機に任するのみ、神心虚明、一如一来、其止るや釈然たり、其走るや虚然たり、宇宙に合して玄冥に通ず、彼の蘇東坡が謂ゆる、

浩々乎《トシテ》如《ク》下馮《リ》レ虚《ニ》御《シテ》レ風《ニ》而不《ルガ》上レ知《ラ》二其《ノ》所一レ止《ル》、飄々乎《トシテ》如《シ》二遺《レテ》レ世《ヲ》独立羽化登仙《スル》一

と云が如きも、学者若し好で此技を学ばゞ、焉ぞ此機を得るの楽みに知んや、彼は客と與に秋夜舟を泛べ、赤壁の下に遊で楽み、此は学者兵法を修し、天道に化して無量の歡楽を究めしめんとす、今方に晩近の俗徒等、何ぞ此意を知る叓をせん、夫れ楽みは衆と與にするに知かず、先師宗有兵法を弟子に誨ゆるや、其器にあらざれば、傳るに秘旨を以てせず、余は亦然りとせず、此門に入るの士、誰か其秘旨を欲せざらん、故に敏も不敏も論ぜず、唯教るに蘊奥を以てす、得ると得ざるは其人に存するのみ、

故《ニ》学者、常《ニ》能《ク》純《ニシテ》二此三者《ヲ》一而若臨《マバ》二交鋒《ニ》一、即《チ》先《ヅ》飛《バシテ》二其《ノ》晃暉《ヲ》於窈冥《ニ》一而尤《モ》要《セヨ》レ全《スルヲ》二其《ノ》神《ヲ》一矣、劔士不《シテ》レ知二此妙理《ヲ》一而冒《フニ》レ軀《ヲ》以《テシ》二韜袍《ヲ》一専《ラ》力《メ》二於雑撃暴戻《ヲ》一、不《シテ》レ知《ラ》二則《ルヲ》一レ天《ニ》而欲《スル》レ究《メント》二必勝之理《ヲ》一者、則《チ》蒙昧之甚《シキ》、不レ足《ラ》二以《テ》為《ルニ》一レ道《ト》、焉《ンゾ》可《ンヤ》レ得二其妙《ヲ》一哉、今感《ズ》二子精錬不《ルニ》一レ懈《ラ》故《ニ》傳《フ》二此《ノ》術《ヲ》一、苟《モ》能《ク》則《テ》レ之《ニ》無《レバ》レ違《フ》、則庶《チント》

レ得《ルニ》二其真《ヲ》一云爾、

老子曰《ク》、多《ク》言《ヘバ》数々窮《ス》、不レ知レ守レ中《ヲ》

と、学者三者を純にせば、不言にして其蘊奥を竭さん、若し三者を純にする叓能はずんば、多言何の用にかせん、然りと云へども余愚にして、多年此技を苦修し、今且つ楽みとすれども、死せば此術の後世に傳らざらん事を悲歎す、故に又学者の為に反復して其術を示す、学者未だ身心を堕落するに至らず、心偏固にして支体凝滞ありて輭（シナヤカ）ならざるか、又兵刃に恃む処あれば、余が教誨を全ふする事能はじ、故に先づ常に三者の修力を純にせよ、窈は深美にして肉眼を以て見るべからざる也、冥は遠大にして慮智を以て知るべからざる者にして、是皆、空機也、夫れ三者を修するや、日夜懈らずして漸く熟せば、赫機鋒尖に綿々として、大本冲虚を貫き、通洞往復し、微妙を究して精神空機に亘りて、譬ば羅網の如く天気の光に和し、地気の塵に同ふし、天地相得て明威行はるゝが如きに至り、手の舞足の蹈処を知らざる者の如く、其妙に感じて更に私の争気を起す叓を忘る、是れ楽を極れば也、然りと云へども、初学の中士、止む叓を得ざる君父の一大叓に臨まば、先づ其赫機を以て空中に標準し、究めて更に敵の剛強長大に拘泥せず、生死を忘れ、支体を九地の下に舎るが如く、虚にし去り、技を天機にまかせ、赫機を以て其準機に任せ、精修を尽して是を空中に飛さば、其捷何ぞ論ずるに足ん、唯其精神精機を全ふする叓を肝要とせよ、夫れ劒客身に韜袍を纏ひ、手に竹劒を採り、技に臨み其暴戾を縱ま丶にせんとする者、其怯械を脱卸し、赤身にして刄引白刄に交鋒せば、其鋒尖に破膽し、胸肩否塞し臂力凝滞して、委曲周旋自在なる事能はじ、余平素刄引白刄を採り、衆に對し技に臨み、精修を尽し晃暉を飛して鋒尖に其実を覚得す、劒士等鉄面韜袍竹劒の易きに狎ると云へども、赤身鋒刄危殆の難に委和し、支躰閑暇無叓なる事を、此肉身に會せず、白刄を天機に任して、更に臂力を用ひず、空中無量に活動せしむる術を知らず、暴戾恣睢の残虐を尽し、必勝の真理を究めんと欲する者は、水練拍浮を知らずして深渕を渉らんとする者に均し、人心斯の如くんば、其名を辱しめん、人行斯の如くんば、其身を亡さん、其愚蒙論ずるに足らず、如上の俗徒、等若し洩れて此書を讀む事あらば、三者の至術を知らざる故に、疑て虚忘の法とせん、古人言あり曰、

夫《レ》荷《ヒ》レ旃《ヲ》被《ル》レ毳《ヲ》者《ニハ》、難《シ》三與《ニ》道《ヒ》二純‐緜之麗‐密《ヲ》一、羹《ニシ》レ藜《ヲ》唅《ム》レ糗《ヲ》者《ニハ》、不レ足《ラ》三與《ニ》論《ズルニ》二太牢之滋‐味《ヲ》一

と、所謂雑撃敲闘の徒に對し、語るに此術を以する事勿れ、又我が兵法の学者、真劒・閃鋒の二術を学べど、彼の三者を以て天真を養ひ、天に則るの術を外にし、長透・遠撃・照貫・虚貫の至妙を喪ひ、勢法「か

た」の虚套［しくみ］のみを専務とせば、叓に臨て其実用を失はん、学者其利害得失を洞察して、克く此術を研究せよと云爾、

右此兵法未知志留邊拾遺は、天真兵法真劔活機論の註解にして、先師劔聖白井亨義謙先生の著述也、天保十四癸卯年改板に成るべき處、同年十一月十四日先生死去にて其義なし、因て下書の侭也、其砌此下書の写申請度存ずれども、嫡子亨一郎殿幼年に付、其義相成らず、空敷相（アヒ）過（スゴ）せし處、今年有レ故亨一郎殿へ頼入、右写し貰請、流儀の名記とするものなり

嘉永七甲寅年三月　吉田奥丞有恒（印）（花押）

《資料二》

『天真伝白井流兵法遺方』（抄）

（弘化三年丙午三月　吉田奧丞有恒）

寺田五右衛門宗有（むねあり）

高崎の城主松平右京亮殿の家來、定府也。初めは初代中西子定（たねさだ）に從て修行也。子定死し其子中西子武（たねたけ）になりて、勢法（かた）を以て道を傳ることを迂（まわりどう）なりとし、今天下流布の韜袍（とうほう）［めんこて］比較（ひかく）［しあい］を捷徑（せいけい）［ちかみち］なりとするに至り、宗有（むねあり）意へらく、是れ眞理に違へりとて、其師子武に辞（じ）して他門に走り、谷神傳（こくしんでん）平常（へいじゃう）無敵（ぶてき）流を与力（よりき）の池田八左衛門成春（なりはる）に學ぶこと十二年、終（つい）に許可（きょか）して其宗を得たり。此流の元祖は山内蓮心（れんしん）八流齊（はちりうさい）也、蓮心は八流を皆傳して其名を八流齊と号く。老子の「谷神不レ死、是ヲ謂二玄牝（げんびん）一ト、玄牝之門、是ヲ謂二天地ノ根一ト」の語を以取建し流儀也。遺書あり。時に寛政の

『天真伝白井流兵法遺方』
著：吉田有恒
年代：弘化３年（1846）
※嘉永６年（1853）まで追記あり
富山県立図書館蔵

初め、其君侯右京大夫輝和（てるやす）主の命を蒙り、池田成春を辞（じ）し、中西三代目子啓（たねひろ）に歸（き）隨して一刀流を學び、寛政十二申年九月三日許可し又其宗を得たり。（五十六歳の時也）明年、子啓（たねひろ）死す。夫より两流挍考（きうこふ）して師範をする。尤高崎侯の屋敷内に稽古場を建て、屋敷内又外にも弟子澤山あり。猶又、小田切一雲（いちうん）之無住心劔術の書共あり、亦金子夢幻（むげん）の法心流劔術の書梅花集（ばいくはしう）等校考し、其上、駿河國の原の白隠（はくいん）和尚の丹田（たんでん）の練（ね）り方を、其弟子の東嶺（とふれい）和尚に四十二歳にて附き、練丹の修し方得たり。又東嶺の弟子の天仙（てんせん）和尚にも附て修行也。色々修行觀（かん）念の中（うち）、白隠の隻手（せきしゅ）「かたて」声を聞て、天真の場（ば）を得たり。中頃、東嶺宗有（むねあり）に言て曰く、子（し）が道業真を得、又其壽を得べし、實に天真を得るの翁なりとて、天真翁宗有と號く、是よりしては中西の一刀流とは余程様子替るなり、尤、比較（ひかく）［しやい］せず、勢法（せいほう）「かた」計也、併（しかし）傳書は改（あらた）められず、其儘（まま）也、又空機と云ふ叓もなし、赫機（のび）の沙汰もなし、唯腹と云ふ叓と天と云ふ叓計にて教へられしと也。天と云ふは、今云ふ天真の叓と見へたり。皆傳の弟子は参州吉田の城主松平伊豆守殿并白井先生、两人

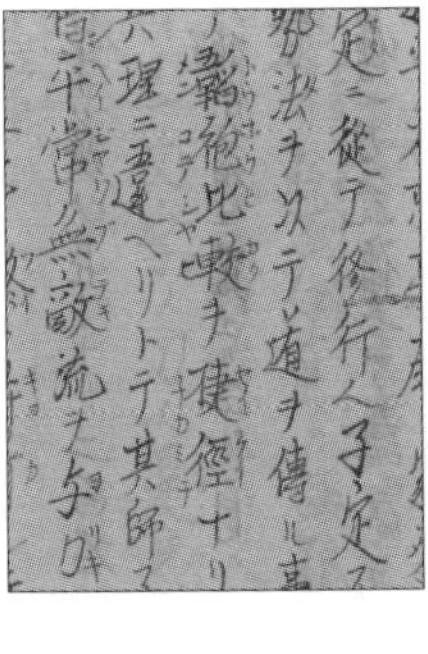

富山県立図書館に収蔵されている『天真伝白井流兵法遣方』には、吉田奥丞が書いたと思われるふりがなが右側に、意味が左側に記されている。ここでは()に読み仮名、[] に意味を書いている。
左の中程 を例にとると、韜袍（とうほう）[めんこて] 比較（ひかく）[しやい] となる。

迄也。殊に老年迄健（すこやか）にて、誠に妙々なる先生也、文政八酉年八月朔日、天然を以て終る。行年八十一歳也。跡高崎侯の屋敷に寺田の稽古なし。

天真兵法元祖
白井亨平義謙（よしのり）

白井の先祖を遠く尋（たづぬ）るに、信州松代の下（しも）福嶋のまた下（しも）に中野と申す所（ところ）の郷（ごう）士也。中頃、二男白井彦兵衛と申す人、江戸表へ出て御旗本御側御用取次の稲葉某（今安房館山にて一万石稲葉兵部少輔殿也、御大名也）に奉公して、公用人を勤（つと）め、勝手向相應にして暮す。中頃、古郷（こきょう）の中野に五百羅漢（らかん）を建（こん）立する也。女子二人あり。妹の方、江戸町人分限家に大野某あり、是へ嫁す。其跡に姉は病死也。さて又大野の先祖を遠く尋るに、大阪秀頼公の臣大野修理亮之末孫也。彼家段々勝手向六ヶ敷相成る所へ縁組也。子二人あり、惣領は女子、次は男子、則白井先生也。大治郎と云ふ。祖父彦兵衛の養子と成る。其後、大野某病死して跡絶（た）へる。彦兵衛常に云ひけるは、旗本の家來はひまなくして、稽古叓も成り兼る也。悴は浪（ろう）人さして武藝を励（はぎ）ますべしと、御袋に申し付る。先生幼年の中（うち）、彦兵衛病死也。併し跡目願（ねが）はず、さて又姉は、公儀御徒（かち）方佐々木某の二男某（佐々木吉右衛門）と連添（つれそ）ふて、本所の御旗本某（千石、朝倉金之丞）に奉公する、子（こ）は男女あり。

白井先生八歳の時、寛政二庚戌年正月廿二日、丹波笹山の城主青山下野守殿の家來、定府に依田新八郎秀復（ひでとし）とて機迅（きじん）流劔術の師範あり、是に門入して十四歳迄、晝（ちゅう）夜修行する事、其數筆紙に盡しがたし。七ヶ年の間に一方の遣手となる。十三四歳にて高弟の面々と同様に仕合するに至る、依て此流末へ頼もしからずとて、秀復を辞（じ）して十五歳の時、寛政九丁巳年正月十六日、中西三代目子啓（たねひろ）に随ひ門弟となる。十九歳迄五ヶ年の間の修行は中々筆紙の及ぶ所に非ず、鞱擊（しあい）にて、中西の社中にて手に立つ者なし。當忠兵衛も中々及ばず。時に享和元辛酉年二月十七日、師匠子啓（たねひろ）死す。夫よりして二十三歳迄、五ヶ年の間、上総・房州・下総・常陸・又は上州・信州・甲州を遍歴し、其頃八寸の伸曲尺（のびかね）と申ものを得て、所々にて比較（しあい）也。此八寸の伸曲尺は、切先より先へ八寸の伸（のび）ある叓を觀念したるもの也、是にて撃（うつ）と皆々恐れる也。所々の仕合に、手に立つものなし。又稽古場にて角力（すもう）を取るに、折々負し叓もある故に、其頃角力親父（おやぢ）玉垣の弟子になり、宅にてじ取りの時度々稽古す、近頃の幕角力勢見山（せいみさん）出かけの時には、先生とごかくに取りし由、少し稽古すると、稽古場にて素人（しろと）と角力取りて負し叓なし。又いつ頃よりか長沼（ながぬま）流兵学江人浪人（ろうにん）清水俊藏（しゅんぞう）に附て皆傳也、又弓馬も少しは出来（でき）る也、又寶藏院槍術も十四歳にて出來しよし、柔術も何流か少しは出来（でき）る由、又江戸表にて岡田十松とて何流かの師範あり、是へ仕合に參り、有合の社中をひじ撃（うち）に打れし由もあり、又前顯（ぜんけん）の国々遍歴（へんれき）の中（うち）に、上州馬庭（まにわ）にて念流とて名高き流儀あり、師範は樋口（ひぐち）十郎兵衛と申す、是れ行かれて比較（しあい）申込處承知にて、併し此方は素面（すめん）故先生にも素面と申故、素面にて樋口（ひ）口の門人皆々に打勝しと也。又中にも甲州の妙安寺へ參りしやと尋(たづね）し人もあり、妙安寺は中々の仕合所と申由也、又妙安寺は虚無僧（こむそ）寺にて、劔術者の寄合の場所也、先生此寺へ行、信州小諸の家中の由申て仕合を申込、妙安寺安々と承知する、有合ふ者二十人計と比較（しあい）に及ぶ、一（いち）人も手に立つ者なし、皆々を打ふせる、妙安寺の師匠の云、修行者相すまず、小諸の家中と申す故に安々と入れて仕合致させる處、中々小諸の家中にはケ様の撃（うち）手はなし、生国を名乗（なの）れと云、さなくば生（い）かしては返さじと申す、先生曰、尤也、我（われ）は江戸の者（もの）、一（いつ）刀流中西忠太子啓（たねひろ）の弟子に白井大治郎と申者也と名乗られし也、妙安寺の師の曰く、先に左様申せば此方にも心得方もあるべし、だまされて打ち破れたと申す、其夜馳走にあい咄合ふて、翌（よく）日かへりしと也、又信州岩村田、一万五千石内藤豊後守殿御在所也、此領分に野澤村と申所あり、是に波（なみ）七左衛門と申て少し讀（よめ）る人也、是も先生の弟子にて、度々波（なみ）へ參られし由、又其あたりに名知れず老荘の學者あり、是に附きて老荘を聞（き）給ふ也、亦其邊（へん）にて郷の則重（のりしげ）の刀を堀出し給ふ、身鞘（みさあや）二十本計、縄（なわ）からげにしてあり、其中より無名錆（さび）身にて、二尺五寸の刀（かたな）、金三百疋にて求給ふ、江戸へかへり研（とぎ）上げて見れば結構（けっこう）なり、本阿弥の極、郷の則重也、先生御生涯（がい）の御指料（さしりょう）也、又先生、信州は度々遊歴（れき）にて、上州高崎に小泉某と申す弟子あり、まだ其余あれども名知れず、信州追分宿本陣槌（つち）屋市左衛門、先生弟子也、まだあり名知れず、小諸にて長沼（ながぬま）理十郎、山本仙太夫抔（など）、まだ外にあり名知れず、榊・善光寺・松本・諏訪のあたり、又真田のあたりより裏通り、須坂（すさか）・中野迄も遊歴あり、仕合手に立つものなし、松本にも弟子あり。偖（さて）又、文化二丙丑［原文ママ、おそらく乙丑の間違い］年九月、先生江戸を出立つ、京・大坂及播州・備前・備中・備後・安藝国まで遊歴して、備前岡山に止る、是二十三歳の時也。偖（さて）、備前に止まりし其謂は、外より劔術の修行者來りて家中の面々と仕合を望（のぞ）む、余程手強き評判あり、家中の面々評議して、勝てば冝しきが、負ては国の恥辱（ちじょく）［はじ］也とて色々評議中に、いや此度江戸表より白井亭とて一刀流の劔術者參り居る也、是を此表の家中にして出し、勝てば家中と申し、負れば江戸人にて他と申すべしと評議定る、先生其評議少しも聞（き）給はず、跡にて聞給ふ也、偖又、比較（しあい）の日定り、何百人拝見にて、彼（か）の修行者と先生比較（しあい）の處、何の苦（く）もなく撃（うち）勝給ふ、備前の家中、先生を殊（こと）の外感心して、諸家中の師範を頼む、又備中・備後にても仕合あり、手に立つものなし、是より備前にて道場を拵へ、かたはらに先生の住所を拵へて家中の面々へ師範して、七ヶ年居られし也、晝（ひる）は家中の面々稽古仕（つかまつ）り、夜は備前備中の町人百姓の稽古して深更（しんこう）に及ぶ、喰吏は弟子中代り々に拵てくれられし也、出入七年の間に惣弟子三百人計に及ぶ、先生篤實にて身持も正敷、七ヶ年不犯（ふほん）也、故に備前にての用ひ格別宜しく由、又備前にて種田（たねた）流槍術稽古修行也、尤、江戸にても種田流少成される由、皆傳にてはなし、又池田家の宇佐美流の兵學瀧川萬五郎俊章（としあきら）に附て皆傳也、又一年（ひととし）、家中の弟子數人とともに先生池田公の御上覧（じょうらん）を蒙り、門弟取立宜きに付、雁（がん）一羽頂戴也、偖又、備前にて先生三百石に御召抱への御沙汰あり、先生江戸表の御袋へ申つかわされる所、御袋定府なら有がたし御国は御免とて承知仕らず、拠なく御辞退（ごじたい）申上る、又先生二十八歳の時思召には、我れ幼年よりして此技（わざ）を學びいまだ三十歳に成らずして是を行ひ、衰弱（すいじゃく）已（すで）に身にせまらんとすれども、施（ほどこす）べき術を知らず、懺悔（ざんかい）［はじくゆる］容（いる）るに所なし、覺へず啼泣（ていきゅう）［大なきになく］す。生涯（がい）を錯（あや）まれりと、斯に於て兵法を見る叓、土芥（どがい）［あくた］の如し、謂ゆる身を以て妖邪（ようじゃ）［ばけもの］の隊裏（たいり）［そないうち］に投（とう）ぜんと云に異る事なし、又文化八辛（かのと）未年、二十九歳の時、江戸表御袋大病の由、故に跡を高弟の内、先（せん）の岩井源治郎、笹谷竹治郎に預（あづけ）て江戸へ歸る、偖、御袋に久々にての對面、程なく全快也、夫より七年振りにて中西へ行（ゆき）て見られし所、十ヶ年前の比較（しあい）の達者名たる面々も四十以上又は五十歳に及て、以前の半（なかば）も撃（う）てず、益（ます）々心悪敷なり、是より兄弟子の寺田先生へ參られ段々咄合の所、寺田先生六十七歳にて其様子格別也、試（こゝろ）みに御立合の所、従容（ゆったり）として其位格別にして、中々叶べきにも非ず、是よりして寺田先生の門弟となられし也、此次第は兵法未知志［原文には抜け］留邊に委敷くある故に玆に畧す。偖、寺田先生へ修し方を尋られし所、寺田先生の曰く、見性（しょう）得（とく）悟の一念（ねん）（云うてわからぬことときさまにあると云ぎ）子（し）に在るのみと答（こと）ふ、又子（し）は雑撃（ざつげき）比較（ひかく）して、邪道を修して邪念を益（ま）せり、依て此邪念を斷（たつ）事を心掛（がく）べしとあり、其邪念の斷（たち）方を尋（たづね）られし所、練丹の法を示さずして、灌水（かんすい）の法を示し也、依て飲酒（おんじゅ）肉（にく）食を禁（きん）じ、一日に水浴（すいよく）百箇すれば邪念めっする抔教へ也、是に依て先生、酒肉を斷（だん）じ水浴する事、一日に百箇、或は二三百箇、後には井戸の水も濁（にご）る故に、両国橋の川へ入りて灌水三百箇も成され、苦熱（くねつ）［にがにがしいあつさ］煩暑（はんしょ）［むしゃむしゃとしたあつさ］の朝（あした）、備藩京攝に到るに旅邸（りょてい）［はたごや］客舎（かくしゃ）［やどや］といへども修し怠らざる事、五年也、又七日飲食（いんしょく）［のみくい］を斷（たち）て水浴する事、両度也、一度は備陽の瑜伽山（ゆがさん）に於てし、亦一度は宅にて致されし也、少しも其成功（せいこう）を見ずして、終（つい）に元気虚損（きょそん）して難治（なんじ）の病症（びょうしょう）を發し、是よりして灌（かん）水を去て、専（せん）修練丹の法に改む。寺田先生は弟子に天真を教導の法知れずして、邪念を斷（たつ）べし抔、又其法は灌水を教られし由、實は寺田先生、自分の天真の入口（いりぐち）知れざる故に、自分の得手の灌水を進められし也、且は灌水は得手・不得手の有（ある）物也、白井先生なればこそ五年の間だ勤（つとめ）て、大病の發迄御修行也、夫故か寺田先生の数多（あまた）の弟子中の内にて天真を受次（うけつぎ）し人、白井先生の外に一人もなし、夫故に彼（か）の屋敷に寺田の流絶（たえ）しとなり、灌（かん）水や斷（だん）食にて天真の法に取付がたき叓、先生度々御咄し也、白井先生とても、天真の修し方を寺田先生より教へを受給ふに非ず、先生は寺田先生の天真の様子を見て、御自得（じとく）也、故に寺田の道場へ稽古には、依田や中西へ參られし様には御出なし、二十九歳より三十三歳迄の中（うち）、折々の出席也、元より無禄の先生故、此寺田に附れて五ヶ年の中（うち）も、折々は信州・甲州等遊歴也。又いつの間（あい）だの事にや、美濃の国にて鉄棒（かなぼう）遣あり、是へ參仕合を申込み也、先（せん）方の人の申には、先づ遣ふて見せ申さんとて、傍（かたわら）にある六尺と四尺の鉄棒を取て振廻して見せる、其人の申すには、是迄仕合に參る人何茂此手際（きわ）を見て、恐れて仕合せずして歸ると申す、先生は何卒一本立合申たしとて仕合也、併し鉄棒故に、此方も木刀を持たる由、先方承知にて依て比較（しあい）の處、先方の臂（ひじ）を打れし處、鉄棒は脇へ飛（とび）し也、ケ様の事もあり、また色々あれども委敷知ざる故に畧す。偖又、先生は元より白隠和尚の練丹の功ある事に御心付也、又遺（ゆい）書とも觀念あり、又老荘の觀得あり、又小田切一雲の遺（ゆい）書、山内蓮心八流斎の遺書、金子夢幻（むげん）の遺書とも挍考して觀念あり、又いつの頃にや、徳本上人の念佛に參詣して、徳本上人の象なき所、又念佛の真空に渡りし所、又鉦鼓（しょこ）の撞木（しもく）の空に渡りて、向ふより上り、又向より下りて形無き所、其様子の空に實する所に心付て見れば、外の僧を見るに皆撞木は手にてたゝき、體と撞木（しもく）は別々にて透間（すきま）澤山（さん）あり、徳本は毛筋程も透間（ま）なし、故に毛一筋も入れられず、是又先生の觀念の一つなり、彼是（かれこれ）觀得あつて段々と天真の筋道分りしとなり、又文化十二乙亥年、寺田先生七十一歳、先生は三十三歳也、両人連三月二十一日立にて讃州象頭（しょうず）山及藝州厳島（いつくしま）へ御參詣也、道々色々の穿鑿（せんさく）の咄どもあり、寺田先生は直に江戸へ歸り給ふ、先生は備前に二ヶ月御止り也、家中の面々へ稽古し、前七ヶ年の間だの謝儀（しゃぎ）等、世話人あつて預（あづか）り利廻しにする、是を取立て金子二百五十両、是を持參して江戸表へ歸り、下谷仲御徒町に住宅拵へ、又道場も拵て、一刀流師範也。其内に文化十二亥年八月十五立にて、松平右京大夫殿大坂御城代に江戸御立也、寺田先生も御供也、依て立前に先生寺田先生方へ參りて勢法（せいほう）［かた］を比（くら）べ、先生の真空に和して支體を忘れられし故に、先生の様子格別也、寺田先生の曰く、子（し）が技（わざ）已（すで）に道を成（な）せり、我れ浪花（なにわ）に死すとも、其道統（とう）（のつたわる事）を絶（ぜつ）する事なしとて歡（よろこ）ばれし也、茲に於て皆傳也、是より寺田先生は八年の間だ、大坂に居（いら）れし也、又いつの頃にや、先生、五千石の御籏本本郷御弓町冨士見坂の松平美作守殿より御出入扶持、三人扶持貰（もらい）給ふ、其上用人並也、又いつの頃にや、備前へ江戸御抱にて定府に被ル二仰付一沙汰あり、能々聞合の所、定府に抱へて国へ引越の様子故、又々辞（じ）退也、偖又先生は猶も御修行あつて、文政戊寅年三十六歳にて明道論・神明録・天真録を御記也、真劔拂捨刀之巻はいつ御認（したた）めか知れず、又文政四辛巳年寺田先生七十八歳、八年振にて江戸へ歸へりしと也、此時先生は三十九歳也、久々にて寺田先生へ對面也、亦明道論等の三巻を寺田先生へ見せ申し、此後弟子へ此三巻を以教たき事を乞（こい）給ふ、寺田先生、尤なりと申されし也、其後五年目、文政八乙酉年八月朔日、寺田先生八十一歳にて死す、此時先生は四十三歳也、是より先生は、寺田先生の天真翁の傳を受傳へるとて、流名を一刀流別傳天真傳兵法と号くる也、且（かつ）一刀流別傳とは、一刀流に傳る傳書、十二ヶ条目録・假字（かなじ）目録・本目録等是を用ひざる故也、併し、白井先生方（がた）の誓紙の始めには一刀流兵法とあり、是は流名改さる已前よりの書にて是を改めず、其儘（まま）也、當傳巻殘らず白井先生の御製作にて御認め故に、御傳書は先生御一名也、寺田先生は先（せん）師と計あり、偖又、先生四十九歳の時、天保二辛卯年十二月十四日愚入門する也、夫よりも傳書の文（ぶん）も少々づゝ、折々替る、又遣ひ方も折々替る也、天保四癸巳年、先生五十一歳にて兵法未知志留邊を記し給ふ、序文は此方様也、御代筆は並（なみ）河庄之助真信（まさのぶ）とて一橋公の御家人なり、二の序の代筆は小栗庄治郎とて御旗本二千五百石小栗又一殿の弟也、又跋（ばつ）を書（かき）し人は是（これ）も御籏本五千石本郷御弓町冨士見坂の松平周蔵殿也、上袋（うわぶくろ）を書きしは是（これ）も御籏本にて二千四百石御船手頭向井將監殿嫡子源治郎也、又此の未知志留邊出來（でき）る時に、明道論の傳書改る、其後は改らず、又真劔拂捨刀之巻も此砌に改る、其後は改らず、愚が傳受の巻物两巻とも先の分故違ふ也、又遣ひ方は度々替りて違ふ也、愚弟子入して先（せん）の中（うち）は、切りは打太刀皮の手袋を掛て、夫にて受る、切強く打つ故、ポンポンと云ふ、其内に和く打つ事を宜（よろしく）となる、戌年の當りより、切は颪（おろ）しになりて手袋も止む、年々に段々と宜敷なりて、益（ます）々空機の徳、赫機の徳開けて、虚體の處自然の技（わざ）、妙々の場出來（でき）て、言語に盡（つく）し難し、段々御大名の御弟子も出來て、自然と先生の御高徳（こうとく）も弘まるなり、茲に高崎の右京亮殿御屋敷へ御出なきは、先（せん）年は彼（か）の御屋敷へ御出にて稽古の御取立あり、然るに高崎の家中共先生へ甚た失禮の事共あり、右に付先生小言（こごと）を仰（おおせ）せられて御断（ことわり）に相成る、是寺田先生の跡、彼（かの）屋敷に傳わらざる所以（いえん）なり、寺田先生の所持の傳巻、色々の書物（もの）共、皆白井先生御預（あづか）りなり、又天保十二［ママ。「辛丑の誤り」］庚丑年の當（あた）り、嫡子大治郎へ公儀御徒方のかぶを求て、大野大治郎と名乘（なのら）せ、大野の家跡を建給ふ也、又天保十三壬寅年十一月七日。此方様御弟子入被遊し故、白井先生の方益繁（はん）昌なり、翌年卯春になり、一（いつ）刀流別傳と云ふ事を抜き、又天真傳の傳の字も抜ける也、是れ先生此方様の御前にての穿鑿也、又象四十二本の遺ひ方御穿鑿ありて、委敷く書て此方様にて板木（はんぎ）仰付られし也、偖又、未知志留邊拾遺（しゅうい）も板に成る計に成る、又、神明録の註解、兵法至（し）途（と）宇乃（の）千（ち）利（り）も段々出來て、板に成る計り也。

此方様御世話被下べく御沙汰もあり、同夏（なつ）に成りて、當時大野大治郎拜領地面、和泉橋通りの御徒町山下寄にて、是に家作をなされ、又道場も御拵也、家作も道場もりっぱに出來（でき）て、九月御引移り稽古始めも出來（でき）て、滿（みつ）れば欠（かけ）るの理にて、先生技（わざ）其象何共申されず妙々也、余（あま）り滿（みち）過（すぎ）て、天保十四癸卯年十一月十四日夕七ツ時、天なるかな、先生頓死（とんし）成れる也、行年六十一歳、

　法名　顯名院榮譽徳昌秋水居士

江戸淺草新堀端松平西福（せいふく）寺寺中源宗院［ママ。源崇院が正しい］に葬る、浄土宗、白井・大野は寺は同寺也、紋所は白井は井げたなり、大野は離（はなれ）梅（うめ）輪（は）知（ち）也、二男

は白井民部と云、まだの女子一人あり、家内は松平右京亮殿の家來横山庄作伯母也、
残念は兵法未知志留邊拾遺（しゅうい）、兵法至途宇乃千利なり、家作に掛居れて隙（ひま）なくて、出來せずして死去也、
又跡は弟子中寄合稽古なり。

《資料三》

空鈍一百韵（抄）

茲歳《ノ》癸酉季春、東武之隠士、小田切一雲、有レ志下于遠訪《リテ》二知己《ヲ》一要《スルニ》上レ伸《ヘント》二老懐《ヲ》一。策《テ》二驛馬《ニ》一、或渉《ハリ》二於高山之嶮阻《ヲ》一、棹《シテ》二片舟《ニ》一、屢凌《ニキ》二於長流之渺茫《ヲ》一、累《ネ》レ日漸《ヲニシテ》而泊《ス》二于摂水之《ノ》濱《ニ》一。三四宿《シテ》而赴《ク》二于和山之下《ニ》一。和郡在《リ》二釋衲一。号《ス》二宿玄《ト》一、余断金也。問《ヲ》レ寂相對談《シシ》レ旧説《ヲ》レ新《ク》悃《ヲ》愛不レ薄《カラ》、暫《ク》留憩矣。一日熟《〻》回顧思想《シテ》、嗟《スラク》（ああ）天《ナル》哉、命有《ニ》二窮通一人、有《ルコト》二苦楽一乎（や）。余従来、厭《ヒ》レ名避《ヲテ》レ利、雖《トモ》レ不《ト》レ逐《ハ》二於風塵《ヲ》一、動（ややもすれば）則窮《メ》而、且苦《ツムコトハ》与二僥倖之世人一無《シナルヲ》レ異。余不幸壮年之日、漫游《ニテ》二于筆・劔之二藝《ニ》一、而鼡技彷下彿于百所《ハ》上二半得《ル》一、更雖《ニドモ》レ不レ慕《ハ》二栄達《ヲ》一、唱《ヘ》二

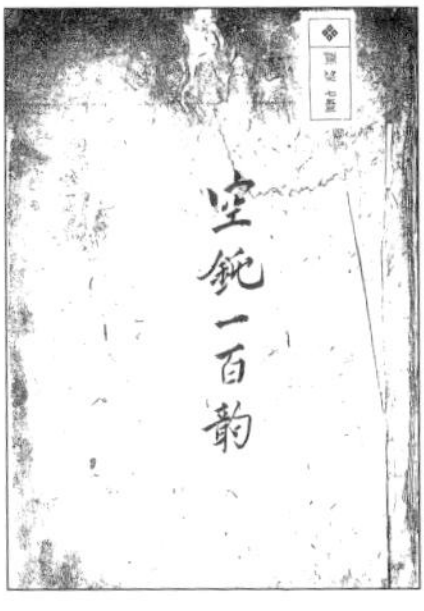

『空鈍一百韵』
著：空鈍（小田（出）切一雲）　写：不明
年代：元禄６年（1693）？稿　写：不明
国立国会図書館蔵

俗氏《ヲ》一以《テシテムルヲ》レ使二レ形為（なさ）レ俗《ト》一、故俗中頻以《ニテ》二俗事《ヲ》一強《ヒ》而欲《スルモ》レ議《セント》、余亦《タ》
宜《ナル》哉（かな）。余行年今六十、屈《スルニ》レ指残齢《ヲ》不レ可レ保二幾許《ヲ》一。自辨《ラフ》レ不《トイウコトヲ》レ
如下寄《セテ》二身《ヲ》千釋徒《ニ》一求《メンニハ》中世外之閑《ヲ》上也。越（ここにおひて）、暮春二十有
九日、忽擲《チテ》二両劔《ヲ》一換《ヘ》二一扇《ニ》一、剃髪染衣、為《リ》二禪流之沙彌《ト》一、改《テ》二俗名《ヲ》一
号《ス》二空鈍《ト》一。空鈍之字義、不レ俟《タ》二明《カニ》證詳《シカニクコトヲ》解一。惟余天稟《ガ》、空氣鈍質
故以《ニテ》二二字《ヲ》一為二實名《ト》一而已（のみ）。復歸《タテ》二于摂府《ニ》一寓二于客舘《ニ》一客中無レ友
日々寂然《ナリ》。若適《シ》得《〜ルトキハ》二趣向《ヲ》一、則戯每《ニ》二一首《ニ》一必用《ズテ》二空鈍二《ノ》字《ヲ》一綴《ル》二一絶《ヲ》一。
聊《カ》不レ憚《カラ》二蜂腰鶴膝《ヲ》一。輙《ラセ》二禿毫《ニ》一漫《リニ》記《シ》レ之《ヲ》、漸《ク》積《テ》而為《ル》二一百《ノ》韵《ト》一。余素《ヨリ》短
才《ニシテ》而廢《スルヲ》レ学《ヲ》二十年、況《ヤ》於《テハ》レ誌所《タサル》レ未二嘗《テ》学《ハ》一者也。荊心棘口、自《カラ》拍自笑《フ》、
而以《テスト》慰二旅懐《ヲ》一云《フ》レ爾。

沙彌

空鈍稿

第五章

手裏剣術

根岸宣教（一八三三―一八九七）
海保帆平（一八二二―一八六三）
遠野広秀（一七??―一七??）
宮本武蔵（一五八四―一六四五）
成瀬関次（一八八八―一九四八）
前田勇（一九〇一―一九八八）

根岸流、他

混迷している現代の手裏剣像

手裏剣術、あるいは手裏剣という言葉から、多くの人は何を連想するだろうか。

武術の用語のなかで、この手裏剣ほどその名が広く一般に知られていながら、その実態についてはほとんど知られていないものは他にないのではないかと思う。なぜならば、現在「手裏剣」というと、大部分の人達が星型の「車剣」と呼ばれるものを思い浮かべるからだ。

しかし、これはおそらく昭和四十年代以降に多くの忍者ものの映画やテレビが放映され、広く読まれた漫画のなかで忍者というと、この車剣が使われるシーンが多く描かれたからであろう。

だが、戦前はもちろん、私のように昭和二十年代中頃の生まれの者にとって、手裏剣といえば刀の鞘に仕込まれている小刀、いわゆる小柄《こづか》を思い浮かべていたように思う。戦前の映画などでは、鉢巻に何本もその小刀状の手裏剣を差し込んで、刀で斬り合いつつ、これを飛ばすなどという映像が広く知られていた。

ところで、実際の手裏剣とはどういうものであろうか。

広辞苑で「手裏剣」を引くと、「手の中に持って敵に投げつける武器。非常臨機の処置として差し添えの脇差や小刀を利用したが、近世は先を尖らせた大きな鉄針を使用、十字型のものもある」と出ているように、時代によって変遷はあるものの、これが現実に用いられていた江戸期以前の武士が存在していた時代では、手裏剣といえば小刀状のものか、あるいは針型、箸型、釘型と後に呼ばれるようになった先の尖った棒状の剣がその代表的存在であった。もちろん現在、広く一般的に知られている星型の車剣はあるにはあったが、忍びの者が用いた以外では、大名が一人稽古を行うのに使用したようである。実際に大名由来の桐箱に入った車剣が遺されていることからも、修得が容易な車剣は、あまり武芸が得意でない大名にも向いていたのかもしれない。また、新陰流の伝書には「十字手裏剣」の一種が載ってはいるが、一般的にはそれほど用いられていなかったようである。

ついでに述べておけば、刀の鞘に仕込まれている、いわゆる小柄は、元々日常のさまざまな場面で用いられる今日のポケットナイフ的存在であり、手裏剣として飛ばすには形状も重心も不向きなものである（もっとも、危急の際にはこれを抜いて飛ばしたこともなかったとは言えないだろうが）。

手裏剣術の起源は、戦国期など差し添えの短刀などを「手裏剣に打つ」というふうに、手裏剣という単語が動詞的にも使われていたようであり、重ねの厚い「鎧通し」のような短刀を状況によって敵に向かって打ちつけたことに始まるようである。ただ後で詳しくまた解説するが、髪のなかに隠せるような針を指の間に挟んで飛ばすことも手裏剣の一方法として紹介されているから、敵に向かって先の尖った物を手之内から飛ばす武術というのが、そもそも手裏剣術の起源であったように思う。

手裏剣は最も原初的な武術の形態

日本武術のなかでも手裏剣という武術が表立って詳しく伝わってこなかった理由は、元々が隠し武術的要素があったからだと思うが、それだけに武術が生死を賭けた合戦的な場では自然発生的にかなり多くの場で広く用いられてきたからだと思う。

そもそも人間が他の動物と異なり、狩猟や身を守る際に道具を使ったと思われるとき、まず使ったであろう道具は棒であり、同時に石を投げるなどの行為であったと思われる。これはチンパンジーがそうした道具類を使うことを見ても察することができるだろう。チンパンジーのなかには棒の先端を噛み砕いて槍のように尖らせ、それで狩りをするものも見受けられるというから、人間が何かものを飛ばして武器として使うということは十分に考えられる。

アルフレッド・W・クロスビーの著書『飛び道具の人類史』（紀伊國屋書店）のなかでも、「なぜ人類はかくも繁栄したのか」という前書きのなかで、地球に生息する動物のなかで唯一の投擲力があることをあげ、本のなかにも次のような記述がある。

「18世紀のフランスの探検家コント・デ・ラ・ペルーズ（一七四一～一七八八）は、ポリネシアのナヴィゲータ諸島（サモア諸島）を探検した時に、水を手に入れるために61人のパーティーをトゥトゥイラ島に上陸させた。ポリネシア人は最大１４００グラムもの石を（信じられないほど強く、かつ手際よく）次々と投げつけて、彼らを迎え撃った。このミサイルはマスケット銃の銃弾と同等の効果を発揮し、さらに「マスケット銃より速射性に優れているという利点があった。この石つぶてによって上陸したパーティのうち、12人が殺された」と記録されている」

このことからも物を飛ばすということは、人間にとって最も原初的な武術であり、それは弓矢が広く用いられるようになった合戦でも変わらなかったようで、甲州の武田勢はよく訓練された投石兵がいたことで知られているし、戦国期、戦場で死傷した者はかなりの割合で投石による攻撃を受けたとされている。また、敵味方入り乱れた乱戦の折は、状況によっては、すでに述べたように差し添えの短刀を相手に打ちつけ、それで相手が倒れぬまでも怯んだ隙に勝機を見出すということも、よく行われていたようである。

さまざまな手裏剣の異称

さて、この手裏剣だが、手離剣、修理剣などという字で表わされることもあったし、「銑鋧」などと書かれ、『会津藩教育考』などでは、「手裏剣は俗称で、正式には「銑鋧」と呼ぶべきである」とも書かれている。その他、「飛刀剣」「削闘剣」「流星」「白浪」「花千片」「戸〆」等々、様々な呼び名があったようだ。また、その用いる剣の大きさも形状も重さもまちまちで、そのうえ非常状態においては、専用の剣以外にも火箸、鏃、包丁、釘、太針等々から湯呑や徳利に至るまで、あり合わせのものを襲ってくる敵に打ち付けることもあったようであり、私の師にあたる根岸流手裏剣術四代目の前田勇真鋭《まえだいさむしんえい》師範の手裏剣術を最もよく継承されている私の兄弟子にあたる、寺坂進師範は、演武会の折など「これも手裏剣の一つじゃ」と前田師範から唾《つば》を吐きかけられたとのことである。

このように手裏剣は武術としては先にも述べたように実用第一で秘匿性が高いため、古来この技術で一流を開いた者の信頼すべき記録は極めて少ない。資料としては、『知新流手裏剣術』が伝書として、はっきりとした形として遺っているものの、詳しいことは分かっていない。

そうしたなか、手裏剣術において、流祖についてもかなり詳しいことが分かっており、しかもその体系がほぼ正確に分かっているものは幕末に成立した『根岸流手裏剣術』くらいのものであろう。したがって、本書の最後にこの根岸流手裏剣の開祖、根岸松齢《ねぎししょうれい》の紹介を中心に、私自身の経験を踏まえた手裏剣術の実際について解説してみたいと思う。

なぜ本書の最後に手裏剣について述べるかというと、私は、いままでに合気道や鹿島神流の剣術等を学び、さらにいくつかの武術に接してきたが、なかでも最も長い期間研究した武術は手裏剣術だからである。先ほど述べたように、この根岸流の四代宗家にあたる前田勇（真鋭と号する）師範から、根岸流とも真鋭流ともいえる手裏剣術の教伝を受けて、これを元に「君は君で甲野流をつくれ」と勧められた経緯があるからである。

では、まずその根岸流の開祖、根岸松齢宣教について紹介をしておこう。

根岸宣教の略歴については、この根岸宣教の後を継いだ利根川孫六根岸流二代目宗家の教えを受けた、成瀬関次根岸流三代目宗家の著書、『手裏剣』（昭和十八年四月発行、新大衆社刊）のなかに、岩佐三郎安中町町長（当時）の筆による「根岸松齢翁略伝」が載っているので、こちらを参考にしつつその歩みを追ってみよう（原文は章末資料に掲載）。

なお、白井流手裏剣と呼ばれる流儀があるが、この流儀の流祖が幕末の剣客で、本書でも取り上げた白井亨というのは、まったくの誤伝だと思う。よくこの流儀の遣い手として会津の黒河内伝五郎が登場するが、これはその根拠となっている『会津藩教育考』をよく読むと、白井流手棒術という、白井亨とは無関係の隠し武器の流儀に続いて手裏剣術紹介されているための錯誤と思われる。なぜなら、黒河内の行っていた手裏剣術に関しては、この『会津藩教育考』の別のところではっきりと〝流名不詳〟と書いてあるからである。この白井流と称される手裏剣術の流祖が、白井亨では絶対ないという証拠はないが、それを証明するものは何もなく、恐らくは誰かの思いつき思いつきの発言だと思う。

根岸流の開祖、根岸松齢宣教

根岸宣教は天保四年（一八三三）十一月、安中藩士（現在の群馬県安中市）で荒木流剣術師範根岸宣徳の子として生まれた。名を忠蔵、諱は宣教であり、松齢とは晩年の号だという。

幼い頃は身体が弱く、言葉も少なく、吃音《きつおん》であったが、遊ぶときには他の子供達とは異なり、常にお面のような物を鴨居や柱に掛け、竹刀で打ったり突いたりしていた。その進退動作は大変俊敏で、それを見た両親はいたく感じ入り武術に将来を託したという。

果たして宣教は成長するに従いますますその道に熱中して腕前を上げ、父も家伝である荒木流剣術や大島流槍術を熱心に教え、やがて藩のなかで右に出る者はいないと言われるまでになった。

その後、藩命により、北辰一刀流の天才剣士として若いときから名を知られていた、水戸の海保帆平《かいほはんぺい》の許で剣を学び、しばしば千葉周作ならびに千葉栄次郎の門にも出入りし、家伝の荒木流の秘奥も掴むとともに、ついには海保帆平の道場の塾頭を務めるまでになる。

さて、肝心の手裏剣はというと、剣の師でもあるこの海保が手裏剣の師である。

北辰一刀流の人である海保が、手剣術に長じていたのには理由があるが、それは後に記するとして、宣教は剣とともに海保より手裏剣を学び、塾頭になって数年後、「業が成った」として塾を辞している。

その後、信州松代に佐久間象山を訪ねたのを始め、奥羽の各藩を遊歴し、一年後に故郷安中に帰り復命し剣術師範職となっている。

ただ、この根岸宣教（後の松齢）がいったい、いつ根岸流を開流したかは、まったく分かっていない。常識的に判断すれば故郷に帰り時間的にも余裕ができてからだと思うが、はっきりとした記録が遺っていないので何とも言えない。

先に挙げた、『根岸松齢翁略伝』によれば、

「世人呼ンデ上州ノ小天狗ト称セリ。松齢翁最モ得意トスル所ハ根岸流手裏剣ノ外（剣術ノ諸手突ノ妙技ナリト聞キ及ベリ」

と記されており、世間の人々から「上州の小天狗」と呼ばれるほどの業前であり、なかでも最も得意であったのは根岸流手裏剣の他、剣術の諸手突の妙技であるとされている。

また宣教は、当時の老中、板倉（勝静）侯の薫陶を受けていたので、武術研鑽の傍ら読書はもちろん、歌を詠む文武の人であったようだ。

その後、維新が成り廃藩置県の後、廃刀令が下ると宣教は剣を蔵にしまい、農業蚕業に従事し、国家を富ましめることをもって己の務めとして余生を送り、明治三十七年（校正ミスであろうが、実際は三十年）七月十五日、六十五歳で没する。安中町妙光院の先祖の墓に葬られ、明治三十二年十月には安中町役場前には父・根岸宣徳と並んで碑が立てられている。

このように記録を読むと、根岸松齢は明治の後期といってもいい三十年まで生きていたということだし、根岸流の二代目を譲った利根川孫六という旧館林藩士と武術の演武もときに行っていたらしいが、具体的なエピソード等がいまのところまったくと言っていいほど伝わっていないのは残念なことである。

海保帆平のこと

宣教が手裏剣を学んだのは、先の略歴のなかでも述べた通り海保帆平である。

海保が手剣術を学んでいたのは、武術に一際熱心であった主君の徳川斉昭（烈公、水戸藩藩主）が、海保に手裏剣術の工夫を命じたことが発端となっている。そのきっかけは、斉昭の息女、八代姫（孝子）が、仙台伊達家に嫁入りしたことに始まる。八代姫はその地で松林左馬助が開いた夢想願立（願立流）の五代目、上遠野伊豆広秀が得意とした針打の術、つまり太針を手裏剣として飛ばす技を知り、それに用いた針を里帰りの折、武術好きな父への土産として仙台から水戸に持ち帰ったと言われている。

当時この針打ちの術はすでに仙台でも廃れ、この流儀で使った針は遺されていたものの、技術はすでに失伝していたようだ。斉昭はこれを惜しみ、天才的剣客として名高かった海保帆平にこの技術の再興を命じたのである。つまり海保は主命により、この手裏剣術の再興に心を砕いたわけだ。この時、斉昭の息女によってもたらされた太針がどのようなものであったかはよくは分からないが、上遠野伊豆が髪の毛の間に差し込んでいたような細いものよりは、かなり太くなり、根岸流手裏剣術で用いる先太の針型に近い形であった可能性も大きいと言われている。

この針を手裏剣としてどのように飛ばすかについて、海保帆平は当然その当時行われていた他の流儀の手裏剣術などを参考にしたことは確かだと思う。棒状の剣を飛ばす方法としては、日本で最も多く用いられている方法は「直打法」と呼ばれる、手に持った剣をちょうど上段か八相に構えた刀を、踏み込みつつ斬り下ろすような軌跡で飛ばす方法が広く用いられていたようで、欧米のナイフ投げ等に多く見られる剣先を手首側に向けて、空中で剣を半回転させて的に刺す方法は、使われる場合もあったが、むしろ少数派であったように思う。

この理由として思い当たるのは、日本の武術は、居合の発祥の経緯を見ても推測できるが、普通に考えれば難しいが、出来るようになればより間に合うという精妙な術の工夫をしようと、凝りに凝る傾向があることだ。手裏剣術も直打法は習得が困難ではあるが、習得してしまえば、すぐ近い距離でも、若干離れていても、また、その間距離が色々と変化しても、手之内に持った剣をいちいち持ち換える必要がなく、これを飛ばすことができるので、日本の武術の嗜好に合ったのだと思う。

この手裏剣を飛ばす時に、手之内に剣先を指先と同じ方向に持つ方法を「直打法」と現在この世界では呼んでいるが、これは先ほど紹介した根岸流三代目の成瀬関次師範が、自著『手裏剣』を書いたり人に説明する上で便宜上名づけたことに始まるのではないかと思う。というのも、成瀬師範はこの本のなかで、この「直打」という言葉の他に、「蛇行打」という言葉も使っており、その様子からみて取り敢えず名づけたという感じがするからである。また、剣先を手首側に返して持ち空中で半回転させて的に刺す方法についても、師範は本のなかで「回転打」と言っているが、これは現在では「半回転打法」あるいは「反転打法」と呼ばれるようになっている。つまり、これもそれまでこの剣の飛ばせ方に決まった名前がなかったであろうことを示していると思う。

上遠野伊豆の手裏剣

手裏剣術というのは大体そうした独自の工夫によるものであることは、先にも登場した上遠野伊豆広秀の手裏剣術（釘打ちの術）について書いた『奥州波奈志《おうしゅうばなし》』にも登場する。『奥州波奈志』は江戸時代の女流文学者と言える只野真葛《まくず》の著した物語集で、手裏剣術に関した書籍のなかでもしばしば引用されている。そこで本書ではこの『奥州波奈志』とほとんど同じ内容だが、この修練の様子について若干詳しく書いてある同じ著者の『むかしばなし』からその工夫の様子を窺おうと思う。

「上遠野伊豆といひし人は、（原割註—禄八百石）武芸に達し、分て工夫の手裏剣奇妙なりしとぞ。針を二本人差指の両わきに（『奥州波奈志』では「針を一本中指の」になっている。恐らく中指が正解だと思う）はさみてなげ出すに、其当り心にしたがはずといふ事なし。元来此針の剣の工夫は、敵に出逢し時両眼をつぶしてかかれば、如何なる大敵なりとも恐るるにたらずと思ひつきし事とぞ。常に針を両の鬢に四本ッ、八本、隠しさして置しとぞ。徹山様御このみにて、御杉戸の陰に桜の下に駒の立たるを、四ッ足の爪をうてと被仰付に、二度に打しが、少しも違わずさりしとぞ。芝御殿御焼失前は、其跡はきと有しとぞ」

この記述によれば、髪の毛のなかに隠れるほどの針というから、太くても現在の畳針ほどの太さで、長さはこれよりも短いものを使っていたと思われる。それを自在に飛ばすことが評判となり、杉戸に書かれた馬の絵の、その蹄を打つように主君に命じられ、二度打って、二度とも少しも外れなかったというから、自在の域に達していたのであろう。

似たような話は新撰組を生んだ天然理心流の二代目を継いだ近藤三助が竹箸の先を削ったものを飛ばせて、木に止まっていたアマガエルを刺し通したという話がある。

また、手裏剣を学びたいという者に向かっては、

「我元より人に教られしにあらず、只しんしの暇にも心はなさず、二本の針を手に付て打しに、年を経ておのづから心にしたがふ如く成しなり。外に伝ふべき事なし、といひしとぞ。八弥はよしありてしたしくせし程に、若年の比少しまねびて有りしが、いかにも昼夜かんだんなくすれば、三十日をへれば、三尺ほど向かふへまなばしの如く立事を得しとぞ。三年たゆみなくすれば心にしたがふといへど、気根たへがたくて学び得し人なし」

とあり、意訳すれば、

「私はもともとこの技を誰かに教えられたというものではない。ただ僅かなときも心がけて二本の針を手之内に持って、これを打つ稽古をしているうちに年が経つとともに自然と思うところにこの針を打ち当てることができるようになっただけで、その他に何も教え伝えることはない」

と言っていたという。

八弥は縁があって若い頃これを稽古し始め、昼夜を分かたず稽古して三十日ほど経った頃には、三尺（約１メートル）離れたところには菜箸を立てならべに打つことができるようになった。三年間は怠りなく稽古すれば、狙ったところに打ち込むことができるということだったが、根気の続く者がおらず、そこまで行った人はいなかったという。

こうした記録から見ても、上遠野伊豆の手裏剣術は一代限りだったようで、先にも述べたように斉昭の息女、八代姫（孝子）を経て海保帆平の登場を待つまで、再び日の目を見ることはなかったようだ。ただ、手裏剣は独習で学べるため、上遠野伊豆の周辺や、あるいはただ話を聞いたことから手裏剣術を工夫し、精妙な域に達した者も出たのではないかと思う。

武蔵の手裏剣

武術の実戦的要素を多く説いている宮本武蔵も、この手裏剣術を深く研究しており、武蔵が二刀を用いて戦った大きな理由の一つは、機に臨んで小刀の方を手裏剣として敵に打ち付けるという方法をとったからであろうと言われている。現に宮本武蔵の養子で小倉藩に仕え、家老にまでなった伊織が養父武蔵の顕彰のために建てた碑のなかでは、

「或は眞劔を飛ばし、或は木戟を投じ、北〔にぐ〕る者走る者、逃避する能はず。其の勢、恰も強弩を發するが如く、百發百中、養由も斯れに踰ゆる無きなり」

と書いているほどである。

この意味は「あるいは真剣を飛ばし、あるいは木剣を投げて、逃げる者や走る者が、この技から逃げたり避けることはできなかった。その勢いは、まるで強力な弩《いしゆみ》を発するようであり、百発百中、養由（養由基《ようゆうき》のこと、春秋時代の弓の名人）もこれ以上とは思えないほどであった」といったところであろうか。

武蔵が手裏剣に堪能であったことは、江戸時代に書かれた『渡辺幸庵対話』のなかで、

「竹村武蔵（宮本武蔵のこと）子は与右衛門と云けり　父に劣らず剣術の名人手裏剣の上手なり　川に桃を浮て一尺三寸の剣にて打に桃の核を貫けり」

と出ていることからも明らかだと思う。

これは距離は近いだろうが、水のような衝撃吸収性のあるものに浮かべた桃の中の堅い種を、

一尺三寸という小脇差しのようなものを手裏剣として打って貫いたということで、桃に突き刺さる時、正確に切っ先の向きが剣の飛翔方向と一致したということだろう。

武蔵は若い頃、戦場も体験しているだけに、手裏剣術の必要性については深く実感していたのだろう。そうした経験からか、武蔵の若い頃の著作『兵道鏡』のなかには、次のように具体的に手裏剣の打ち方について解説している。

「手裏剣の打様は、人さしを、みねにおきて、敵をきる様に打べし。打たてんと思ふゆへに、たたざる也。手くびすくませて、かたをしなやかに、目付所のほしを、こぶしにてつく様にすべし」（廿三、手裏剣打様之事より）

「手裏剣の打ち方は、人さし指を手裏剣の峰におき、それで敵を斬るようにして打つようにすべきである（この峰に置くという表現から、おそらくは短刀状のものであったことが推察される。ただ柄が短刀のように大きくはなく、剣が手之内を滑り出て行く時に、引っ掛からないように考えられた、手裏剣として打つのに適した剣を武蔵は普段から所持していたのではないかと思う）。

これを上手く打とうとすると、かえって上手くいかないものである（おそらく打ちつけようとすると、剣が回転してしまい、容易に立たなくなるということで、これは現在も手裏剣の稽古を始めた人が、誰でも経験する事であり、昔の武士も似たような状態に陥ったのだろう）。手首をスナップがきかぬように固め、肩は逆にしなやかにして、目標となる的を拳で突くようなつもりで飛ばすようにすべきである」

といったところだろうか。

武蔵はかなり詳しいところまで、手裏剣の打ち方を記しており、最初は近い距離から静かに切先が上を向いて的に刺さるように打つべきであるとしている。

また的との間を見積もる方法も、敵との距離が一間（約1・8メートル）のときは、目標となるところよりも、さらに五寸（約15センチ）ほど上を打つつもりで剣を飛ばし、一間半（約2・7メートル）のときは、的よりも一尺（約30センチ）上を、二間（約3・6メートル）のときは一尺五寸（約45センチ）上を打つようにして飛ばすとして、目標よりも高いところに剣が刺さるのはかまわないが、下がって刺さることを戒めている。

これは打ち手に力が入ってしまうほど目標より剣の刺さる位置が下がり、しかも回転しすぎて切先を下にして当たるためである。そのため、剣を打つ時の体の状態は緊張することは良くなく、仰向けになって胸を出すくらいの形となり、大きく振りかぶる形となる。息は「エイエイ」とまず声だけかけ、実際に打つときは大きく振りかぶって剣が離れる時、「トッ」という気合とともに離すべきであり、「エイ」という気合で剣を飛ばすのは良くなく、「ここに工夫が肝心となる」と書き遺している。

ただ、この武蔵の手裏剣の飛ばし方は、かなり初心者に向けた打ち方であり、実際にこのような大きなモーションで実戦の際に剣を飛ばしたとは思えない。

最後の将軍も嗜んだ手裏剣術

さていま、宮本武蔵の手裏剣の打ち方について紹介したが、武蔵以外の歴史上の著名人で、この手裏剣をよく研究していたことがはっきりと分かっている人物は、江戸幕府最後の将軍となった徳川慶喜であろう。慶喜は先に触れた根岸流手裏剣術の流祖である根岸松齢の師、海保帆平に願立の手裏剣術の再興を命じた人物である徳川斉昭の七男にあたる人物であり、そうした関係からおそらく水戸にいた頃から、この手裏剣に関心を持っていたのであろう。この徳川慶喜が手裏剣を嗜んでいたことについては、慶喜が静岡に隠居してから毎日蔵の羽目板に向かって三間程度の距離から釘形の手裏剣を打っていたという徳川家の家令の証言などが遺っている。

それによれば、この稽古に用いられた手裏剣は、静岡の鉄砲鍛冶國友に注文して、これを鍛えさせていたとのことである。

徳川慶喜は大変頭のキレた人物といわれ、臣下と議論しても誰も敵わなかったようだが、手も大変器用で、大工仕事一通りから投網を打ったり、刺繍をしたり、また写真に凝って暗室に徹夜で籠もったりと、あふれるほどの才能の持ち主だったという。そうした性格の人物には一人で納得いくところまで突き詰められる手裏剣術の稽古が性に合っていたのだろう。

この慶喜の手裏剣の流儀が何であったかは定かではないが、海保帆平が手裏剣術を工夫しているという状況で、水戸徳川家のなかでそれに刺激され、他にも様々な工夫をした者がいたと見て不思議はなく、そうしたことに慶喜も影響され、いわば慶喜自身の流儀とでもいうものが出来ていたというのが最も自然な気がする。

根岸流手裏剣術

現在唯一と言ってもいいほど手裏剣術の伝系がかなり遺されており、私もその系譜の一端に名を連ねているのが、幕末に成立した根岸流である。これについては成瀬関次・根岸流三代宗家が、その著書『手裏剣』のなかで、戦前（昭和十一年）に陸軍戸山学校で学生約二〇〇名に対して実技指導した折に頒布した『手裏剣術概要』が採録されている。今回はその一部を資料として本章末に載せた。

戸山学校で手裏剣の実演と実技の指導を行った理由については、同資料をご覧いただきたいが、そこに根岸流の手裏剣術の打ち方の卍字、刀字、直指という三拍子から始まって、二拍子、一拍子と敵に向かい一気に手裏剣を打つ動作への過程が記されており、さらに、実際の敵との駆け引きとなる、向相、烏舞、陰陽争などが記されている。

この『手裏剣術概要』のなかで説かれている「卍字」「刀字」「直指」仕掛け方、向相、烏舞、陰陽争、四知の他にも座打、寝打、陰中、刀術組込、隠剣、蟹目の大事などの諸伝がある。

座打、寝打は文字通り、座った状態や寝た状態から手裏剣を飛ばすもの、陰中は、暗闇のなかで剣を飛ばすこと、刀術組込は手裏剣を打つと同時に刀で斬り込んでいく形、隠剣は身体の懐等に隠しておいたものを気づかれぬように抜き取って飛ばすものとなっている。

また最後の蟹目の大事は、敵とほとんど相討ちの覚悟となり、敵前三歩辺りまで近づいて、敵の両目の中の白目と黒目がはっきりと識別できたうえ、さらに黒目の中の星、つまり瞳までも認識でき、その瞳があたかも蟹の目の如く飛び出して大きく見えたならば、勝利は決定し、間違いなくその目に剣を打ち込むことができるというものだ。また、もしそのように目の中の瞳がはっきりと認識できなかったときは、完全に相討ちを覚悟し、剣を飛ばすことを止めて、その剣を相手に突き刺し、相討ちとなる覚悟を説いたものだという。

ただ、私が前田勇師範に初めて就いて、手裏剣術を学んだとき、前田師範は根岸流の四代宗家であるため、その基本中の基本の動きである卍字を教わるものだと思い、卍字のやり方について質問したところ、意外にも「あんな動きはやるものではない。第一、呼吸器に良くないし、敵に向かって打つのにあんな大きな動きなどするものではない。手裏剣は〝ヒョイ〟と打つのだ」という戒めの言葉を聞き大変驚いた。

このことからも分かるが、前田師範は根岸流の宗家を受け継がれてはいたが、それ以前に学ばれていた、山ノ井流などの筑前黒田家に遺っていた手裏剣術の影響が濃かったのだと思う。

大陸の戦地で生きた手裏剣術

ここまで紹介したように、根岸流は手裏剣術としては異例なほど伝系が遺っているが、流祖の根岸松齢が果して実戦でこうした技を発揮したかどうかは定かではない。初代根岸松齢にしても、二代目を受け継いだ利根川孫六にしても、幕末の動乱の時代の人であり、利根川孫六は現実に従軍して戦ったと記録にあるから、あるいはその実戦の場で手裏剣を用いたことがあったかもしれないが、記録としてはまったく遺っていない。

手裏剣の実戦譚として、唯一と言っていいほどこの世界で知られているのは、私の師であった前田勇師範が、戦時下の中国大陸で手榴弾を持って近づいて来た敵兵に対して手裏剣で対抗して殪《たお》したという記録だろうか。

これは昭和十四年三月三日の読売新聞の夕刊に載ったもので、「手裏剣の仇討ち」と題した記事である。この読売新聞の紹介記事は、根岸流の三代目宗家である成瀬関次著『手裏剣』の五十ページから五十二ページにほぼ転載されているが、今回本書を書くにあたって文章を詳しく点検したところ、三ヶ所ほどで合計百字ほどの字数が省略してあったり、書き換えられていた。本書は資料的価値もある本にしたいと思っているので、読売新聞に出ていた全文をそのまま引用紹介してるので、ご興味がおありの方は巻末の資料をご覧いただきたい。

この記事は一面の下の方に載ったもので「手裏剣の仇討ち」の大見出しの上に横書きで「近代戦に見事！武道の誉れ」とあり、さらに「前田軍曹戦場で妙技揮ふ」というサブタイトルのような見出しもついて写真も載っている。写真は上が「前田軍曹」、下は「その手裏剣」とのキャプションもついている。

記事によると前田師範は手榴弾を持ち近づいてきた敵兵数名に対して、五、六間（9～11メートル）の距離から、芳斎流秘法の呪文を唱えるや否や手裏剣を打ち、これを斃したという。

なぜか、成瀬関次著の『手裏剣』では、この読売新聞の記事を引用したなかから、手裏剣を打つにあたって芳斎流の呪文を口の中で唱えたという部分は省いてある。

この時の状況については、私自身、前田師範からも直接話を伺ったことがあるが、それによると、距離はこの記事より遠く七、八間（12・7～14・5メートル）はあったとのことである。

もっとも、実戦となると敵がひどく近く見えるというから確かなことは分からない。ただ、印象的だったのは、やらねばやられる戦場での対戦とはいえ、直に人間に向かってこの武器を使ったのであるから、この話を私にされた前田師範は辛い思い出を語るように、半ば瞑目されながら話をされていたことがいまでも深く印象に残っている。

前田勇師範との出会い

私がこの前田師範の許に手裏剣術を学びに初めて伺ったのは、昭和四十七年の二月で、ちょうど連合赤軍が浅間山荘に立て籠もり、これを取り囲んでいた警察側が突入した日で、日本中がその話題で騒然となっていたから、よく記憶している。

前田師範は成瀬関次根岸流三代宗家から、根岸流を受け継いで四代宗家になられているが、根岸流を学ぶ以前の十代の後半から元木譲左衛門という、かつて福岡藩に仕えた武士から手裏剣術の手解きを受け、後にその縁で尾崎臻《いたる》という師に就き、福岡藩に伝わっていた安部流、山ノ井流といった手裏剣術を学び、またその手裏剣を用いた防火神事である「火魔封火打釘《かまふうじひうちくぎ》」の伝承も受け継がれていた武術家であった。また、手裏剣術以外にも居合、棒、鎖鎌、陣貝《じんがい》という古武術に、講道館柔道も修行されていて、毎年五月の全日本剣道連盟京都大会（旧武徳祭）では、演武の先陣を切って山鹿流の陣貝を吹き鳴らしてから、鬼面の的に手裏剣を打つことが京都大会恒例の名物となっていた。

私も何度か同行し、いつだったからは鬼面を描いた木の板の後ろに、剣止めとして立てる畳を立てかけるのに適当なものが用意されていなかったので、後ろに立って畳を支えていた記憶もある。

その手裏剣術は私が本を読んで想像していた根岸流とはかなり異なる前田師範独特の打ち方であり、後に真鋭流を名乗られたが、この真鋭流は私の兄弟子に当たり、前田師範の多種多様な武術を最も忠実に受け継がれた寺坂進師範へと伝承されている。そして、私に対しては昭和四十九年に七段の証明を送って頂き、本章の冒頭でも記したが、「甲野流を作れ」との薦めに従い、今日まで独自にさまざまな研究を行ってきた。

現在の私が主に用いている剣は、形状も大きさも以前より遙かに大きくなり、またその打法も変わってきて、他の剣術や体術とより密接な関連を持つものになってきている。


先に挙げた前田師範の実戦譚は、手裏剣が実戦に用いられたことを文章に伝える貴重な例であるが、この他にも江戸時代、手裏剣術が重要な役割を果たしていたということに関しては、植芝盛平合気道開祖の師匠にあたる武田惣角大東流合気柔術総務長の懐旧談のなかに、「昔、武者修行に出て、途中脱落する者は皆手裏剣術が下手な者であった」という興味深い証言がある。

ただこれは、正式に藩から許可され、派遣されて諸国を廻る修行者ではなかったからであろう。幕末に武者修行で諸国を廻った具体的な記録を細かく書き遺している佐賀の牟田文之助の

『諸国廻歴日録』によれば、およそ食料に困っているようなことはない。ただ、藩の認可のない修行者もかなりいて、そうした金銭的に恵まれてはいない修行の旅においては、各地の道場での扱いも、藩から正式に認可された者に対するものとはかなり違って冷淡であったろうから、食費を抑えるため食料調達には、山中で兎などの小動物を手裏剣で打ち留め、これを食料にしなければならないという事情があったようである。そのため、手裏剣の達者な者は塩さえ持っていれば、獲物を捕えて食料にすることができるので、修行の旅を続けられたが、手裏剣の下手な者は獲物を打ち損ねた上、剣も紛失してしまいやすいので、餓えに苦しみ修行が続けられなかったということであろう。

こうした逸話からも、いわゆる武術家の嗜みとして、手裏剣術をごく日常的に心得ている者は少なくなかったようであるが、同時に隠し武器でもあったことから記録として遺りづらかったと思われる。そうしたこともあってか、明治政府がまとめた一種の百科事典である『古事類苑』に手裏剣を記載する際にも、分類を弓術か剣術にするかで問題になったという。この時は、大日本武徳会が先にも登場した只野真葛の『奥州波奈志』を参考資料とし、「弓の形、剣の精神」ということで判断を下し、剣術に併入されることになったという。

手裏剣術　直打法の具体的な技術

さて、本稿の最後に、私のこれまでの経験を通して得た、この手裏剣術のなかでも、日本の手裏剣術の特色を象徴していると思われる直打法の具体的な技法について述べてみよう。

手裏剣術の剣の飛ばし方、すなわち「打ち方」は、既に述べたように「直打法」と現在分類される、剣を飛ばす時、剣先を指先と同方向に向け、振りかぶった状態から的に向かって打たれ、掌から離れた剣が約四分の一回転して、的に刺さるようにする飛ばせ方が日本では主流である。この打ち方は的までの距離が有効打剣距離のなかで、どのように変化しても手之内の剣の位置を変えずに飛ばすものだが、最初は、その習得がなかなか難しいため、時には距離に応じて重心位置の違う剣を用いたり、剣を手之内に収める位置を変えたりして調整したりする。

この場合、この世界ではしばしば用いられる方法として、近距離を打つ時は、やや剣を指先の方に出して手之内に納め、距離が遠くなるに従って、手之内に納めた剣を少しずつ手首側へと引き込んでゆく、という方法がある。

ただ、現実にさまざまに変化する間合いに即応するためには一定の重心の剣と手之内で打つことが不可欠である。まさにそれを打とうとした瞬間に的が近距離から中距離へ、あるいは中距離から遠距離へと瞬間的に変わっても、それに即応できなければ、この技が身についたとは言い難い。そして、そうした近距離、中距離、遠距離のそれぞれに対応するには、身体各部を微妙に関連させて作動させることで、剣を飛ばす手の軌跡の円の大中小を自在に作ることが必要となる。こうした技術は短い期間では容易に養成ができないものであると同時に、そうした身体各部の微妙な関連を学べる手裏剣は、他の剣術や体術の体を作り上げる点でも非常に有益なところがある。

この「直打法」に較べ、剣先を手首側に向けて持ち、剣が掌を離れてから半回転（厳密に言えば、ほぼ4分の3回転）して的に刺さる「半転（半回転）打法」は習得が容易であるが、瞬時に距離が変わる場合に適応し難く、またごく近距離での対応は、ほぼ不可能である。

手裏剣術が剣術や体術の修練に最も役に立つ面は、手に持っている剣を飛ばすにも関わらず、あたかも手に持っている小太刀で斬り込むような、つまり手から道具を離さぬ感覚を持ちつつ、同時に手から離すということを行うところにある。このような違った運動系を体のなかに同時に併存させてそれを組み合わせることによって、より高度な動きを創出することが手裏剣術修練の最も肝要なところであり、そこが難しくも面白いところだと思う。古人もいろいろと、この剣の飛ばせ方に苦心したであろうことは章末の資料編に収録した『当流手裏剣術得道歌』二十八首を参照されると納得がいくことと思う。

この『得道歌』は、〝当流〟とあって具体的な流名が記されていないが、歌に先立って、書いてある文章から見て、根岸流であることが推測される。それはこの文章が同じく資料編に載せた、成瀬関次著『手裏剣』に載っている、『根岸流手裏剣術要録』のなかに、

「手裏剣術は弓術の『打根』、剣術の『打物』より脱化融合して一術と成りたるものなれば、構えは弓、気合いは剣と知るべし。妙用は不立不屈の体より発し、陰陽に変転してよく三尺の大剣を制する也」

と、この『当流手裏剣術得道歌』の前文とほぼ同じことが書いてあるからである。

余談だがこの文章の一部は、有名な柔道小説『姿三四郎』のなかでも使われている。

この根岸流のような、手裏剣術に最も適した剣、つまり「直打法」と呼ばれる、剣の回転を抑えて飛ばす方法に用いる剣は、先太にして重心が剣の中央辺りにくるように造られているものが適している。剣を先太にするというと、重心が前にいくようなイメージだが、前に行きす

ぎなければ近距離から、中距離・遠距離のすべてに対応できる。

なお、手裏剣術における近距離、中距離、遠距離とはどのような距離を指すかというと、この武術が元来は戦場等で咄嗟の際、臨機応変に用いたということでは、その距離はせいぜい三間までであろう。宮本武蔵などは、すでに紹介したように、その著『兵道鏡』では一間（約1・8メートル）から二間（約3・6メートル）までであり、他の流派、例えば私が学んだ根岸流などでは、槍や鎖鎌等との対応を考えると、三間が最も一般的な距離だと教えられた。

これに対して香取神道流などで用いられる箸形、釘型といった剣の重心位置が、剣の全長の中心よりも後ろにあるものの場合、近距離や、三間（5・4メートル）くらいまでの距離ならいいが、それ以上の距離となると、剣の回転を抑えて飛ばすと、切先が上を向いたまま飛んで行く「立ち飛び」状態になってしまい、剣のコントロールが難しくなる。そのため根岸流は先太の剣とし、後ろに猪や熊の毛を漆で巻き込んで、重心を前に持っていくようにしたのである。

もっとも、古の極めて微妙な技術の持ち主であれば、後ろ重心の剣でも五間六間と飛ばせたかもしれないが、それが大変難しいので先太で重心を前に持っていく剣が工夫されたのだと思われる。こうすると、ある程度打てるようになると他の短刀形や針形、釘形、箸形といった棒手裏剣にくらべ、飛行の安定性が得られるので、五間（約9メートル強）から六間（約11メートル弱）といった距離からでも打つことが可能である。

では直打法の剣はいったいどの程度の距離まで届かせることが可能なのだろうか？　これに関しては、私が試みたところ、50グラムから60グラムの剣で、最大約十間と少し（約19メートル）くらいまでは何とか、この直打法つまり手から離れた剣が四分の一回転以上せずに打つ方法で届くことが分かった。ただ、この際は通常の「手裏剣を打つ」という刀で斬るような打ち方ではなく、野球の遠投のような方法になるから、手裏剣を打って届かせたと言えるようなものではなかったことをお断りしておきたい。

《資料一》
成瀬関次著『手裏剣』（昭和一八年　新大衆社刊）より

・手裏剣術の概要

その當時、演武指導に便するため、戸山學校では要旨を印刷に附して二百數十名の學生々徒に頒布した。其の要點を次に再録して、簡單な説明を加へてみよう。

趣　旨

手裏剣は、古昔の武器として骨董扱ひし去るべきものに非ず。既に、欧洲戰争に於ては、根岸流手裏剣と全く同形の物が、投箭なる名のもとに、飛行機上より又高層建築物の上部より投下されたる事實あり。（大百科事典）今日の戰争に於て密行警邏の途上、又は敵地深く入り込みたる場合「音のない拳銃」として研究し置く要なきか。白兵剣戟の間に之を利用するの方法を研究し置く要なきか。石又は他の物を投擲するに最も適當なる手裏剣術の「體」を練り置く必要なきか。此の點を研究し現代戰術に貢献せしめんとする目的を以て演武す。

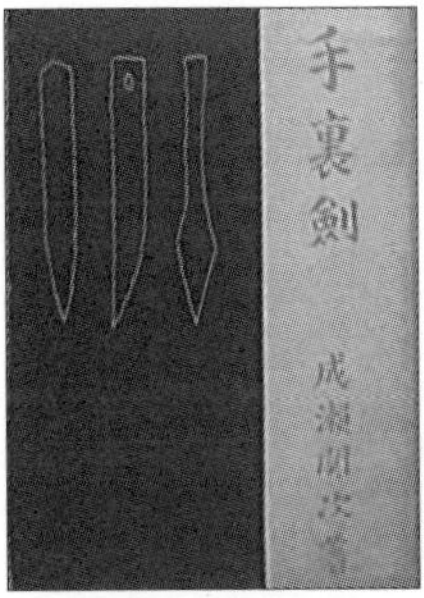

『手裏剣』
著：成瀬関次
年代：昭和 18 年（1943）
新大衆社刊

武道としての位置

古事類苑武技部中に、手裏剣術は居合術と共に劍術中に併入され居れり。倭訓栞といふ古書には、「しゆりけん、手裡劍とも書けり。撃劍の術也といへり。」と記されてあり。之を世俗的に考ふるに、寧ろ弓術の部門に入るべきが至當と思はるれど、其の然らざる處に手裏劍術の精神機能使命が躍如し居れり。

手裏劍術の本領

弓箭は所謂飛道具にして「遠矢にかける」を以て目的となすが故に、三十三間堂の通し矢、遠的をねらふ、等の事あれど、手裏劍術は、近距離に於て前後左右自由自在に敏活なる動作をなし、危機に發する術なれば、居合術と等しく殊更に的を設けず。但し基本練習の時用ふる的は、一尺二寸幅高さ二尺程の長方形の板にて足れり。不殺劍削鬪劍など〻稱し、殺さずして戰鬪力を封ずるを理想とし、的確の距離に近づき又は誘ひて打つなり。

沿革大要

弓術の部門に打根術とて手にて突き又は投ぐる矢あり。（太平記、白石全集所載）古剣術の方法中に打物とて、投げ打つ目的の短刀を右手に、大刀を左手に、（逆二刀と稱す）或ひは短刀を左に大刀を右に持つ方法あり。（柳生流新秘抄、常山紀談、大阪軍記等に所載）手裏剣術は打物を父とし打根を母として生れたるものなれば、構へは弓、氣合は劍なり。手裏劍は體の業にして小手先の小器用を以てする小技に非ず。世俗、刀の小柄をさかしまに持ち廻轉して投ぐるを以て手裏劍唯一の打法と思惟するもの多しと雖も、こは決して正統の打法に非ざる也。刀劍略説なる書物には、小柄の事を記して「脇差などへ笄と等しく挾み加ふ。是何の用なる事、又其始めて用ゐし頃を考へ得ず。云々。」とあるに見ても明かなり。

根岸流手裏劍術の大始祖とも云ふべきは、仙臺の武士、上遠野伊豆にして、甲冑革具等の製造に用ひたりしと思はるゝ太針を、中指の脇に挾みて打出したるに始まれり。現存する太針より推測するに、長さ三四寸目方五匁以内のものなりしならんか。其の後此の術の正後繼者不明なりしも、効果著しき此の打法は東北諸藩に傳はりたり。幕末水戸藩劍術師範北辰一刀流二代海保帆平先生は、これを習ひ其の技のよくせるも詳しき傳なし。上州安中藩劍術師範根岸宣教（松齡）先生は、出でて海保先生に師事するに及び又斯術を学び、之に新工夫を加へたり。卽ち重量を大なるは三倍の十五六匁とし五六間の距離にて優に致命傷を負はせ得る程度のものとし傳を定めて訓練したり。其の後斯術は、同じく上州館林の藩士利根川孫六先生に傳はれり。利根川先生は槍術馬術をよくし、戊辰戰爭には上士隊戰士として東北に出征し、後文官となり郡長を最後に退官せり。

演武解説

仕方（基本形）

卍字（三拍子）　主體ヲ車ノ心棒ノ如ク持シ兩手ヲ車輪ノ如ク動カシ乍ラ打ツ動作。

刀字（二拍子）前ノ動作ヲ二拍子ニツヅメテ打ツ動作。

直指（一拍子）更ニ一拍子ニツヅメル動作。

仕掛方（戰闘形）

向相　勝負ハ巧拙ニ非ズ。勇怯徑庭ヲナス。夫レ勇者ハ懼レズ、故ニヨク純一無雜ナリ。是其ノ勝ヲ制スル所以ナリ。三寸ノ針ヲ以テ三

尺ノ大劍ニ對ス。心スベキ哉。先ヅ純一無雜ノ心ヲ以テ打劍スルヲ向相ノ本旨トス。（地ノ位）

鳥　舞　向相ハ靜ナリ、鳥舞ハ動ナリ。（水ノ位）

陰陽爭　陰ニ構ヘテ陽トナリ、發シテ陰ニ落チ、構ヘテ又陽トナル。陰陽ノ起伏ニ間隙ナク、變極一本道ノ謂ナリ。

一本目　早打（火ノ位）

二本目　前後打左右打（風ノ位）

四致　歌道ノ、程ヲ知リ、ヨシアシヲ知リ、コトハリヲ知リ、道ヲ知ルノ「四知」ノ意ヲ採リタルモノ。（空ノ位）

打針の形

仙臺の士上遠野伊豆が工夫せる針の術を、根岸流より逆に想察したるものにして、目方は一本五匁以内のものなり。

右の外、構へ方の傳、刀術組込の形等あり。　以　上演武の方法については、後に詳説するところであるが、順序として、多少重複のきらひはあるけれども玆に概括的に一部分を述べる。

體

先づ體《たい》をつくる事である。弓、鐵砲は、射《う》つべく構造されたる器械に、矢、彈丸をつがへ又はこめ、標準をしかと見定めて射つといふ、人と、弓鐵砲と、矢彈丸との三つの關係に於いての體をつくるのである。然るに、手裏劍なるものは、自分の身體は、同時に弓鐵砲の如き器械的な機能をも兼ねて働くのであるから、それに順應した體をつくらなくてはならない。

卽ち、手裏劍を打つといふわざは、實は、それは末の事であつて、體をつくるといふ事が、一番大切な根本である。何故なれば、打つといふ瞬間に、弓鐵砲のやうに、標的に向かつて狙ひを定める標準機構がないので、たゞ體でゆく。いはゆる勘で打つのだとも考へられるが、その勘といふものは、體が出來上つてから後、はじめて內部的に働くものである事を忘れてはならない。手裏劍は、臍で狙ひをつけるといはれてゐるのも、そこのところを言ったものであらう。

そこで、その體を定める上についての一つの外形的な原則がある。それは、今日の言葉でいへば、標的の中心から垂直線を床上に落し、それを我が方に延長し、その一線の前方を我が左足の拇指で踏まへ、後方も同じく右足の拇指で踏む。それから、その一線から、垂直線が上つて來て、己れの臍を通過、喉頭から鼻頭へ、それから眉間の中央へとる。

斯くして、すべてをこの一線の上に置き、左手に持つ二本目以下の手裏剣の剣尖を、この一線の上に突き出し、剣を持ちたる右手を頭上にする時、またこの一線に合致せしめ、その一線の上をつたはつて打つのである。

これが體を定める上の基本であつて、かうした體形だと、最初のうちは、ふらふらして、左右いづれかへよろけざるを得ない。

そこで、それを防ぐために、左右の手をそのまゝ平に上げて平均をとる事から練習する。一、と兩手を上げたところを上から見ると、十の字形となる。それから左の手を前に右の手を後ろに、車輪のごとく、體の中心を心棒の如くにして各四分の一廻轉すると、上から見て━形となって、すべてが直線の上に落ちる。これが、二の姿勢である。それから、左の手先を心もち下げ、右の手を頭の後方に構へて、三、の姿勢をとつて打つ。これを卍の形といふ。

此の仕方（基本動作）を各二拍子、一拍子につめて、刀字、直指の形をつくるのである。

以上の仕方卽ち基本形は、專ら體を錬るためのものであつて、手裏劍の操法ではない。この「體錬」を主としつつ「操劍」は副として行ふものであつて、距離の如きも、最初は四五尺から、八九尺頃までの間に於いて修錬する。この間に、「手裏劍を的にあてる。」といふやうな考へのみが微塵程でも先走つて起こつたとすると、その人の手裏劍術は遂に成功しないのである。俗に「手裏劍術は入り難く達し難い。」といはれてゐるのは、決して入り難いのではなくて、このやうな單調な無味な體錬動作だけでは辛抱しきれずに、いつしか、劍を的に突つ立てる事にのみ浮身をやつすに至るからの事であつて、それがつひに、正常な進境をさまたげるからである。

此の三つの基本形が出來上がるまでには、早くて三年、通常五六年はかゝると考へてよく、たとえこの形が成立しても、それでやめるのではなく、恐らくこの演習は生涯つゞけなくてはならぬものであらう。

形が成立して、つまり體が出來て、それから仕掛方（戰闘形）卽ち武術としての手裏劍術に入るのであるが、その時の条件としては、三間以内の距離で、正しい體形のもとに、百打中五六十本位は、正しい氣合と共に中《あた》らなくてはならないのである。

私が、このみちに心をひそめてからすでに四十年、故利根川翁の門に入り、根岸流について正規の稽古を始めたのは、昭和二年四月十八日からの事で、その年の八月二十三日、白虎隊の六十年祭の記念日に、六尺の距離で百本打つて、正しい體形での中りが二十一本、爾來毎年其の頃に試して、昭和三年には三間の距離で三十一本、四年には三十七本、五年には四十一本、六年には四十九本、七年には五十六本、八年には六十一本、九年には六十六本といふ記錄を殘している。

昭和二年から昭和六年の末までに打つた回數は、約二十萬打で、二尺に三尺、厚さ正一寸五分の松板二枚を、盆の如くに凹め、最後には蜂の巣のやうに打ち貫いてしまつた。

それで本當の體が出來たかといふに、然らず。昭和十一年の春、入門以來十年目で、先づ先づ體に近いものが出來、距離も、五間以内任意の箇所から、百打中九十數本の中りを見せ、百發百中とまでは行かないが、十發十中の自信が出來たのはその翌年の秋からであつた。

陰陽

戰鬪形のうち、「向相」といふのは、敵も動かず我も動かずして闘ふ靜の形であり、「烏舞」といふのは、敵も動き己れも動きつゝ、闘ふ動の形である。卽ち、退きつゝ打ち、また進みつゝ打つ等のわざである。

次の「陰陽爭」といふのは、また陰陽進退ともいひ、大森流といふ居合術では、この精神が刀術の一手ともなり、陰陽進退といふ名を冠してゐる。

この說明は、要するに、一本の手裏劍を打つと、敵はそれを受けとめるか、又はかはすかしてこちらへ迫って來る。そこで、こちらでは陰に構へて陽に打つたその手裏劍が、敵に拂ひ落とされまたは身をかはされて、再び陰に墜《お》ちない先に、卽ち陽極まつて陰を萠した間一髮の間に、二本目を打つといふ、瞬間的な構への上の一つの鍊達を持つてゐなければならない。

これを具體的にいへば、今我が打つた一本目の手裏劍が、ひゆつと風を切つて的にあたらんとする、その一瞬間の直前に、こちらでは既に二本目の手裏劍を左手から右手に取つて構へ、打ち得る姿勢に居らなければならない。一本打つた後、二本目を手にとつて構へる時間が、何分の一秒といふ短時間でなければ出來ぬから、ちよいと人間わざでは出來さうに思へないけれども、しかしこれが出來なければ、手裏劍術なるもの、武術としての生命は全然ないのである。

此の陰陽の問題は、あらゆる武術に共通する一つの基本哲學であつて、手裏劍の場合に於ては、最も端的に、露骨に、しかも痛切にそれが感知されるのである。

即ち、時間的に見て、陰に構へて陽を孕み、陽に打つて陰に墜ちるその直前に事を起すのであつて、陽に打つ瞬間すでに陰を萠すのであるから、その陰の萠しのうちに、次の準備を完了するのである。陰に墜ちるのを待たで陽を孕むといふのがつまり陰陽の争ひなのである。

これを形の上から云ふと、陰（靜）に構へて陽（動）となり、標的にあたつて陰（靜）となるといふ、靜と動との關係であつて、陰（靜）は常に陽（動）を孕み、陽（動）は常に陰（靜）を萠すといふの事の原則が、二つ巴の輪廻するが如くに、互にその尾を嚙み合つて離さないといふ事から「陰陽争」といふ名が起こつたものと解釋が出來るのである。

一本打つて、それが標的に達しない前に、次の一本を打つといふわざは、陰陽の交代に隙を生じないのであるから、敵に前進して來る餘地を與えない事になる。

第一の手裏剣が〇・六秒の速度で飛び、第二の手裏剣が〇・五秒で飛び、第三の手裏剣が〇・四秒で飛ぶ。この三本の打ちはじめから、終わりまでの所要時間は三秒で、操作一・五秒、飛行一・五秒、遅速も、強弱も、まさに文字通りの「如意劍」であるのが、手裏剣術の本領極致である。

この鍊達が戰ひのわざとして仕掛けられ、一つの拍子を伴つて動くときに、敵はこれに超越した何ものかを持たぬ限り、進む事が出來ずして、その技にかゝるのである。

以上三つの戰闘形のうちに、「遠近の則」「強弱の度」等の秘傳があり、悉皆修鍊して、こゝにはじめて「皆傳」となるのであつて、こゝの境地を「四致」といひ、最後の秘傳中の奥傳ともいふべきは、わざの奥技に順應した手裏劍のつくり方である。

四致は、底知れぬ深淵をもつてゐる事、他のすべての武道と同じものである。

・打ち物から手裏劍へ

弓につがへて射るべき矢が手投げにされて、一つの獨立武術となつた一方に、拔いて切り、又は突くべき短刀脇指の類を投げて、敵を殪さんとする武術も生れた。さうした事の文献も少なくないが、主なるものを擧げて見ると、

『大阪軍記』小笠原忠政、敵に胸板と肌との間を鑓にて突き返されたるが、忠政脇差を拔きて手裏劍に打ちたるに、敵ひるんで鑓をぬき

たるによりて命助かりたり。

『常山紀談』菅沼刑部鹽津仁助追ひつめければ射たれども中らず、指添を抽きて手裏劍にうつ。刑部が頭上をうちかすりたり。山口も終にそこにて討死し、其墓今にありといへり。『仝書』吉弘は黑革にてをどしたる甲を著、熊毛にてしころを飾りたる冑にて、三尺ばかりの刀を以て井上と馬上にて渡り合ひ、馬より突落されしが脇指を拔いて手裏劍に打つ、井上が弓手の股に中る、其間に小栗引組んで吉弘が首を取ると云へり。

明和安永の頃『倭訓栞』といふ書物には、しゆりけん、手裡劍と書けり、擊劍の術也といへり。

とある。それより後の『書言字考』といふ書物中の、節用集七器財の部に、手裏劍といふ文字が明かにされて居る處から考ふれば、德川中葉の頃は擊劍の術の一としての手裏劍術が、世の認識に上つてゐたものと見られるのである。

斯の如く、兵器としての手裏劍は、矢の機能と劍の機能から、手投げに適する部分が工夫されて出來上つたものであるが、さて、その打法卽ち打ち方に至つては、明かにされて居らぬ。

打根術は直打である。しかし劍を打つたのには二つの方法があつたらしい。一つは劍尖を先にして打つ直打で、『幸庵對話』に、竹村武蔵子は與右衛門と云ひけり。父に不劣劍術の名人手裏劍の上手なり。川に桃を浮けて一尺三寸の劍にて打つに桃の核を貫きたり。（一尺三寸の劍といふのは、何かの書き誤りかも知れぬ。）

とある。それから又、これは刄を手前にし、柄の方を先にして返して打つ、卽ち廻轉打である。尻の方から打つからシリケンだなど、しやれて書いてある書物もある程で、『柳生流本識三問答』に、

他流に手裏劍とて、長さ三四寸の小劍を手の内に返して打つ。云々。

と見えてゐる。打ち方が正しい文献に現はれてゐるのは、この二つであるが、今日世に傳はつてゐる打根術は勿論の事、根岸流の手裏劍術も香取神刀流の手裏劍術も共に直打で、根岸流のその大本は、上遠野伊豆の工夫になる針の直打から出てゐるのである。

會津藩で行なはれた白井流といふのは、最初一間半位までの距離では直打、それ以上は廻轉打である。

兎に角、手裏劍術といふものは、戰國時代から德川の初期へかけて、實戰中に行なはれた兵法の一つであつて、或ひは矢を投げ短刀を打ち、釘樣のもの、針樣のものを打つて戰つたものであつた事は、『武林往昔日記』中に、

……たとへば先に突入槍手裏劍なども、時によりては古今一番に成るためしも有ぞかし。

とあるに見ても明かな事實である、

根岸流手裏劍術要錄中に、「手裏劍術は弓術の『打物』より脱化融合して一術と成りたるものなれば、構へは弓術の『打根』劍術の『打物』るべし。小手先の技に非ず。妙用は不立不屈の體より發し、陰陽に變轉してよく三尺の大劍を制する也。」

とある。

手裏劍の歷史と妙諦とを盡した、簡單明瞭な文句である。

官板『古事類苑』の編纂にあたり、手裏劍術の歸屬については、形姿は弓術に似ては居るが、本領は劍術の精神であるといふので、居合術と共に劍道の分に併入となつたのと、符節を合せた程一致してゐるのも面白い。

・私と手裏劍

手裏劍については、幼い頃の思ひ出が數々ある。

小學校の頃、昔の五寸釘に日本紙の紙片を吹流しにつけたものを、眞直に板や土手の赤土の斷層などへ打ちつけては興じた。信州の松代藩で（上田藩だったが）行はわれた手裏剣だといって、他級受持の先生がよく打つて見せた。

秋十月、稲が刈り取られた頃の遊びの一つに「ねつき」といふ競戯があつた。直徑六七分の青竹の、根に近いあたりを竹槍のやうに鋭く削り、約一尺二三寸に伐ったものを、まだ軟かい田の上に打ち込み、深くさゝつた方のを優位としたり、或ひは先に打ち込んだ人のを倒したりして勝負を決した。

その頃隣家に、屋根板へぎの職人が一人間借りをしてゐた。忘れもせぬ、羽芝錦といふ姓名の人で、どこかの士族だといってゐた。半棒（杖術）といふもの、免許取で、柔術の心得もあり、四尺位の棒を―祕藏物だといふ御自慢の樫のみがき棒を、ビューッと投げて野良犬を惱した事、その投げ方が正確で、棒の先が不思議と眞直に物に當った事などを覺えてゐる。

この人が脇ざしを澤山もつてゐて、それで板へぎ用の鉈（なた）をつくつた。切先五六寸を惜しげもなく切つて、手頃な小鉈につくり、その切先は別にしまつて置いたが、これを巧みに手裏劍に打つた。

「雪の降る頃は山へゆく。山小屋に寢起きして板をへいでゐると、枯草が雪に被はれて食に飢えた山兎がふらふらと小屋の近くまで食物を求めて出てくる。そいつを仕事をし乍らこれでこうやつて打つて取るのだ。」

　こんな事を云ひ乍ら、二間位な距離で無造作にそれを打って見せた。近くでは眞直に打ち、ちよつと離れると元の方を前にして廻轉して打つた。これも可成り熟達してゐたと見えて、或る時などは草鞋を一足吊してある板壁へ投げて、その草鞋ごと板へ打ちつけたことがあつた。

　私は、興味をもつてこれを習つた。二三人の友だちといつしよだつたが、私が特に秀でゝゐるといふので、その刀の切先一本を賞として貰つた事があつた。

　元のところに穴をあけて、風切りのふさをつければ、眞直に打つて三四間は飛び、中りも正確で強いといつてゐたが、実験はせずに、いつの間にかこの不思議な人物は遠くへ引越して行つてしまつた。

　本文の中で述べた徳川伯爵家御所藏の手裏劍中、短刀形の穴に赤い絹糸のふさのついたものがそれと同じ理法であらうと思はれる。

　その頃の記憶ではつきりしてゐる事の一つは、標的をねらふ上からいつて、眞直に投げるのがいちばん中りやすく、廻轉する投げ方では中りがわるい。かうした事を私は小さい頃にすでに體驗してゐた。

　以上は、北信州に住んでゐた頃の思ひ出である。

それから數年間、或ひはもつとだつたかもしれぬが、さうした事を行なはずに過した。その後、もと桑名藩の侍であつた養父（外祖父にあたる）から、藩傳の武道であつた小夫傳新陰流劍術、山本流居合術を學んだ時、打ち物といふものをも併せて習つた。三角槍の穗先を鎌の柄位な棒の先にすげ込み、敵とわたり合ふ時にそれを投げつけるわざで、別名を捨て槍とも袖槍ともいつた。大軍の混亂して戰ふ時とか、路地や室内での戰などでは、これに越したものはないといはれてゐた。

前述の「ねつき」のこつ合であり、本文中に述べた「打根」の要領でもある。


それからまた數年過ぎた。

昭和二年四月十五日、東京市四谷区傳馬町にその頃美山倶樂部といふ貸席があつて、そこである會合が開かれた。季節はづれの大雪の日で、此の席上の座談中、利根川孫六翁から、はじめて武術としての手裏劍術の話を承つた。私たちの懇請するまゝに、翁は太い竹箸を小刀で削つて假の手裏劍をつくり、それを疊に投げつけて見せた。見事にしかも凄く刺さつたので、一座の者は舌を卷いて驚いた事であつた。

中二日置いた十八日に、當時千駄ヶ谷にあつた翁の御私宅に伺つて、入門の禮をとつた。最初は容易に許してくれなかつた。その理由は、「入り難く達しがたい。今まで何人か━恐らく百を以て數へる程の人に手解きをしたが、一人として仕遂げた者はない。恐らく君もそれと同じみちを辿るだらう。導く者も導かる、ものも、結極徒勞に終るのだから。」といふのであつた。

爾來、昭和十四年二月七日、翁が八十九歳の御高齢で世を去られるまで十三年間師事して、そのみちを學び而してはからずもその後繼者たる事を許された。今年、（昭和十七年）で恰度十六年、羽柴錦といふ不思議な人物から習つた時からは四十年の歳月が流れている。

利根川翁の師は根岸松齢といふ武士であつた。師といふよりも寧ろ友人に近く、明治十年頃の劍術演武の番組に、此の二劍士の組合せて載せてあるものなども殘ってゐる。

根岸流の傳を受けて以來の、十六ヶ年の主要な事のあらましを申せば、此の流名によつて、久しく埋もれていた手裏劍術が再び世に現われるに至つた事であつた。

此の間、私は、秩父、高松、梨本三宮殿下の御前演武の光榮に浴したほか、公私の團體や學校で幾度かその演武解説を試みた。

昭和十二年二月十一日の紀元の佳節に、兩國の國技館に於て全國古武道の大演武會が開催され、私も桑名藩傳山本流居合術とこの手裏劍術とを演じた。

その日八十七歳の高齢で老病を養つて居られた利根川老師は、特に

私のために病をおして參觀された。その翌日御宅に御伺して見ると、

「まだ本當の手裏劍ではない。もう一息といふところだ」

といつて激勵された。いさゝか失望氣味でゐると、その次の日に、此の術の次代の後繼者たる事を遺囑するといふ御狀を御自書になつて、郵送して來た。その本文は、

手裏劍術遺囑書

拙者上州安中舊藩士根岸松齡翁ヨリ傳授相受ケ年來修練之手裏劍術貴殿御執心ニ付昭和二年四月十八日手解キ爾來口傳之處專ラ工夫修練ヲ遂ケラレ候段奇特ニ存候此技時勢ノ變遷ト共ニ殆ント世ニ廢滅セントセル際貴殿ノ御執心ニ依リ再興ノ端ヲ聞キタルハ我國技ノ爲欣喜ノ至リニ堪ヘス仍ホ一層之鍛錬ヲ積ミ斯道之蘊奥ヲ極メ連綿繼承之基礎ヲ定メラレ度遺囑此事ニ御座候　以上

昭和十二年二月　　上州館林舊藩士
従五位　利根川孫六
政　年（花押）

成　瀬　関　次　殿

いつもの御書簡は、達筆な草書體であつたのに、これは、翁に近接して以來はじめて賜つた書體—昔の侍が公文書などに書いた唐様の文字であつた。

それから一日置いて、御禮言上のために伺つて見ると、翁は輕い風邪で臥床して居られたが、「日本精神は理窟ばかりでは現はせまい。古武術には形となつて殘ってゐる。その意味でどうしても復興させにやならんものだ。針一本から起つた手裏劍だが、絶えたら最後永遠に復興は望めん。どうかながく後世に殘してくれよ。」と云つて、最後の祕傳を敎へて下さつた。術かと思つたらそれは手裏劍のつくり方と釣合ひの取り方とであつた。

翌昭和十三年二月十三日、私は北支に従軍して、歸來間もなく昭和十四年二月十六日、後嗣の利根川久氏から、老翁八十九歳の高齢を以て二月七日長逝の御報があつた。此の時には、すでに御近親だけで葬送を御すましになった後の御通知であった。不思議にも其の御通知と同便で、本庄陸軍大將閣下から、私の門弟前田勇軍曹が、中支の戰線で、手裏劍を以て忍び寄る敵兵一名を殪したといふ謄寫版刷の陣中新聞を御送り下さつた。これも何かの因縁であらう。翌二月十七日、翁の御遺骸は、前橋市芳町正幸寺墓地に埋葬されたのである。

翁は舊上州館林藩士の家に生まれ、明治維新の際には弱冠十八歳で會津戰爭に出陣した。幼名は繁之助、劍術槍術馬術をよくした。後群馬県廳に出仕し、數郡の郡長に歴任して功績少なからざるものがあつた。晩年は、舊主家秋元子爵家の顧問として千駄ヶ谷の一角に悠々自適の日を送つて居られた。翁の御事蹟については、他日別に執筆する事として、茲には以上にとゞめて置く。

流名の依つて起れる故根岸松齢翁の略歴については、昭和十年四月、私からの照會に對し、時の群馬縣安中町々長湯淺三郎氏よりの御回答にその要をつくしてゐる。

・根岸松齢翁略伝

翁ノ名称ハ忠蔵、諱ハ宣教、晩年ニ松齢ト号ス。翁幼時ノ頃ハ虚弱ノ質ニシテ言語少シク吃ル癖アリ。然ルニ嬉戯ニ際シテハ其ノ為ス所総テ他ノ児童ト異リ、常ニ御面ノ如キモノヲ鴨居若クハ柱ニ懸ケ吊シ、竹刀ヲ以テ撃チ或ハ突ク等ノ進退動作ノ敏捷ナル有様ヲ見テ両親モ深ク感賞シテ将来ニ望ミヲ嘱セリ。果セル哉長スルニ及ンデ益々斯道ニ熱中シ父モ心血ヲ注ギ教示セシニ、素ヨリ天才ト好ム道ナレバ、忽チ上達シ藩中翁ノ右ニ出ツルモノナキニ至レリ。其ノ後藩命ニヨリ、水戸ノ海保帆平先生ニ従ツテ剣道ヲ学ビ、屡々千葉周作氏並ニ千葉栄次郎氏ノ門ニモ出入リシテ（家業）荒木流ノ剣術、大島流槍術ノ秘奥ヲ究メ遂ニ海保帆平先生ノ塾頭ヲ勤ムルコト数年、業成レルヲ以テ同氏ノ塾ヲ辞シ、（信州）松代ニ佐久間象山先生ヲ訪ヒ、其ノ他奥羽ノ各藩ヲ遊歴シ、一ケ年ヲ経テ郷里安中ニ還リ復命、夫レヨリ安中藩ノ剣術師範職トナリテ名声当時ニ冠タリ。世人呼ンデ上州ノ小天狗ト称セリ。松齢翁最モ得意トスル所ハ根岸流手裏剣ノ外（剣術ノ）諸手突ノ妙技ナリト聞キ及べリ。

抑モ翁ハ（時ノ老中）板倉侯ノ薫陶ヲ受ケタレバ武道研鑽ノ傍ラ読書ハ勿論詠歌ニモ志シ厚カリシ。廃藩置県ノ後、廃刀ノ令下ルヤ、剣ヲ蔵シ農蚕ニ服シ国家ノ富饒ヲ図ルヲ以テ己ノ勤メトセリ。明治三十七年（※実際は三十年）七月十五日年六十五ニシテ歿し、安中町妙光院ノ先塋ニ葬ル。明治三十二年十月、当町役場前ニ先生ノ建碑アリ。

《資料二》

「手裏剣の仇討ち」読売新聞（昭和十四年三月三日夕刊）より

日本武道の一として伝はる「手裏剣」の極意を会得した一軍曹が、見事これを近代戦に活用、愛着断ちがたき亡き部下の骸を抱いたまま、天晴れ敵兵重圍の危地から脱したといふ床しい戦場譚が、傷兵保護院総裁本庄繁大将の許へ齎らされた、数日前「中支戦線後藤部隊衛生軍曹前田勇」と記した一通の軍事郵便が中野区上原町の本庄邸へ届いた。中にはガリ版の陣中新聞に添へて、

「閣下かつて御高覧いただき御激励の辞を賜りましたる小生の手裏剣いささか役に立つ機会を得ました。亡き部下の英霊に対し小生の本懐これに過ぐるものはありません。……」

と認めた陣中だよりがあつた。この便りの主前田軍曹は、福岡県八幡市出身の根岸流手裏剣の名手で、在京中は斯界の権威豊島区長崎東町二の七一二成瀬関次氏に師事してその奥義を習得、かくて本庄大将の前で妙技を演じたことがあり、昨年の春応召の際も特に手裏剣の携行を許されて密かに機会の到来を待っていた〝手裏剣軍曹〟である。同封の陣中新聞によると、同軍曹が本懐をとげた模様は―（原文のまま）

昭和十三年秋十一月、抗日の関所徳安県大山脈迂回作戦にて松樹熊を進軍中、後より大敵をうけて火線となりたる第○野戦病院の後藤部隊（中略）醫扱線より一歩も前に出れば、敵は狙撃せんと照準をして待っている。後方の窪地に避難させていた駄馬がヒヒンと嘶いた。右方に伏していた特務兵永吉静哉がすっくと起ちあがった。敵は一せいに永吉一等兵めがけて集注射撃を始めた。「永吉姿勢が高いゾ、何をするのか」「馬に飲ませる水を汲みに行きますッ」と問答。この危機を冒し永吉は幾日も山の難行軍をともにつづけ、生死を共にした愛馬に昨夜から水を遣ってなかったのに気がついたのである。また馬が嘶いた。永吉は遂に二百メートル前方のクリークに飛び出し水を汲んで走りだした。中程に来たころ憎くや敵弾は永吉の胸部を貫いた。（中略）翌朝を待って後藤部隊長は前田軍曹を伴ひ野花と煙草を手向けて英霊を慰めたその一瞬、右手の方に怪しいもの音が聞える。前田軍曹は大胆にも近寄ってみると数名の敵正規兵が手榴弾を提げて近づいて来る。今や絶体絶命、後藤部隊長と前田軍曹は永吉の遺骸を抱いたまま敵兵の重圍に陥つたのである。このとき沈着そのものの前田軍曹は、一たん身を隠しやがて五六間に近づいた敵兵めがけて得意の手裏剣を浴せかけ、芳斎流秘法の呪文が口の中で切られたとみる間に剣術の極意、音もなく神の使ひ手裏剣は敵兵の顔面に次々と命中、殪れた敵の止めを刺して「仇は討った、永吉さあ行かう」と帰途についたのである。

《資料三》

当流手裏剣術得道歌

手裏剣術は弓術の打ち根、剣術の打ち物より、脱化融合して一術となりたるものなれば、構えは弓、気合いは剣、小手先の技にあらず。妙用は不立不屈の体より発し、陰陽に変転して、よく三尺の大剣を制す。

極意とは　間合い上下　強弱と　長さ釣り合い　わがものと知れ

手だまりは　重みをはかり　握る鳥　すりぬけて飛ぶ　心地こそすれ

手と肩の力を抜いて　腰強く　飛ばす剣は　岩通すなり

横に打ち　寝打坐打の　別あれど　理は一空の　うちにこそあれ

『当流手裏剣術得道歌』
著：不明
年代：江戸末期
名和弓雄著『図解　隠し武器百科』（新人物往来社）に収録
※この得道歌の詳しい全容は、この道歌の発見者である、故名和弓雄正木流万力鎖宗家より、著者が詳しい内容について教示を受けたメモを元にしている。

近間には　低くかまえて　弦ばなれ　早く打つなり　引き強くして
遠間には　高くかまえて　胸をはり　延びゆく剣に　引きおそくして
序破急の　仕掛けの心　呉竹の　雪はねのける　姿見ならえ
敵を見て　間合をはかる　たたずまい　何心なき　姿なりけり
抜くと見せ　飛ばす剣の　体さばき　右は長かれ　左短く
一拍子　前後を打つに　糸柳　身をひるがえす　岩つばめかな
早打の　極意は呼吸と　左手の　送りの指に　あるものと知れ
敵と見て　かまえる時は　音もなく　闇夜に霜の　おりる如くに
丹田に　八分に吸いて　とめるなり　仕掛けのいきは　有って無き如

体のびて　飛びゆく剣は　延びるなり　踏みこむ足と　ひざの兼合い
四方打　五月の空に　矢車は　無理なくめぐる　腰のひねりに
見ひらいて　物見ぬ目　敵を見ず　心のまなこ　的をつらぬけ
上下に　かたむく剣　強弱と　間合いのそとに　あるものと知れ
右左　かたむく剣　手のうちと　弦のはなれに　大事あるなり
序破急と　仕掛けの呼吸に　敵を斬れ　投げうつ剣は　敵斬らぬなり
平なる　心に打てば　剣直く　心まどえば　剣乱るなり
弱く打ち　強くあてるは　上手なり　雪にたえたる　竹の心を
剣を知り　重みを知りて　とる間合い　上のつまりに　心許すな
体さばき　居つかぬ心　大事なり　水に浮かべる　月影のごと

我が剣を　きり落すてう　敵あらば　虚実の打ちを　使いきわめよ
間合いとは　手のうちにあり　射る的に　糸をはりたる　弦ばなれなり
横すべり　投げ打つ剣の　位どり　小手のひねりに　大事あるなり
先々の　先と仕掛けて　勝つすべは　一気五剣　陰陽の打
銑鋧の　業は何にか　たとうべき　水の流れに　のる笹小舟

あとがき

かつて無住心剣術に関する研究を『剣の精神誌』としてまとめて刊行した後、無住心剣術の剣客以外にも、私が強い関心を持っている江戸期以前の武術家についても本にして欲しいという声は、しばしば聞いていたが、なかなかその執筆には踏み出せなかった。ところが二年ほど前、日貿出版社の下村敦夫氏が、以前、私が雑誌や本などに書いた記事を持ってこられ、これらを参考に新しく一冊書き起こして欲しいと強く要望されたのである。

当初は私にとっても関心のあることではあるし、「まあ基本的な研究は出来ているから何とかなるだろう」と思って、つい引き受けてしまったのだが、ここ数年私の忙しさが半端ではない状態になってきていて、執筆もなかなか進まず、月日は容赦なく過ぎていった。そして今年に入ってから下村氏から何度となく催促を受け、さすがに私も放置できなくなり、「これは何とかしなくては」と考え始め、「誰か協力してくださる良い方はいなかっただろうか？」と頭を絞った結果、『剣の精神誌』の文庫版で大変助けていただいた宇田川敦氏に協力を求めることを思いつき、ようやく止まっていた執筆も動き出した。これによって、昨年から私の原稿の口述や清書の打ち込みなどを手伝っていただいている岩井邦夫氏、川副良太氏に加え、強力な助っ人となった宇田川氏の参加で、漸く刊行までこぎつけることができた。

この本をまとめる過程で、それぞれの武術家の参考資料に改めて目を通したが、以前は気づかなかったことに気づいたり、私の解釈が以前とは違ってきたりするなど、私にとっても興味を惹かれたところが少なからずあった。さらに驚いたことに、今回取り上げた松林左馬助の章から白井亨の章に至るまで、すべての章に、かつて私が『剣の精神誌』で取り上げた無住心剣術が何らかの形で関わっており、この事実には不思議な因縁を感じた。

それにしても、とても現実には信じ難い程のこれら古の名人の神技ともいえる技術に関して、自らの武術のレベルの低さを思い知らされてしまった。

とはいえ、以前にくらべれば真剣を竹刀よりも迅速に変化させられるなど、私自身が生きているうちにはできないのではないかと思っていたようなこともできるようになってきたし、本書の中で取り上げた白井亨が打ち立てた天真兵法の骨になっている〝赫機〟に僅かではあるが似た感覚が、つい最近自覚されるようになり、これは今回改めて白井亨に関する文献を読み込んでいただけに、ちょっとその符合には驚いた。

だが、本書で紹介したようなまさに神技と呼べるような技の数々は、それらの技がいったいどのようにして可能となったのか、勿論そのほとんどは現在も謎のままである。しかし、とにかくいまはそのことを伝えて、この後優秀な研究者がこれを更に詳しく探究していただきたいと思う。そしてこれを詳しく探究するということは、即ち現実に体を通して研究する以外にはないということだと思う。

もちろん資料においても信頼できる資料が今後見つかることを期待したいが、現実にどのようなことができたかということは身をもって探究する以外にはなく、そうした現実の技の研究を抜きに、ただ資料だけでかつての武術家の世界に迫ることは不可能だと思うし、私はあまり関心が持てない。

したがって、本書によって歴史的な昔の剣客のエピソードに触れていただけるのもありがたいが、かつての武術家が「如何にしてここにまで達し得たか」という関心を持って読んでいただく方が出ることを期待したい。何しろ現代は「人間にはまだまだ計りしれないような力がある」と口では言っていても、現実にはいわゆる科学的研究によって、そうした力の発現をかえって妨害しているようなことが往々にしてみられるからである。

古人の到達した世界をただの夢物語のように考え、本気でそこに到った道筋を考えようともせず、現代の我々がそこに到る道を踏み外してしまっていることにまったく思い至らないようでは、「これからの時代をどう生きるか」という問題に対する本質的な解答など得られるはずもないと思う。本書が古の武術の精妙な世界を解読しようと本気で考えている若い人達の役にいささかでも立てば、著者としては苦労のし甲斐があったというべきだろう。

最後に本書をまとめる上で力になっていただいた岩井邦夫、川副良太の方々と、時間が無いなか、多大な協力をしていただいた宇田川敦氏には深く御礼を申し上げたい。また夢想願立の古文書解読にあたっては、仙台の郷土史研究家、渡邊洋一氏のご協力も忘れることはできない。そして、何年越しかで、ずっと待っていただいた日貿出版社の下村敦夫氏には御礼というより、遅くなったお詫びを申し上げたいと思う。

平成二十七年　梅雨の晴れ間　著者記す

【引用文献】
アルフレッド・W・クロスビー『飛び道具の人類史』紀伊國屋書店　2006
池谷盈進『現代語訳　田中藩史譚』共立印刷　1994
魚住孝至著『宮本武蔵武芸書資料』武道・スポーツ研究所　1998
勝海舟『氷川清話』講談社　1974
川村弥五兵衛編著（1723）、山崎美成写（1830）『夕雲流剣術書前集』国立公文書館蔵
川村弥五兵衛編著（1723）、吉田奥丞写（1834）『無住心剣術三代之伝法辞足為経法』富山県立図書館蔵
空鈍（小出切一雲）著、吉田奥丞写（1834）『先師夕雲口伝并自分兵法得悟條々目録』（『兵法得悟　無住心剣術　全』富山県立図書館蔵）に所収
空鈍（小出切一雲）著（1693）、写本者不明『空鈍一百韵』国立国会図書館蔵
作並清亮（1915）『東藩史稿　第之八』国立国会図書館蔵
白井亨（1835）『兵法未知志留辺』富山県立図書館蔵
白井亨著（1843）、吉田奥丞写（1854）『兵法未知志留辺拾遺』富山県立図書館蔵
白井亨述、吉田奥丞編著（1846）『天真白井流兵法譬咄留』富山県立図書館蔵
鈴木よね子『只野真葛集』国書刊行会　1994
高山峻『白隠禅師夜船閑話』大法輪閣　1975
高田忠謹著（1882稿、1903原本刊）、大房暁編『田中藩叢書　第1篇　田中葵真澄鏡』藤枝市郷土博物館　1994
藤堂安貞（1766）『貍尾随筆』（筑波大学武道文化研究会編『武道傳書集成・第七集　柔術関係史料上巻』筑波大学武道文化研究会　1992）に所収
成瀬関次『手裏剣』新大衆社　1943
名和弓雄『図解　隠し武器百科』新人物往来社　1977
服部孫四郎『願立剣術物語』八戸市立図書館蔵
福田行誠編（1867）『徳本行者伝』（戸松啓真ほか編『徳本行者全集　第五巻』山喜房佛書林　1979）に所収
藤吉慈海「徳本行者の禅的生活」（戸松啓真ほか編『徳本行者全集　第六巻』山喜房佛書林　1980）に所収
松林左馬助『夢想願流　諸具足向上極意』松林忠男氏蔵
山内道煥『揚美録』（仙台叢書刊行会『仙台叢書　第4巻』宝文堂出版　1971）国立国会図書館蔵
吉田奥丞（1828）『起倒流柔術先師方之噺聞書』富山県立図書館蔵
吉田奥丞編著（1836）『起倒流柔術記録　全』富山県立図書館蔵
吉田奥丞（1846-1853）『天真伝白井流兵法遺方』富山県立図書館蔵
吉田奥丞（1846）『天真伝白井流兵法真剣遺方』富山県立図書館蔵
著者不明『松林家文書』松林忠男氏蔵

【主な参考文献】
朝日新聞社編『朝日　日本歴史人物事典』朝日新聞社　1994
安部正人『鉄舟随感録』宋栄堂　1942
新井朝定編著（1888）『皇国武術英名録』（渡辺一郎編著『幕末関東剣術英名録の研究』渡辺書店　1967）に所収
今村嘉雄他編『武道歌撰集　上巻』第一書房　1989
魚住孝至『宮本武蔵—日本人の道』ぺりかん社　2002
内田良平『武道極意』黒龍会出版部　1925
老松信一「起倒流柔術について」（『順天堂大学体育学部紀要　第6号』順天堂大学 1963）に所収
櫻寧居士（平野元亮）『養性訣』（三宅秀、大沢謙二編『日本衛生文庫　第三巻』日本図書センター　1979）に所収
大房暁『田中藩武術史』大房暁　1975
小川渉『会津藩教育考』会津藩教育考発行会　1931　国会図書館蔵
荻野由之監修『大猷院殿御實紀巻八十』国史研究会　1916
小出切一雲原著（1686）、白井亨編、吉田奥丞写（1835）『天真伝白井流兵法天真録』富山県立図書館蔵
小出切一雲著、吉田奥丞写（1834）『無住心剣術書』富山県立図書館蔵
「角川日本地名大辞典」編纂委員会編『角川日本地名大辞典33岡山県』角川書店　1996

金子弥次左衛門範任著（1698）、吉田奥丞写（1835）『梅華集』富山県立図書館蔵
木村礎ほか編『藩史大事典』雄山閣出版　1988-1990
恵谷隆戒監修、仏教大学仏教文化研究所編集『新浄土宗辞典改訂版』隆文館　1978
甲野善紀『増補改訂　剣の精神誌　無住心剣術の系譜と思想』筑摩書房　2009
甲野善紀『武術の視点』合気ニュース　1999
甲野善紀・多田容子共著『武術の創造力』PHP研究所　2003
甲野善紀・光岡英稔共著『武学探究』冬弓舎　2005
子明山人（1785）『相撲今昔物語』（森銑三ほか監修『新燕石十種　第六巻』中央公論社　1981）に所収
浄土宗大辞典編纂委員会編『浄土宗大辞典』浄土宗大辞典刊行会　1976-1980
小学館編『日本大百科全書』小学館　1987-1995
白井亨著（1835改訂）、吉田奥丞写（1846）『天真白井流兵法神妙録』富山県立図書館蔵
新人物往来社編『江戸役人役職大事典』新人物往来社　1995
鈴木省三編『仙臺金石志』仙臺叢書刊行會　1927　東京国立博物館蔵
田邊希文（1814）『伊達家世臣家譜』宮城県図書館蔵
台東区教育委員会社会教育・体育課編『台東区文化財報告書第八集（基礎資料編Ⅳ）臨済宗真言宗明細簿（旧下谷区・浅草区）　明治十年』台東区教育委員会1989
千葉周作述、千葉栄一郎編『千葉周作遺稿』桜華社　1942
戸松啓真「徳本行者について」（戸松啓真ほか編『徳本行者全集　第六巻』山喜房佛書林　1980）に所収
富田常雄『姿三四郎』新潮社　1973
永井義男『佐賀藩・葉隠武士の「諸国廻歴日録」を読む』朝日選書　2013
中西是助撰（1822）、津田明馨出版（1861）『一刀流兵法韜袍起源』（渡辺一郎編『武道の名著』東京コピイ出版部　1979）に所収
長南倉之助「浪華先賢墓田録（四十九）」（『掃苔　第七巻第二號』東京名墓顕彰会　1938）に所収
名和弓雄『忍びの武器』人物往来社　1967
成瀬関次『實戰刀譚』実業の日本社　1941
檜垣元吉「福岡藩武道史（二）」（『九州公論　通巻第五十三号』九州公論　1973）に所収
肥田春充（1936）『聖中心道肥田式強健術』壮神社　1980
日夏繁高（1920）『本朝武芸小伝』（大日本武徳会本部）
平凡社地方資料センター編『日本歴史地名大系第三四巻　岡山県の地名』平凡社　1993
前田勇真鋭『火打釘の修業を重ねて七十年』1971
松浦静山（1821頃）『甲子夜話　正編　第一巻ノ一』国書刊行会　1910
松延市次、松井健二監修『決定版　宮本武蔵全書』弓立社　2003
松崎武俊編『筑前藩伝　鎮火祭火魔封火打釘』1969
三田全真「浄土宗の捨世派」（戸松啓真ほか編『徳本行者全集　第六巻』山喜房佛書林　1980）に所収
源徳修（江戸時代後期）『撃剣叢談』国立国会図書館蔵
森潤三郎「廣瀬雑記抄出　墳墓記録註記」（『掃苔　第九巻第八號』東京名墓顕彰会　1940）に所収
山田次朗吉『日本剣道史』再建社　1960
山本邦夫「埼玉県の柔道（そのⅥ）　起倒流柔術」『埼玉大学紀要　体育学編第14巻』埼玉大学　1979）
養老孟司・甲野善紀共著『古武術の発見』光文社　1993
横山健堂「柔道文学（六六）（一九三）直信流柔道」（『柔道12巻7号』講道館　1941）に所収
吉田奥丞（1832）『天真伝一刀流兵法』富山県立図書館蔵
幽軒主痩竹（1651）『蝙也斎行状』松林忠男氏蔵
老子、蜂屋邦夫翻訳『老子』岩波文庫　2001
渡辺一郎編『武道の名著』東京コピイ出版部　1979
綿谷雪・山田忠史編『増補大改定　武芸流派大事典』東京コピイ出版部　1978
編著者不明、写本者不明（1848）『起倒流系図』東京国立博物館蔵
著者不明『起倒流柔道伝書　人巻』（大日本雄弁会編著『武道宝鑑』講談社　1930）に所収

甲野善紀 Yoshinori Kohno

1949年（昭和24）東京生まれ。78年松聲館道場を設立。以来、日本の武術をさまざまな角度から研究し、その成果が武術のみならず、スポーツ、介護、楽器演奏などへも通じることから、各界でプロとして活躍している選手、演奏家などから教えを請われる。現在は、全国で行われる講習会を始め執筆活動で多忙を極めている。著書は『表の体育　裏の体育』（PHP文庫）、『剣の精神誌』（ちくま学芸文庫）、『武道から武術へ』（学研パブリッシング）、『今までにない職業をつくる』（ミシマ社）など多数。

松聲館（http://www.shouseikan.com/）

「夜間飛行」から月2回メールマガジンを発行（http://yakan-hiko.com/）

武術稀人列伝《ぶじゅつまれびとれつでん》

神技《かみわざ》の系譜《けいふ》

●定価はカバーに表示してあります

2015年 7月24日　初版発行
2015年10月 1日　2刷発行

著　者　甲野《こうの》 善紀《よしのり》
発行者　川内 長成
発行所　株式会社日貿出版社

東京都文京区本郷5-2-2　〒113-0033
電話　（03）5805-3303（代表）
FAX　（03）5805-3307

振替　00180-3-18495

印刷　株式会社ワコープラネット

ISBN978-4-8170-6010-5　http://www.nichibou.co.jp/